El proceso de formación textual en las crónicas franciscanas de Nueva España (Siglo XVI)

Rolando Carrasco M.

ISBN: 1-930744-78-1
© Serie *Nuevo Siglo*, 2016
INSTITUTO INTERNACIONAL DE
LITERATURA IBEROAMERICANA
Universidad de Pittsburgh
1312 Cathedral of Learning
Pittsburgh, PA 15260
(412) 624-5246 • (412) 624-0829 fax
iili@pitt.edu • www.iilionline.org

Colaboraron en la preparación de este libro:

Composición y diseño gráfico: Erika Arredondo
Correctores: Rodolfo Ortiz y Adriana Sánchez Solis
Imagen de la portada: *Detalle del retrato de Fray Juan Zumárraga. Miguel Cabrera. Siglo XVIII. Museo de la Basílica de Guadalupe, México, DF. Foto original de Javier Hinojosa.* Fuente: Guillermo Tovar de Teresa, Miguel León Portilla y Silvio Zavala. *La utopía mexicana del siglo XVI. Lo bello, lo verdadero y lo bueno.* México: Grupo Azabache, 1992.

El proceso de formación textual en las crónicas franciscanas de Nueva España (Siglo XVI)

Introducción 11

CAPÍTULO I

La crónica espiritual del Nuevo Mundo por los franciscanos

1. Introducción 19
2. Crónicas religiosas y marcos retórico-discursivos 20
3. El *corpus* evangelizador de la orden franciscana en Nueva España 25
   3.1 Texto y contexto en la historia eclesiástica novohispana ... 28
      a) El patronato indiano y la pragmática de circulación textual 29
      b) Las "relaciones" del poder colonial, fases de su desarrollo 32
      c) El código de la *Alenitio*, las bases de un marco discursivo 34

CAPÍTULO II

Las voces del "nahuatlato" en la Relación de Michoacán *(ca. 1539-1549)*

1. Introducción 41
2. La interculturalidad comunicativa y testimonial del "nahuatlato" 43
   2.1 La función jurídica del nahuatlato-testigo 45
3. La autoridad por la palabra en la *Relación de Michoacán* 51
   3.1 El nahuatlato franciscano: "No como autor, sino como intérprete dellos" 52

    3.2 La oralidad de la nobleza indígena frente al poder colonial 54
    3.3 El árbol de Jesé y la historización cristiana de la genealogía indígena 57
    3.4 El amago de la conquista, la invención del otro 65
    3.5 La "liberalidad" de los dioses del cielo 68
    3.6 La representación del otro y la pobreza franciscana 71
4. La retórica judiciaria de Cortés y Núñez de Guzmán 73
    4.1 El interrogatorio de los nahuatlatos de Cortés 74
    4.2 El nahuatlato Pilar, la usurpación de los signos del Caltzotzi 77
    4.3 El destino de la nobleza indígena: Don Francisco y Don Antonio 81

CAPÍTULO III

El (des)encuentro espiritual de la conquista novohispana: franciscanos y dominicos

1. Introducción 89
2. Tradición profética e ideología colonial 89
    2.1 Franciscanos y dominicos en Nueva España: Zumárraga y Betanzos 99
    2.2 Dos predicadores divididos: Las Casas y Motolinía 102
3. Las *Leyes Nuevas* (1542-1543), la reforma de orden colonial   103
    3.1 La ordenanza en el marco jurídico del derecho indiano   104
    3.2 Las posiciones-sujeto entre la "actio" y "conscriptio" .. 108
    3.3 "Se acata, pero no se cumple", la crisis de las encomiendas 113

CAPÍTULO IV

Entre la voz narrativa y la autoridad jurídica: cruces de la enunciación en la Relación de los indios de la Nueva España *(1541) y* Carta al Emperador *(1555)*

1. Introducción 123
2. El pacto de la *intercessio* en la dedicatoria al conde Benavente 124
3. La voz enunciativa del cronista en el proceso intercultural de la conquista 129
4. Lo "visto y lo vivido", la autoridad narrativa del misionero 130
5. El locus utópico: entre el tiempo simbólico e histórico de la conquista 132
   5.1 *La analogía*, una proporción colonizadora 135
   5.2 La desigualdad analógica de las plagas de Egipto en América 137
   5.3 Los signos de la pobreza indiana 139
      a) La indigencia de frailes y *macehuales* 141
      b) Del *tolinía* al *miserable* castellano 145
      c) La esclavitud del *macehualli* y el *tlacotli* prehispano 150
6. Representaciones fracturadas de un modelo evangelizador: *Carta al Emperador* (1555) de fray Toribio de Benavente .. 155
   6.1 "Decir, escribir e imprimir": La refutación del *Confesionario* (1552) de Las Casas 156
   6.2 El juez-confesor y el sujeto de conciencia de la conquista 158
   6.3 La justicia conmutativa de la "restitución" y la jurisdicción sobre el indio 160
   6.4 Gobernación y república de la sociedad novohispana 169

CAPÍTULO V

El comentario de la historia profana y divina en la Carta de 1562 *y la* Historia eclesiástica indiana *(1596) de fray Jerónimo de Mendieta*

1. Introducción 177
2. El anhelo del "franciscanismo primitivo" en la *Carta de 1562* de fray Jerónimo de Mendieta 181
   2.1 El sujeto letrado y la "muerte del espíritu primitivo" .. 183
   2.2 El proceso de diferenciación de la ciudad letrada y la ciudad real 186
   2.3 Los signos de la evangelización franciscana frente al poder 189
3. La *Historia eclesiástica indiana* de fray Jerónimo de Mendieta y la conciencia histórica de la conquista ... 194
   3.1 La *Obediencia* del cronista: "in lingua castellana *commentarios* conficiendos" 196
   3.2 El "proemio" de la *Historia eclesiástica indiana* 199
   3.3 La crisis de la argumentación épica 205
   3.4 La dimensión profetológica del "negocio humano" y "divino" 208
      3.4.1 La alegoría de la conquista espiritual: la dualidad concesión/misión 211
      3.4.2 El paratexto lascasiano: la retextualización de la conquista armada 214
      3.4.3 Las concordancias de la "iglesia satánica" y la "iglesia cristiana" 219
         a) La religión natural y la comparación con los "gentiles" 222
         b) "Huehuetlatolli", la retórica y filosofía moral de los nahuas 227
         c) La metatextualidad en torno al origen de los indios americanos 230

3.5 Las modalidades de representación del héroe celestial 234
    3.5.1 La imagen cortesiana del "caballero elegido" 234
    3.5.2 La representación de los "doce apóstoles" en el Nuevo Mundo 239
3.6 La *imitatio Christi*, misión canónica y modelo hagiográfico 246
    3.6.1 La *Instrucción* y *Obediencia* (1523) franciscana, la ideología pastoral americana 248
    3.6.2 El destino martirológico de la conquista espiritual 249
    3.6.3 El "buen ejemplo" franciscano como método misional 250
3.7 La *flos sanctorum* novohispana, estereotipos de un héroe hagiográfico 253
    a) Niños y frailes, la *parvulez* santificada 257
    b) Los indios de Tlaxcala, la nueva Belén mexicana 261
    c) Fray Martín de Valencia y la *imitatio Christi*   265
    d) Fray Juan de Zumárraga y la traslación de la iglesia 272

Conclusiones 275

Bibliografía general 281

Agradecimientos

En primer lugar, quiero expresar mis agradecimientos al Servicio Alemán de Intercambio Académico (DAAD) que gracias a una beca durante los años 1999-2002, hiciera posible el inicio de esta investigación en los riquísimos fondos bibliográficos del Ibero-Amerikanisches Institut (IAI) de Berlín. Un agradecimiento muy especial debo consignar al Director de la Biblioteca, Sr. Peter Altekrüger y al cuerpo de bibliotecarios, Dr. Guechse Yim, Dr. Oscar Vetter, sra. Cornelia Klatt y sra. Gudrun Marquardt, pues su profesionalismo y colaboración diaria facilitaron significativamente durante aquellos años la consulta de fuentes y recursos bibliográficos diversos. A ello sumo el intercambio con el equipo científico del IAI, especialmente, con los colegas Dr. Friedhelm Schmidt-Welle y la Dra. Sandra Carreras.

Sería largo enumerar, con riesgo de olvidar a más de algún nombre, el apoyo de un sinnúmero de investigadores, colegas y amigos con quienes mantengo un vínculo personal. Gracias a todos aquellos compañeros de ruta del Ibero-Amerikanisches Institut que, de una u otra manera, aportaron con sus comentarios, sugerencias o lectura crítica a la elaboración de esta tesis doctoral, que en el año 2003 fuera presentada al Instituto de Romanística de la Friedrich-Schiller-Universität Jena. Desde hace muchos años me une un especial agradecimiento y afecto al Prof. Dr. Dietrich Briesemeister, quien confiara decididamente en guiar este proyecto de doctoración. Sin su erudición, cordialidad y generosidad intelectual hubiera sido imposible haber finalizado con éxito este primer manuscrito, el que con el paso de los años ha sufrido diversas modificaciones, gracias a ponencias, cursos de postgrado y el intercambio científico con colegas y alumnos de la Universidad de Chile, Universidad de Virginia (UVA) y la Universidad de Constanza.

De igual modo, a las autoridades de la Facultad de Filosofía y Humanidades de la Universidad de Chile, hago presente mis agradecimientos por el apoyo permanente que tuve durante el desarrollo de mi carrera académica en el país y el extranjero. Al Departamento de Literatura y a mis colegas del área de Literatura General y Comparada, Dra. Irmtrud König, Dra. Carolina Brnciç y Dra. Brenda López, expreso mis amistades y profundo agradecimiento por todo el apoyo recibido en estos últimos años de tránsito entre Chile, Estados Unidos y Alemania. Tiempo en el que pude concentrar parte de mis esfuerzos académicos en la revisión y actualización del presente libro.

Finalmente, quiero expresar mis agradecimientos a Sina Rauschenbach, por su ejemplar perseverancia y estímulo permanente a ver finalizadas estas correcciones del libro. De igual modo, al Instituto Internacional de Literatura Iberoamericana (IILI) de la Universidad de Pittsburgh por la acogida que me brindó para la publicación de esta investigación en su prestigiosa editorial, así como por las observaciones críticas de su equipo de evaluadores, las que contribuyeron significativamente a la preparación de esta nueva versión revisada, reelaborada y actualizada. No obstante las diversas contribuciones de especialistas y lectores interesados con los cuales guardo un especial agradecimiento, soy el único responsable de las páginas que siguen.

Dedico este libro a Nelly Donoso Martel, maestra y amiga.

Berlín, 08 de febrero de 2016

Introducción

La historia de la iglesia en América Latina presenta en su génesis diversos proyectos cristiano-sociales a cargo de las órdenes religiosas que habrían de iniciar la conquista espiritual del Nuevo Mundo. Es el caso de los seguidores de San Francisco de Asís y su anhelo fundacional de una nueva Jerusalén en tierras de ultramar, fenómeno que podríamos datar hacia 1524 con la llegada de los primeros franciscanos. El deseo de extender el *orbis christianus* como misión del imperio español, sumado a la pérdida de unidad de la fe, debido al cisma espiritual que se adviene con el protestantismo, son signos determinantes de este anhelo de realización de un nuevo orden cristiano en América.

Gracias a la ingente bibliografía crítica que por décadas ha estudiado la misión espiritual de los "doce apóstoles" franciscanos en Nueva España, podemos constatar el uso recurrente de calificativos como "utópica", "apocalíptica", "mesiánica", "milenarista" o "joaquinista". Por ello debemos advertir que este libro no pretende aumentar el abultado inventario de textos que sólo han insistido en la sobreinterpretación milenarista de la conquista novohispana. Si bien no podemos desconocer dicha perspectiva en la comprensión de la cultura virreinal en su conjunto (s. XVI-XVIII), advertimos la necesidad de introducir nuevos problemas de investigación, capaces de abordar el fenómeno evangelizador y su producción cronística americana mediante una cuidadosa reconstrucción de sus articulaciones literarias, retóricas e histórico-teológicas en el marco de una heterogénea producción discursiva colonial.

La compleja articulación de los componentes que convergen en el fenómeno cultural del franciscanismo novohispano del siglo XVI, ha demandado al investigador el desafío de considerar esta tradición desde una perspectiva multidisciplinaria, para analizar una de las manifestaciones inaugurales de la historia espiritual de las Indias occidentales, las crónicas eclesiásticas. Nuestro objeto de estudio se ciñe al mencionado proceso de formación y circulación textual de las crónicas minoritas y de los específicos componentes retórico-literarios que caracterizaron la escritura de la conquista espiritual novohispana. Abordando la función de la letra en la defensa y fortalecimiento del proyecto seráfico, en medio de complejas relaciones con los intereses laicos de conquistadores, encomenderos y criollos, así como de pugnas espirituales con la iglesia diocesana y las otras órdenes religiosas.

Tomando en consideración tres obras fundamentales, la *Relación de Michoacán* (1539-1549), la *Relación de los indios de Nueva España* (1541) y la *Historia eclesiástica indiana* (1596) y un acotado *corpus* epistolar franciscano, nos planteamos el objetivo de analizar el proceso de formación textual en que se inscriben estos textos de los primeros seráficos en América. Especial atención hemos de brindar a la naturaleza retórico-argumentativa de la crónica evangelizadora y sus relaciones interdiscursivas con componentes diversos, sean pertenecientes al universo sociocultural europeo como también americano, reconstruyendo así un específico entramado entre el ideal de ecúmene cristiana y los intereses seculares del poder colonial. Nos adelantamos a considerar, a modo de hipótesis, que estas tres fuentes representativas de la historia eclesiástica franciscana en América, no sólo serían eco de una tensión retórico-argumentativa entre diversas tipologías discursivas (crónicas, cartas, relaciones, mapas, pinturas, confesionarios, "huehuetlatolli", relatos míticos, etc.), sino también entre géneros retóricos, con especial énfasis en el forense o judicial, y funciones retóricas de amplitud diversa, las que se focalizarían tanto en la representación y defensa del indio en el marco del proyecto cristiano social de sus primeras fundaciones espirituales, como asimismo, en sus propias prerrogativas apostólicas, frente a los intereses de conquistadores y encomenderos, o bien de los conflictos evangelizadores surgidos entre las propias órdenes, especialmente en su relación con la postura lascasiana hacia la primera mitad del siglo XVI.

Para tal efecto, en el **capítulo primero**, nos centraremos en las bases del proceso de formación textual del *corpus* cronístico franciscano. A partir de la discusión del criterio de valoración "etnográfico", con que originalmente se abordó el estudio de estas fuentes novohispanas durante el siglo XVI, interesa responder a la pregunta sobre cuáles fueron los principios con que *Epítomes* y *Enciclopedias* del período colonial clasificaron la producción seráfica americana. Complementariamente, abordamos la identificación de la pragmática de circulación textual en que se inscriben dichas obras, destacando el régimen del patronato, las fases de su desarrollo y el estudio de una de las principales pautas de codificación que influyó en su producción y recepción durante el siglo XVI. Dichos elementos serán de particular relevancia durante el desarrollo de nuestro estudio, en que daremos paso al análisis de la especificidad narrativa de las fuentes que detallamos a continuación.

En el **capítulo segundo**, analizaremos una de las primeras fuentes representativas de la producción franciscana del siglo XVI. La *Relación de Michoacán* es una obra de relevancia para el conocimiento de la cultura tarasca o purépecha y un ejemplo de interés para la comprensión del campo de mediaciones (orales, escritas e iconográficas) que intervienen en la legitimación de un nuevo sujeto colonial, el indio cristianizado. En este capítulo desarrollaremos la función comunicativa del traductor o intérprete de la lengua náhuatl, también llamado "lengua" o "nahuatlato". Se considera el análisis de la función del misionero como "intérprete" de las voces de la nobleza indígena que le sirvieron de informantes para la elaboración de esta relación, las que adquieren especial relevancia en la historización cristiana de la genealogía indígena y la dimensión jurídica asociada al relato de la nobleza tarasca.

El **capítulo tercero**, se centra en dos figuras de gran relevancia para la comprensión político-teológica de las posturas que se enfrentaron hacia la primera mitad del siglo XVI en la defensa del proyecto cristiano social en América, fray Toribio de Benavente o Motolinía y fray Bartolomé de Las Casas. Especialmente en este capítulo nos interesa considerar si es posible responder a la pregunta por las diferencias doctrinales y políticas que entre Franciscanos y Dominicos se reconocieron en el origen del proceso fundacional de la iglesia indiana. Hemos de destacar en tal perspectiva de qué modo el proyecto lascasiano de las *Leyes Nuevas* (1542-1543) permite contraponer modelos pastorales y perspectivas diferenciadas de estos frailes frente a la acción de colonos, encomenderos y gobernadores en el Nuevo Mundo. Dicha fundamentación permitirá dilucidar en este proceso de formación textual el carácter de "respuesta" de la *Relación* de Motolonía frente a la postura lascasiana y el impacto de su proyecto reformista.

El **capítulo cuarto** se centrará en el estudio de la *Relación de los indios de Nueva España* (1541) y la *Carta al Emperador Carlos V* (1555) de fray Toribio de Benavente o Motolinía. Fuentes que permitirán abordar la construcción jurídica del indio a partir de su función contradiscursiva antes las *Leyes Nuevas* y el *Confesionario* (1552) del fraile dominico fray Bartolomé de Las Casas. Interesa destacar especialmente cómo la condición del sujeto colonizado se define teológica y jurídicamente para Motolinía a través de dos categorías claves: pobreza y esclavitud. Principios que problematizaremos no sólo desde el punto de vista del derecho indiano, sino también desde un contexto intercultural, considerando las concepciones religiosas del franciscanismo novohispano y la visión cultural de los propios nahuas.

El **capítulo quinto**, cierra nuestro estudio sobre el siglo XVI con la obra de fray Jerónimo de Mendieta, *Historia eclesiástica indiana* (1596), así como con la revisión crítica de su *Carta a fray Francisco de Bustamante* (1562). Sabemos que esta crónica eclesiástica ha sido considerada un texto epigonal para la interpretación milenarista del franciscanismo novohispano, según enunciara John Ledy Phelan ya en 1956. A diferencia de este planteamiento, que revisaremos en algunos aspectos específicos de nuestro análisis, nos interesa destacar un componente menos estudiado, el empleo del "comentario" intertextual de la historia profana y divina americana. Aspecto mediante el cual consideraremos la perspectiva de enunciación del cronista frente a un sinnúmero de componentes de la historia sagrada novohispana (tópica del proemio, visión de la conquista armada y los pueblos prehispánicos, modelos hagiográficos, etc.), que modulan la práctica historiográfica de Mendieta, mostrando la estrecha relación entre el comentario y la crítica al poder finisecular del siglo XVI.

Finalmente, la selección, disposición cronológica y análisis de las fuentes consideradas en nuestro estudio se ha efectuado conforme a un implícito intento de caracterización de tres etapas distintivas: el proceso fundacional, institucionalización y reforma, así como crisis del proyecto franciscano durante el siglo XVI en Nueva España. En tal sentido, nuestra metodología de trabajo habrá de tener en cuenta problemáticas diversas surgidas en el proceso de exploración y colonización de las tierras novohispanas, atendiendo a los primeros esfuerzos de la corona por el conocimiento de los pueblos y asentamientos indígenas, con el objeto de introducir medidas de sujeción, repartimiento de encomiendas y evangelización. Ciertamente un texto como la *Relación de Michoacán*, nos ayudará a comprender el impacto de estos primeros intentos colonizadores en el seno de la cultura purépecha y de las problemáticas culturales y políticas derivadas de la imposición del régimen colonial en el marco de los derechos de una nobleza prehispánica y de su trágico destino, tal como lo representa la labor cronística de su autor-intérprete.

Por otro lado, las posturas de fray Toribio de Benavente y fray Bartolomé de Las Casas, representan visiones diferenciadas de un proyecto evangelizador que, si bien tuvo como objetivo común la defensa del indio, habrían de identificarse claras y antagónicas posiciones político-teológicas. Posturas que no podemos hacer extensivas mecánicamente al resto de la orden franciscana y dominicana, pero sí son un claro signo de las divisiones religiosas y políticas que, hacia mediados del siglo XVI, se advierten en función del espíritu reformista que traen las *Leyes Nuevas* lascasianas, cuya letra es rebatida por franciscanos y conquistadores, así como por la narrativa eclesiástica de la *Relación de los Indios* de Motolinía. En esta crisis y denuncia del régimen colonial en América –si bien ha trascendido mayormente la retórica lascasiana y la "leyenda negra"–, la obra del franciscano Jerónimo de Mendieta es el eslabón final de una visión de la historia sagrada que permitirá reconocer el ocaso de la utopía evangelizadora de la primera mitad del siglo XVI, la que es abordada desde la perspectiva histórica del comentario y la crítica del estado espiritual de las colonias novohispanas. Ciertamente el cambio de la historiografía franciscana hacia el nuevo siglo estará representado por una enciclopédica obra, *Los veinte y un libros rituales y Monarquía indiana* (1615) de Fray Juan de Torquemada, la que marca el tránsito hacia una etapa distinta, la emergencia de la religiosidad criolla durante el XVII y la crónica provincial.

Capítulo I

La crónica espiritual del Nuevo Mundo por los franciscanos

1. Introducción

> *La historia eclesiástica es una rama que debe estudiarse por separado.*

Con esta breve observación, Walter Mignolo en su ensayo "Cartas, crónicas y relaciones del descubrimiento y la conquista" (1982) habría de enunciar una de las tareas que en el campo de los estudios literarios sobre el período colonial aún resta por explorar. Para lo cual hemos de considerar una amplia variedad de formas discursivas: crónicas, relaciones misionales, diarios de viajes, historias generales, hagiografías, sermones, etc., y su función en la historia religiosa del Nuevo Mundo.

Tal como advirtiera Antonio Rubial García (1991), la mera clasificación de materiales tan plurales, confirma la complejidad de un campo en el que se ha avanzado mediante la recopilación y estudio de diversas fuentes. Desde el pionero trabajo de Ernest Burrus (1973), la agrupación de amplios sectores de la producción espiritual americana por las diferentes órdenes religiosas, ha sido determinante para la investigación histórico-literaria y antropológica, especialmente teniendo en consideración el llamado registro "etnográfico" de la realidad cultural, étnica y geográfica de los pueblos prehispánicos. Si bien se trata de una perspectiva ya problematizada por autores como Hayden White, Peter Burke, Roger Chartier o Clifford Geertz, en torno a la relación del discurso histórico con las narrativas tropológicas, conviene precisar algunos planteamientos teóricos que nos ayuden a formular adecuadamente nuestro propio objeto y método de investigación. Para ello advertimos que hay preliminarmente tres aspectos metodológicos en torno a la distinción de una "crónica espiritual" durante el siglo XVI y la pregunta por los marcos retórico-discursivos que orientaron, clasificaron o determinaron la producción narrativa de los franciscanos en el Nuevo Mundo.

En primer lugar, se hace necesario reconstruir algunos aspectos epistemológicos en que se funda la percepción intercultural durante el siglo XVI y el interés de la Orden por la elaboración de una historia "moral" de los pueblos americanos. Muy especialmente interesa introducirnos en la perspectiva retórica y los "marcos discursivos" que determinaron la producción evangelizadora de estos cronistas. En segundo lugar, efectuar una breve revisión de las taxonomías con que los propios repertorios crítico-bibliográficos del periodo colonial (catálogos, epítomes y bibliotecas) clasificaron estas fuentes y sus respectivos componentes textuales, con el objeto de delimitar la categoría de "crónica eclesiástica". Finalmente, identificar las pautas de codificación que permiten explicar teóricamente la organización narrativa de las "crónicas", "descripciones" o "historias" escritas por los misioneros en Nueva España, así como determinar el impacto del régimen del llamado patronato indiano en el proceso de circulación y censura de las informaciones americanas.

2. Crónicas religiosas y marcos retórico-discursivos

Difícil obviar en el campo de los estudios coloniales la interrogante por la construcción de la *alteridad* americana durante el siglo XVI. Estudiar la percepción que los españoles tuvieron de los indios nos sitúa frente a un complejo proceso, en el que la construcción del "sujeto colonial"[1] se desarrolla en un contexto de percepciones interculturales de amplio registro, sean estos cronistas, poetas, escritores, teólogos, misioneros, miembros letrados de la administración colonial como, asimismo, registros de voces indígenas y mestizas.

---

[1] Para Rolena Adorno, la naturaleza del "sujeto colonial" plantea: "La exigencia de definir el carácter del otro es el auto-reconocimiento por el sujeto de la necesidad de fijar sus propios límites. Como proceso cultural, la creación de la alteridad parece ser una exigencia y una inevitabilidad del sujeto, sea éste colonizador o colonizado. Los discursos creados sobre -y por- el sujeto colonial no nacieron sólo con el deseo de conocer al otro sino por la necesidad de diferenciar jerárquicamente el sujeto del otro: el colonizador de las gentes que había tratado de someter y, al contrario, el colonizado de los invasores que lo querían sojuzgar" (66-67).

En la comprensión de este aspecto, cabe tener presente que la institucionalización del orden colonial en América se desarrolla en un doble proceso, como conquista militar y espiritual. Dicho fenómeno propendió a la elaboración de arquetipos y marcos comparativos que pretendieron reconocer, comprender y clasificar la humanidad recién descubierta para lo cual se hacía necesario el registro informado de sus tradiciones, lenguas y costumbres.[2] De esta forma, la distinción de modelos epistemológicos que permitiesen la conceptualización y conocimiento del otro, tiene durante el siglo XVI una diversidad de manifestaciones. Para Rolena Adorno, sea mediante las percepciones culturales basadas en la *identidad*, es decir, como respuesta a la interrogante de qué modo esta nueva humanidad se situaba dentro de los esquemas antropológicos escolásticos; o bien, a través de su *antítesis*, los marcos comparativos del sujeto colonizador que definen las percepciones interculturales durante el período colonial se desarrollan en el contexto de una visión europeizante.[3]

Según Magdalena Chocano (2000), los esfuerzos evangelizadores de los primeros misioneros, rápidamente se vieron enfrentados a la necesidad del conocimiento de las culturas prehispánicas, lo que conllevó como una de sus urgentes tareas el aprendizaje de las lenguas prehispánicas, la elaboración de gramáticas y diccionarios, así como la redacción de fuentes (relaciones, crónicas, cartas) que registraran la diversidad de ritos y

---

[2] Para Mario Cesáreo, "La institucionalidad, como estructura, genera *patrones de conducta y discursos de legitimación y normalización* de la experiencia histórica: La institución es, de esta manera, acción y representación, integradas desde una lógica 'orgánica' (una lógica institucional). En tanto ese sentido común se proyecta como capaz de abarcar la totalidad de la experiencia humana, la lógica institucional intenta reducir esa experiencia a los confines de su racionalidad [...] (*Cruzados, mártires y beatos* 4)". En opinión del crítico, dentro de esta problemática de lo institucional, la estructura de los roles supone la mediación de la experiencia individual del sujeto como parte integrada a una totalidad institucional. Dicho mecanismo de tipificación del orden social y de las características grupales asociadas al individuo (etnia, estamento, género sexual, etc.), suponen la construcción de esta otredad americana.

[3] Según Adorno, el sujeto colonial que es emisor y destinatario de discursos, debe ser analizado desde la "focalización" discursiva, pues nos remitimos a "[...] la diferenciación y la relación entre el que ve, la visión que presenta y lo que es visto (Bal 100-104). Este sujeto colonial no se define según quien es sino cómo ve; se trata de la visión que se presenta. No importa si el que habla es europeo o no; el criterio definitorio de este sujeto es la presentación de una visión europeizante, esto es, una visión que concuerda con los valores de la Europa imperial" (56).

costumbres de los pueblos americanos. La labor "etnográfica" desarrollada por estos humanistas cristianos además asume un valor primordial en la generación de las estrategias de aculturación practicadas en los inicios del sistema político y religioso colonial. Desde esta perspectiva, conviene que nos detengamos en la observación que Guy Rozat Dupeyron planteara a propósito de las crónicas misioneras del siglo XVI:

> [...] una de las conclusiones más importantes que puede arrojar este tipo de estudio es constatar que la organización de estos textos no tiene como propósito el construir un discurso de la alteridad, que daría cuenta de la realidad objetiva y concreta del otro, sino más bien todo lo contrario. El "discurso de la alteridad" que se constituye tanto en América como en Asia o Africa en este siglo XVI, no es más que el espejo de occidente, es decir, que no tiene por objetivo el dar cuenta de una cierta realidad anterior, sino imponer el ropaje legitimador de una realidad futura, la colonización y su forma histórico-cultural, la cristianización. (158)

Si bien se trata de una conclusión consensuada por la crítica actual, en que la colonización inventa esta alteridad mediante una retórica de figuras posibles "por y desde el logos occidental", el estudioso José Rabasa también ha advertido sobre la importancia de "[...] prestar atención no sólo a las formas estilísticas y a los modelos retóricos que las rigen [crónicas religiosas], sino también a su definición de una política cultural en el contexto de la colonia"(326). Creemos que esta relación resulta importante ante la imposibilidad de desarticular los modelos retóricos de las concepciones político-teológicas en que se inscribe el proceso de formación textual de las fuentes franciscanas. Para ello convendrá interrogarnos por los *marcos discursivos*,[4] es decir, las normas que originalmente determinaron la producción, representaciones y comprensión de estas crónicas religiosas durante el siglo XVI en Nueva España.

---

[4] Empleo el concepto de marco discursivo en la acepción teórica elaborada por Mignolo: "[...] entiendo por 'marcos discursivos' el conocimiento vigente, en una comunidad en la cual alguien escribe y alguien lee, asociado a formas y estructuras de discursos. Los marcos discursivos son un componente esencial de la situación comunicativa, ya que toda interacción verbal no sólo presupone una persona que habla o escribe y otra persona que escucha o lee y un conocimiento de la lengua en la cual se habla o se escribe, sino también un conocimiento de las reglas del juego en el cual se habla o escribe" ("El mandato y la ofrenda" 456).

Crónicas franciscanas de Nueva España (Siglo XVI)

En el caso de los franciscanos, según afirma Georges Baudot, estas crónicas "etnográficas"[5] se eleboraron por mandato de fray Martín de Valencia a uno de sus hermanos franciscanos en 1533, fray Andrés de Olmos, quien fuera elegido primer custodio de la nueva misión mexicana, al instalarse ésta en la misma México-Tenochtitlán. Dentro del amplio censo de estas fuentes franciscanas se destacarían el *Tratado de antigüedades mexicanas* (1539) del citado Olmos; la *Historia de los indios de la Nueva España* (1541) y *Memoriales* de fray Toribio de Benavente o Motolinía; *Relación de Michoacán* (1539-1549) de fray Martín de la Coruña; la *Historia General de las cosas de Nueva España* o *Códice Florentino* (1577) de fray Bernardino de Sahagún y fray Francisco de las Navas, del cual se tiene sólo referencia de la existencia de su crónica, aún no encontrada. Según observamos, su preliminar clasificación como "tratado", "relaciones" o "historias" escritas por los seguidores de San Francisco, nos plantea la necesidad de resemantizar estos enunciados como entidades textuales en el marco de la tradición humanista cristiana del Renacimiento, pero además, examinar su diálogo con componentes textuales de orden "subjetivo", sean cartas personales, diarios u otro tipo de textos autobiográficos.[6]

---

[5] Con relación al empleo de la clasificación "etnográfica", véanse los planteamientos de Baudot "Las crónicas etnográficas" 287-320. Según Baudot (1983), el vínculo existente entre la exploración "etnográfica" y la voluntad de transmutar profundamente sociedades extrañas, con finalidades milenaristas, se proyecta en los primeros cronistas de la cultura prehispánica: "Parece bastante obvia la relación que existe entre el principio de una investigación etnográfica iniciada por los religiosos franciscanos en México entre los años de 1533 y 1560 más o menos y la consecución de un proyecto que programa la edificación de una sociedad indígena, cristianizada y renovada, constituida en plataforma milenaria para preparar el fin de los tiempos. La nueva sociedad tiene por base al aborigen, respetado en su originalidad cultural y en sus características "providenciales" (295-296).

[6] Seguimos en este punto la consideración de José Rabasa: "Lo que el historiador contemporáneo encuentra de objetivo en la historiografía colonial corresponde más a su labor escudriñadora que a la voluntad de saber y de definir la *objetividad* de los cronistas religiosos. La etnografía de tinte científico despliega una serie de estrategias retóricas y estilísticas que logran ese distanciamiento y objetividad que Roland Barthes llama el "efecto de realidad". Las reflexiones de orden *subjetivo* son sistemáticamente excluidas del texto etnográfico propiamente dicho, y se les relega a cartas personales, diarios u otro tipo de textos autobiográficos que carecen de importancia para la disciplina en cuanto tal. Es precisamente la constitución de un marco disciplinario lo que permite la producción de textos homogéneos que ya no requieren de una reflexión metodológica ni permiten un registro de impresiones personales. Estos dos tipos de textos se dan conjuntamente en la historiografía colonial" (328-329, énfasis mío).

Nuestra perspectiva considerará no sólo la revisión de este corpus personal, sino también todo manejo friccional con textualidades diversas de procedencia europea (jurídicas, administrativas, canónicas) como americana (códices, pictogramas, tradiciones orales). A nuestro juicio, éstas no constituyen necesariamente un archivo aparte, sino muchas veces han sido obliteradas por una falta de perspectiva crítica en la identificación de los marcos discursivos de las mismas crónicas. En su conjunto, estos elementos permitirán complejizar aún más la política de evangelización franciscana, como asimismo, las tensiones que –muchas veces censuradas o retóricamente expresadas– existieron con el proceso de organización de la iglesia novohispana frente al orden civil como también eclesiástico.

Por último, hemos de recordar las palabras del investigador Howland Rowe, quien precisa el alcance del término "historia moral" durante el siglo XVI:

> Las palabras "etnografía" y "etnología" no fueron acuñadas antes de fines del siglo XVIII. Cuando un escritor del siglo XVI propuso tratar con este asunto, al cual ahora podríamos clasificar de etnográfico, él normalmente utilizó alguna frase como "vida y costumbres" en el título de sus libros. El equivalente más cercano del siglo XVI para "etnología", fue la frase "historia natural". La palabra "historia" en estos contextos tuvo el significado original de "investigación" o "un informe sobre la investigación", mientras que "moral" deriva de la palabra latina mos, moris, "costumbre". (1; traducción mía)

Leídas como "investigación" o "informe de las costumbres" de los pueblos americanos, en estas crónicas resonarían representaciones retóricamente intencionadas en que se dan cita un conjunto de categorías culturales ajenas a las concepciones prehispánicas. En tal perspectiva, la invención del indio se debate entre conceptualizaciones diversas (*salvaje, gentil, policía, primitivo, pobre, infante, miserable*, etc.),[7] las que asumiremos en el ámbito de las tradiciones intelectuales y religiosas del siglo XVI, complejizando aún más el influjo clásico y medieval de la Europa moderna en sus colonias:

---

[7] Dentro de los múltiples estudios que reconstruyen el campo de significaciones asociadas a la expresión "salvaje", "policía" y "barbarie" en las fuentes indianas, destacamos: Lechner (1981), Betancourt (1991), López-Ríos (1994) y Herrero (1995).

Crónicas franciscanas de Nueva España (Siglo XVI)

Pasemos ahora a una consideración sobre la teoría etnológica e interpretación en el siglo XVI. Con el fin de entender lo que pasó es fundamental hacer una distinción entre la teoría etnológica y la filosofía social y reconocer que ellas representaban tradiciones intelectuales independientes en el siglo XVI, como, de hecho continuaron así hasta la segunda mitad del siglo XIX. La tradición de la filosofía social influyó en la tradición etnológica de vez en cuando, pero hubo poca influencia en la otra dirección. La filosofía social surgió de los intentos de los filósofos griegos, especialmente de Platón y Aristóteles, para hacer frente a los problemas del comportamiento humano y las instituciones sociales mediante un argumento lógico con el cual los griegos estaban familiarizados. La tradición clásica de la filosofía social fue reanimada en el movimiento renacentista. Ésta mantuvo sus limitaciones tradicionales en el siglo XVI y más tarde, solo se amplió en la medida en que la experiencia histórica de Europa se ha tenido en cuenta y los valores cristianos se combinaron con los clásicos. Los filósofos sociales no consideraron la información etnográfica sobre los pueblos extraños como significativa para su esfuerzo, y la usaron poco. (Rowe 4; traducción mía)

Si bien consideramos como punto de partida la necesidad de teorizar desde los tropos de las narrativas histórico-eclesiásticas franciscanas, se precisa asimismo identificar las pautas y criterios de interpretación vigentes en la tradición teológica y jurídica del siglo XVI, aspecto que desarrollaremos con mayor detalle en los capítulos siguientes. Por ahora, precisamos dar cuenta de un segundo aspecto, la delimitación de la categoría de "crónica eclesiástica", según las taxonomías coloniales y los aportes de la crítica especializada.

3. EL *CORPUS* EVANGELIZADOR DE LA ORDEN FRANCISCANA EN NUEVA ESPAÑA

Una primera aproximación al corpus evangelizador franciscano en Nueva España no sólo nos permite identificar una diversidad de crónicas minoritas pertenecientes a los siglos XVI y XVII, sino también la dificultad de su específica clasificación, tal como se reconoce en los tempranos criterios historiográficos de bibliotecas y los discursos bio-bibliográficos. Resulta importante consignar que el *Epítome* (1629) de Antonio de León Pinelo y la *Bibliotheca Hispana Nova* (1672) de Nicolás Antonio, distinguen tres ejes narrativos en sus respectivas taxonomías de las fuentes minoritas: las culturas prehispánicas, la historia religiosa provincial y los relatos hagiográficos. Criterios que, sin lugar a dudas, muestran la heterogeneidad compositiva de fuentes que integraron junto al registro de la historia moral, noticias de tipo geográfico y hagiográfico. Podemos reconocer que, asimismo, persiste una tendencia a identificar, por un lado, las llamadas *crónicas generales* que refieren sucesos de los primeros tiempos de la evangelización y de las culturas prehispánicas: Motolinía (1541), Mendieta (1596), Torquemada (1613). Por otro lado, *crónicas provinciales* que narran la historia de la evangelización en un territorio determinado, con énfasis en la finalidad edificante y apologética de las principales figuras de su misión: de la Rea (1635), Medina (1682), Vetancur (1697), etc., (Lavrin 11-54). La variabilidad que impone esta clasificación plantea un primer problema teórico en torno al análisis del corpus evangelizador novohispano, como advierte Elsa Cecilia Frost:

> Cabe señalar que esta división padece –como todas– del grave defecto de ser artificial. Los temas se entrelazan y en ocasiones la colocación de las obras es más que dudosa. Así por ejemplo, fray Jerónimo de Mendieta y fray Juan de Torquemada escribieron crónicas generales sobre los trabajos de su orden en tierras novohispanas con un sesgo apologético muy marcado, pero en Mendieta se encuentra también, mucho más elaborada que en Motolinía, una teología de la historia y en Torquemada –que recoge por orden superior lo escrito por sus hermanos de hábito– no sólo se mantiene claramente la visión providencialista del acontecer humano, sino que se añaden datos sobre la historia y las costumbres indígenas [...]. Por otro lado, las noticias de Motolinía o de Mendieta sobre la cultura indígena son indispensables para el etnohistoriador. Los ejemplos podrían multiplicarse, pues no existe escrito alguno que pueda considerarse "puro" ("Cronistas franciscanos..." 289-290).[8]

En este contexto se advierte una jerarquización de la producción evangelizadora franciscana mediante componentes textuales que, en primer lugar, restringen el vocablo "historia" al ámbito de las acciones (*res gestae*), sin poner suficientemente de relieve la especificidad del nivel narrativo (*rerum gestarum*) de las diferentes tipologías, sean éstas "crónicas",

---

[8] Elsa Cecilia Frost incorpora en su clasificación de las fuentes historiográficas franciscanas tres categorías: "circunstanciales" (Torquemada), "etnográficas" (Sahagún) y de "especulación teológica" (Motolinía). Véase además el trabajo de Antonio Rubial García (2002, 325-371).

"relaciones", "historias" o "menologios".⁹ En segundo lugar, tampoco se aborda el grado de filiación que estas fuentes tuvieron con la preceptiva historiográfica renacentista y las modalidades retórico-discursivas europeas o americanas,¹⁰ lo que abre nuevos problemas de investigación. Así por ejemplo, la identificación de este nivel preceptivo en la *Bibliotheca Hispana Nova* de Nicolás Antonio, desde ya nos permite distinguir aquellas fuentes que tendieron a normar el discurso del historiador durante los siglos XVI y XVII. La composición de Luis de Cabrera y Córdoba, *De Historia, para entenderla y escribirla* (1611), ofrece una sistematización de interés para nuestra aproximación a la crónica eclesiástica, por su manera de abordar el problema de la división entre la historia "divina" y "humana":

> Divídese la historia en *divina* y *humana*. La *divina* en *sagrada*, que trata de la religión y de lo que le toca, como la escritura santa, y teología positiva; y en *eclesiástica*, como son los cánones, determinaciones de concilios y pontífices, sus vidas, las de los santos y el gobierno de la iglesia. La historia *humana* es natural, como la que escribieron de los animales y plantas Aristóteles y Plinio, y es *moral*, que es narración de los dichos y hechos. Esta es *particular* que narra la vida, virtudes y vicios de alguno, y *pública*, que los hechos de muchos. La *divina* enseña religión, la *humana*, prudencia, la *natural*, ciencia y todas deleitan. (34)¹¹

Con esta referencia, podemos constatar que la historia eclesiástica y sus respectivas modalidades discursivas (cánones, concilios, hagiografías, bulas, etc.), no estuvieron al margen de la síntesis preceptiva de la teoría peninsular del siglo XVII.¹² Dicha afirmación nos viene a plantear un

---

⁹ En relación con esta distinción ciceroniana en el campo de las crónicas, cartas y relaciones del descubrimiento y la conquista, consultar Mignolo (1982).

¹⁰ En relación con este aspecto, Mignolo señala que hasta finales del siglo XVI y principios del XVII, la ambigüedad del vocablo historia se mantiene, ya sea para designar al dominio de los objetos y la narración que debe dar cuenta de ellos. Será hasta principios del siglo XVII en que la formación discursiva acoge este nuevo vocablo "histórica" y con ello un nuevo nivel de consideración, el correspondiente a la preceptiva (metatexto) que se equipara a la poética y a la retórica. Entre otras figuran las obras de Sebastián Fox Morcillo (*De conscribenda historia*, 1557); Juan Costa (*De conscribenda historia libri duo*, 1591); Jerónimo de San José (*Genio de la historia*, 1651); Tomás Tamayo de Vargas (*Provechos de la Historia y uso de ella*, 1616). Cfr. Mignolo, "El metatexto historiográfico" 366-372.

¹¹ Deberíamos incluir en estas referencias no sólo a preceptistas, sino también a teólogos como Melchor Cano con su *De locis theologici* (1562).

¹² Resta indagar en la producción de tratadistas como Baltasar de Céspedes, quien escribe hacia 1600 su *Discurso de las letras humanas llamado el humanista*, y el citado Fray Jerónimo de San José

hecho central que, tanto en el plano de la historia "profana" como "sagrada" no podemos obviar, la estrecha vinculación que existió en el proceso de formación discursiva colonial entre la historiografía y la retórica sagrada. La retórica fijó las bases de una codificación, que ofreció al clero regular no sólo una preparación más sólida en el *arte concionatoria*, sino también un código de producción textual.[13] Ejemplo claro de ello es la *Rhetorica Christiana* (Perugia, 1579) del fraile mestizo Diego Valadés (Carrasco).

A mi modo de entender, la incorporación de este componente en el análisis de las crónicas eclesiásticas novohispanas, plantea un primer nivel de reflexión metatextual que debe estar en relación con el contexto situacional y social peninsular y novohispano, con el objeto de determinar su influencia en los procesos de textualización y recepción durante el período colonial.

3.1 Texto y contexto en la historia eclesiástica novohispana

La relación entre el contexto pragmático y los procesos de textualización, nos advierten sobre la función del texto como medio estratégico, en el que deberíamos considerar –según la tesis de Klaus Zimmermann (1984)– no sólo las condiciones cognitivas de la recepción, sino también el campo situacional y social. Desde esta perspectiva, un fenómeno de relevancia es el cambio desde el predominio de una historia "general, moral y natural" durante el siglo XVI, hacia una "historia particular" en el siglo XVII (Mignolo, "Cartas, crónicas y relaciones" 78). En el orden espiritual novohispano, constituye un fenómeno asociado a diversos aspectos que conviene clarificar por su eventual influencia en el proceso de constitución del dominio colonial en América y transformación textual de las crónicas eclesiásticas, entre otros: el patronato indiano y la pragmática de circulación textual, además de los marcos discursivos (cuestionarios) que rigieron su codificación textual.

---

con su *Genio de la historia* (1651), obra en que –a juicio de Santiago Montero Díaz– "culmina el proceso de liberación iniciado por nuestros escritores frente a la vieja retórica" (36).

[13] En relación con esta perspectiva de análisis, véase el artículo de Luisa López Grigera (1989).

a) El patronato indiano y la pragmática de circulación textual

Para Arndt Brendecke, en la constitución del dominio colonial poder y saber estaban relacionados. En el caso de la política real se hacía necesario disponer de una red de observadores (Virrey, Audiencia, Cabildo, Obispo) que podían observarse mutuamente y mantener su propia correspondencia con la corona o el Consejo de Indias. Así la libertad de comunicación de un actor restringía la libertad del otro, pues podía comunicar las desviaciones y deslealtades a la corona (263). En este marco de intermediarios y asesores de la corona en la periferia del imperio, se evitaría su autonomía gracias a la confianza y el control derivado de la configuración comunicativa del dominio colonial:

> La función de esta estructura era la de orientar la observación alerta y mutua de los diversos actores, que tenía lugar de todos modos en el ámbito local, de tal manera que el soberano pudiera participar de su vigilancia. Sólo podía participar si se le comunicaba la desviación. **De manera que la vigilancia y la comunicación debían cooperar formando una estructura triangular.** Solo así la alerta de la sociedad local se convertía en una oportunidad de supervisión del dominio (colonial). (Brendecke 257-258, énfasis mío)

Este "triángulo vigilante", ciertamente cabe matizarlo hacia los inicios del periodo colonial.[14] El extenso territorio americano, una débil red de contactos con la corona, la censura interna e interrupción de la comunicación confidencial, anularon la transferencia de saberes no solo de los súbditos del monarca al Rey, sino incluso, a la propia autoridad pontificia en Roma. Para ello es importante conocer el alcance del régimen del patronato indiano en la constitución del temprano dominio colonial.

Un aspecto muy importante es que las aspiraciones vicariales de los monarcas españoles se hicieron efectivas en América gracias a su intervención en el gobierno espiritual del Nuevo Mundo. Los privilegios que Roma concedió a la corona, afectaron no sólo a la administración económica y espiritual de la emergente Iglesia, sino también al control de la información americana (Borges, "La Santa Sede" 148-152). Ya

---

[14] En relación con el modelo del "triángulo vigilante" de Brendecke, recomendamos la lectura del capítulo VI: "El saber en el *setting* del dominio colonial" (253-305).

Rolando Carrasco

sea restringiendo el paso a personas particulares, o bien a través de la censura de manuscritos o informes confidenciales, las noticias americanas debían ser concordantes con la política oficial. Fenómeno que, asimismo, supone la distinción de dos destinatarios. Por un lado, los informes que los eclesiásticos dirigían a la corona -sea éste el rey o su cuerpo administrativo-; y, por otro, aquellos que eran enviados a la autoridad apostólica.[15] En este panorama, la supervisión realizada por el Consejo de Indias y la acción del embajador de su Majestad en Roma, forman parte de un episodio importante en torno a la censura y difusión del libro e ideas referidas al mundo colonial americano.

Si bien ya existen evidencias documentales sobre el influjo de las colecciones bibliográficas que circularon en las Indias (González Sánchez, 1999) y, de manera específica, en el virreinato de México (von Kügelgen, 1973) y Perú (Hampe Martínez, 1996), falta poner en relación de qué modo la censura española del siglo XVI influyó en la circulación y censura de las obras misioneras franciscanas que eran encargadas desde Roma. A este respecto, como ha demostrado Imperial y Gómez, la censura procedió no sólo de instancias regias como el Consejo de Indias, sino también del Tribunal de la Inquisición en México. A éstas se sumarían las autoridades eclesiásticas locales como también de la propia Orden en América (Lavrin 14).

De todos modos, la impresión de libros españoles durante el siglo XVI, estaba imbuido de un conjunto de medidas precautorias que con el advenimiento de Felipe II se hicieron más restrictivas (Torre Revello, 1940). La pragmática de circulación textual hacia mediados del siglo XVI, referida incluso a libros heréticos, a juicio de Juan Friede, "quita precisamente a las dignidades eclesiásticas la facultad de censurarlos, concentrando todos los poderes en el Consejo. Aún libros de contenido

---

[15] Un episodio singular de esta censura fue el ejercido por el presidente de la Primera Audiencia, Nuño de Guzmán contra el obispo de México, fray Juan de Zumárraga. Los atropellos de la autoridad colonial contra los indios motivaron la denuncia por parte del clérigo a la corona. Dichos informes eran interceptados por los colaboradores del Presidente en América. Véase, Joaquín García Icazbalceta (1947). Otro ejemplo, pero a nivel de las relaciones entre la corona y el papado aparece registrado en el artículo de Pedro Borges (1960).

netamente religioso, devocionarios y misales, tienen que pasar por la censura del Rey, salvo si se trata de reimpresiones"(Friede, "La censura española" 52).

Este fenómeno de censura, ciertamente, cabe inscribirlo en un aspecto de mayor relevancia para la investigación sobre la historia de la misión en América durante el siglo XVI, el llamado "regio patronato". La potestad pontificia en tierras del Nuevo Mundo estuvo determinada por el llamado Derecho de Patronato que, según Pedro Borges: "[…] consiste en la presentación por parte del poder político de las personas que han de ser investidas de los cargos eclesiásticos –fundamentalmente se refiere a la estructura jerárquica de la diócesis: obispos, canónigos, párrocos" (Borges, *Historia* 65). Con este derecho de presentación, en que la potestad pontificia se reserva el mero nombramiento, también es posible reconocer otras esferas de competencias en materias eclesiásticas, no estrictamente reservadas a cargos, sino a documentos e informes eclesiásticos:

> Conviene destacar en una rápida enumeración algunas de las formas como este Derecho patronal tomaría cuerpo en la potestad regia:
>
> […] *a)* El derecho de presentación a todos los beneficios de Indias; *b)* **el pase regio o control de todos los documentos eclesiásticos destinados a las Indias;** *c)* la exigencia a los obispos de un juramento de fidelidad a la Corona; *d)* determinadas limitaciones a los privilegios del fuero eclesiástico; *e)* los recursos de fuerza o apelación de los tribunales de la iglesia a los del Estado; *f)* la supresión de las visitas *ad limina* de los obispos de Indias; *g)* **el envío al Consejo de Indias y no a Roma de los informes episcopales sobre el estado de las diócesis;** *h)* el control de los traslados de los clérigos y religiosos, a Indias; *i)* el control de las actividades de las órdenes religiosas, mediante informes que los superiores había de dar periódicamente sobre las mismas; *j)* la intervención real en los Concilios y Sínodos; *k)* el gobierno de la diócesis por los presentados por el rey para las mismas, antes de que llegasen las bulas papales de nombramiento; *l)* la disposición regia sobre los bienes de expolios y vacantes y en general sobre los diezmos; *m)* los límites al derecho de asilo. (Borges, *Historia* 75-76; énfasis mío)

La mayor parte de esta relación de facultades que poseyó la corona entre 1508 y 1574 permite plantearnos el impacto que esta doctrina del patronato indiano tuvo en la naciente iglesia americana, tanto en lo referido a la circulación de informaciones sobre las fundaciones espirituales y las tensiones con la institucionalidad civil, como a un aspecto determinante de la colonialidad del poder en América, la lealtad al rey o al papa.

A nuestro juicio, la producción y circulación textual de fuentes pertenecientes a las órdenes religiosas, requiere ser analizada como un campo de estrategias narrativas, que permitiesen –bajo control de las autoridades coloniales o metropolitanas– dar noticia a la autoridad real o pontificia de la situación de las colonias. Sin embargo cabe hacer presente que estas diversas tipologías (crónicas, cartas, relaciones, historias, etc.), escritas por misioneros franciscanos, se inscriben en un proceso de codificación retórico-discursiva que plantea además diversos problemas de investigación en torno al carácter y función de dichas tipologías textuales y sus respectivos lectores, el rol de intermediarios y traductores coloniales, así como sobre el desarrollo diacrónico de tales codificaciones durante el siglo XVI.

b) Las "relaciones" del poder colonial, fases de su desarrollo

Desde el inicio del proceso de evangelización americano desarrollado por los franciscanos en 1524, entre los cuales se encontraban fray Martín de Valencia y fray Toribio de Benavente o Motolinía,[16] el conocimiento de la lengua y las costumbres indígenas se transforma en instrumento esencial para una efectiva aculturación espiritual. El proceso de organización administrativa colonial que se iniciara en 1528 con la Primera Audiencia, señala uno de los momentos de relevancia no sólo para el desarrollo de su labor apostólica, sino también de los conflictos franciscanos con las autoridades virreinales.[17] Sin embargo las necesidades políticas que sobrevendrían dos años después –con el nuevo gobierno de

---

[16] Cabe hacer presente que en 1523 ya existe referencia del arribo a Nueva España de tres religiosos franciscanos flamencos, Johann Van de Auwera, Johann Dekkers y Pierre de Gand. De ahí la crítica al supuesto inicio del proceso evangelizador por los llamados "12 apóstoles" franciscanos llegados en 1524.

[17] Estos aspectos serán desarrollados ampliamente en el curso de los siguientes capítulos. A modo de ejemplo, podemos mencionar aquí los conflictos del obispo Fray Juan de Zumárraga y Fray Toribio de Benavente Motolinía con las autoridades virreinales. Para ello véase el estudio preliminar de Lino Gómez Canedo en: *Fray Toribio de Motolinía. Epistolario* (1526-1555).

la Segunda Audiencia–, de dar respuesta a las órdenes de la corona para completar una descripción de la colonia, traduce intereses muy concretos, a los que había que responder informadamente, pues "la corona había ordenado que se hiciera esa información, que serviría para decidir sobre el repartimiento general de los indios".[18] El proceso de centralización de la jurisdicción real sobre el indio, en tal sentido, debe ser considerado paralelamente un fenómeno narrativo de relevancia para el desarrollo de la historia eclesiástica novohispana. La comprensión lingüística y cultural del mundo americano por parte de los religiosos, refuerza una estrategia de dominación en que la conquista tiene claramente dos dimensiones: militar y espiritual. De esta forma, las crónicas franciscanas nos plantean la entrada hacia la reconstrucción de un proceso que, si bien tiene sus antecedentes en el aporte de fray Andrés de Olmos (1500?-1571)[19]–, cabría considerarlo sólo como una primera fase. La preparación de estas tempranas obras no respondería formalmente a un principio organizativo externo, es decir, a un cuestionario como sería el caso de las *Relaciones* oficiales de la corona (Mignolo, "Cartas, crónicas y relaciones" 70-75). Dicho aspecto nutre estos relatos de una autonomía discursiva como registro de la orden, asumiendo progresivamente una mayor contingencia histórica durante la etapa colonial temprana, en la que podríamos circunscribir fuentes como la *Relación de Michoacán* (1539-1549) y la *Relación de las cosas, idolatrías ritos y ceremonias de la Nueva España* de fray Toribio de Benavente o Motolinía (1541).[20] Dichas obras formarían parte de un proceso de recodificación

---

[18] Pese a que este requerimiento, según veremos en el capítulo II, ya se le había planteado a la Primera Audiencia, el desempeño de Nuño de Guzmán como presidente no había sido de lo más afortunado. La centralización jurídico-administrativa en la colonia es, asimismo, el inicio de un ciclo narrativo de la Orden, el cual veríase posteriormente determinado por los intereses apostólicos de Roma. Cfr. Ruiz Medrano 48.

[19] En 1533 Fray Andrés de Olmos recibe la orden de escribir un libro sobre *Antigüedades de los indios*. De dicho manuscrito extraviado sólo queda un *Epílogo* o *Suma*, la que habría sido utilizada por autores como Zorita, Mendieta y Torquemada, hasta su desaparición. No podemos obviar en esta enumeración la *Historia General de las Cosas de Nueva España* de fray Bernardino de Sahagún (terminada en 1569 y revisada en 1585), ya que representa un indudable aporte al conocimiento de los ritos y tradiciones de la cultura náhuatl.

[20] La *Relación de Michoacán*, originalmente responde a la solicitud del primer virrey de Nueva España, Antonio de Mendoza; mientras la *Relación de Nueva España* de Motolinía, título original de una obra que la crítica ha acuñado erróneamente bajo *Historia de los indios de la Nueva España*, sería dirigida al duque de Benavente, señor don Antonio Pimentel. Cfr. el estudio preliminar de

textual, ya que se constituirán en fuentes de importancia para la fase de producción de la tradición cronística franciscana de fines del siglo XVI.

c) El código de la Alenitio, *las bases de un marco discursivo*

En 1571 fray Jerónimo de Mendieta será designado por el Ministro General de la Orden, fray Cristóbal de Cheffontaines, para escribir la historia de la propia provincia franciscana.[21] La *Historia eclesiástica indiana*, finalizada en 1596, de igual forma que la *Relación* de Oroz (1585)[22] –esta vez siguiendo la *Obedientia* del ministro general fray Francisco Gonzaga–, constituyen respuestas oficiales a los requerimientos de la autoridad espiritual, es decir, su acto de escritura emana de una investidura oficial, que los autoriza como cronistas de la Orden en Nueva España. En tal sentido, no es de extrañar que una obra como la de Oroz, responda a una codificación regulada por la *Obedientia* y la *Alenitio*.

La *obedientia* era un formulario en el que se insertaban los nombres de las personas y lugares a quienes iba remitido el mandato del ministro general. A esta venía adosada la *Alenitio*, en la que se expresaban en seis puntos, el procedimiento para la clasificación de la información requerida:

1. Fundación de la provincia; descripción de su tamaño; límites y demás provincias que hubieran surgido de ella.
2. Descripción de cada convento, ciudad o población. Su localización, cantidad de frailes dedicados a la predicación, etc.
3. Los documentos en el archivo del monasterio relativos a la fundación del mismo. Los nombres de los frailes de nota que hubieran servido en la casa y

---

Edmundo O' Gorman para la obra de Motolinía, XLI.

[21] En Junio de 1571, fray Jerónimo de Mendieta se encontraba en la península, cuando recibe del general de la Orden, fray Cristóbal de Cheffontaines, una "obedientia" en la que se mandaba: "[...] tomando de cualquiera de las provincias de España un compañero a vuestro gusto, pero que vaya de su voluntad... volváis a la dicha provincia del Santo Evangelio... Y porque en los años pasados han obrado los santos religiosos de nuestra Orden en la conversión de los gentiles, muchas cosas dignas de memoria, os mandamos que hagáis una historia en lengua española [...]". "Obediencia del General de la Orden". Fray Jerónimo de Mendieta. *Historia eclesiástica indiana*. Vol. 260-262. 1.

[22] La *Relación* de Oroz, encargada por el Ministro General, Fray Francisco de Gonzaga, ha sido atribuida también a Fr. Jerónimo de Mendieta y Francisco Suárez. Cfr. "The life and times of father Oroz". *The Oroz Relación, or Relation of the description of Holy Gospel Province in New Spain, and the lifes of the founders and other noteworthy men of said province* (1972): 3-39.

los milagros que hubieren ocurrido.
4. Documentos de la canonización que existieren sobre alguno de los miembros de la provincia; misiones especiales otorgadas; privilegios dados a la Orden o en particular a dicho monasterio.
5. Las reliquias guardadas en el monasterio y/o cuerpos de algún santo enterrado, junto con su biografía.
6. Cualquier hecho memorable que fuere de edificación para los fieles. Se debían incluir también la impresión y descripción de los sellos de la provincia.[23]

Las presentes indicaciones, emanadas del Capítulo de la Orden, encomendaban al ministro Gonzaga la elaboración de una crónica, con la historia y situación de todas las provincias franciscanas del mundo. En 1583 Gonzaga envía a las colonias las mencionadas *Obedientia* y *Alenitio*, las que sistematizan la organización interna de las fuentes seráficas de la segunda mitad del siglo XVI, señalando un cambio importante no sólo en la regulación sintáctico-semántica de la información, sino también en la concepción de un destinatario ideal de la escritura misionera, la autoridad religiosa. Sin embargo en el curso de nuestra investigación observaremos cómo la institucionalidad civil en América o España (virreyes, condes, etc.) se inscribe como lector e intermediario de las demandas de la iglesia mendicante en Nueva España.

En principio, estos relatos ajustados al marco discursivo de la *Alenitio*, fueron un paso intermedio para la composición en Europa de una fuente mayor, el *De origine Seraphicae Religionis Franciscanae* (1587),[24] pero asimismo, un instrumento privilegiado para la denuncia de los aciagos sucesos de la conquista. Reparemos en este aspecto en la medida en que la historia espiritual franciscana se inscribe en una conciencia planetaria de la evangelización, que mediante el principio de traslación de la iglesia de oriente a occidente, proyectaría la esperanza utópico-milenarista más allá de las tierras americanas, siendo su posterior destino China y Asia.

Cabe reflexionar brevemente sobre la situación comunicativa que se expresa en esta instrucción y en la finalidad expuesta. En primer lugar, la asignación de un *rol textual*, mediante el cual quien escribe esta

---
[23] El texto de la "alenitio" puede verse en Pedro Oroz 12-13.
[24] Francisco de Gonzaga (1587).

respuesta traduce un concepto historiográfico complementrario al que podemos verificar en las instrucciones de relaciones pertenecientes a la administración colonial. En la *Instrucción y memoria* –cuestionario que contenía 50 preguntas– que elaborase el Consejo de Indias hacia la segunda mitad del siglo XVI, las informaciones quedan supeditadas al trazado del espacio que se desea gobernar, lo que también incluye de manera acotada la organización religiosa y educativa.[25]

En segundo lugar, de la consideración de estos marcos discursivos, se comprende la división básica que subyace al modelo franciscano, la segmentación de la historia temporal y espiritual. Tal como advirtiera Asunción Lavrin, en la "historia eclesiástica" la contextualización de un orden urbano e institucional (vida de los miembros de las comunidades, construcción de conventos, extensión de las provincias, carácter de la población indígena, etc.), no se contradice con la historia edificativa e inspiradora de una mentalidad maravillosa (milagros, visiones) o hagiográfica (santos) (12-13). Dicha constatación permite comprender el por qué la historiografía colonial del siglo XVII, ya había advertido sobre la complejidad estructural de estas fuentes en las cuales se identificaban no sólo informaciones sobre las culturas indígenas, sino también relaciones geográficas de las nuevas provincias espirituales y el componente hagiográfico con las vidas de sus mártires y santos. De ahí que reducirlas exclusivamente a su primer componente, implica parcelar un fenómeno de importancia, la autopercepción de lo sagrado que forjaron las propias órdenes con sus fundaciones y hazañas de la evangelización. Muchas veces

---

[25] En esta codificación la organización educativa y religiosa de las órdenes se reducía a las preguntas 34-37: "34. La diocesi de arçobispado, o obispado, o abbadia en que cada pueblo estuuiere, y el partido en que cayere y quantas leguas ay, y a que parte del pueblo donde reside la cathedral y la cauecera del partido y si las leguas son grandes o pequeñas, por caminos derechos, o torcidos y por tierra llana o doblada. 35. La Yglesia cathedral y la parrochial o parrochiales, que huuiere en cada pueblo con el numero de los beneficios y preuendas que en ella huuiere, y si huuiere en ellas alguna capilla o dotacion señalada, cuyas es, y quien la fundo. 36. Los monasterios de frayles o monjas de cada orden que en cada pueblo huuiere, y por quien y quando se fundaron, y el numero de religiosos y cosas señaladas que en ellos huuiere. 37. Assi mesmo los hospitales, y colejios, y obras pias que huuiere en los dichos pueblos, y por quien y quando fueron instituidos". "Instrucción y memoria de la relaciones que se han de hazer, para la descripción de las Yndias, que su Magestad manda hazer, para el buen govierno y ennoblescimiento dellas". Ver *Papeles de Nueva España* 1-7.

enfrentadas en su labor mendicante a las pretensiones de dominación de los conquistadores y a las condiciones de control informativo que imponía la administración colonial y el patronato indiano.

Capítulo II

Las voces del "nahuatlato" en la Relación de Michoacán *(ca. 1539-1549)*

> *Y decía el cazonci a sus principales: '¿Para qué quieren este oro' débenlo de comer estos dioses, por eso lo quieren tanto.* Relación de Michoacán

1. Introducción

La indagación etnográfica de los primeros religiosos franciscanos en Nueva España no sólo abordó el conocimiento del mundo mexica o náhuatl, sino también la cultura y lengua purépecha o michua. Fray Toribio de Benavente o Motolinía habría de referirse al reino de Michoacán, palabra que quiere decir "lugar de mucho pescado", como a un verdadero cuadro de la naturaleza americana, caracterizado por la fertilidad de su tierra, abundancia de ríos, lagos y fuentes, las minas de oro y plata, además de la robustez y belicosidad de su gente.[26] No es de extrañar, por tanto, que el interés por la región de Michoacán podamos encontrarlo ya en los denodados esfuerzos de conquistadores que habrían de extender la dominación española más allá del imperio de Moctezuma. La influencia de las órdenes religiosas no fue menos significativa, tal como lo podemos constatar en las crónicas seráficas del siglo XVI, las que ofrecen singulares aspectos de la tradición purépecha y del proceso de aculturación impuesto por la conquista espiritual.

La *Relación de Michoacán*,[27] corresponde a una de las fuentes representativas del esfuerzo de los primeros religiosos franciscanos por conocer la lengua, ritos y tradiciones del mundo tarasco. Pese al estado incompleto del texto que conocemos en la actualidad y la problemática

---

[26] Motolinía, *Memoriales* 387-389.
[27] Citaremos según la siguiente edición: *Relación de las ceremonias y ritos y población y gobierno de los indios de la provincia de Michoacán*. Reproducción facsímil de Ms. De El Escorial. Transcripción de José Tudela y estudio preliminar de José Corona Núñez. México: Balsal Editores, 1977. Mis agradecimientos al Ibero-Amerikanisches Institut (Berlín) por las facilidades brindadas en la consulta y reproducción de la presente edición.

del anonimato de su autor, se ha señalado que la *Relación* es el resultado del trabajo de un misionero seráfico residente en Michoacán desde los comienzos de la conquista.[28] Sus aportes al campo de la investigación antropológica sobre la cultura michua son ya conocidos, pese a esto, el análisis de su carácter retórico-discursivo aún ofrece amplias posibilidades para la comprensión del proceso y la política de dominación colonial.

La *Relación de Michoacán*, probablemente terminada hacia la primera mitad del siglo XVI, podríamos considerarla una fuente que se presenta en estrecha relación con la política de dominación virreinal. El conocimiento de las tradiciones y costumbres de los pueblos prehispánicos para su incorporación dentro del programa político-religioso impulsado por la corona y las órdenes religiosas, nos permiten considerar a este registro como un campo privilegiado para el análisis de la visión del sujeto colonial, mediante la confluencia de tres perspectivas: la del misionero, el indígena y el conquistador.

A nuestro juicio, en la *Relación* es posible identificar un complejo proceso de comunicación intercultural, a través de la función del "intérprete", "lengua" o "nahuatlato", es decir, del hablante de la lengua náhuatl. El rol comunicativo que durante la conquista y colonización le correspondió a estos "intérpretes", sirva como ejemplo el caso de la Malinche para Hernán Cortés, nos suministra una función de singular relieve para el establecimiento del poder colonial en América.

En el caso de la *Relación de Michoacán*, identificaríamos una multiplicidad de nahuatlatos los que, gracias a la focalización narrativa del intérprete-misionero y su registro de la nobleza indígena, configura una polifonía de perspectivas narrativas cohesionadas por una finalidad reivindicatoria de los antiguos derechos de la nobleza tarasca y de la misión evangelizadora del misionero. Tal aspecto podríamos comprobarlo

---

[28] En relación con la discusión sobre la organización actual del manuscrito y las ediciones de la *Relación de Michoacán* y la problemática de su autoría, véase el cap. VII de la obra de Georges Baudot, 387-430. La reedición (Alcalá, 2000) de la *Relación* aporta nuevas consideraciones sobre esta materia, consúltese los trabajos de María del Carmen Hidalgo Brinquis (41-73) y Vicenta Cortés Alonso (75-88) incluidos en este nuevo ejemplar.

mediante el análisis de dos problemáticas centrales. Por un lado, la perspectiva narrativa en torno a la sucesión del linaje indígena del último rey Tarasco, así llamado Caltzotzi;[29] y, por otro, su trágico destino a manos del virrey de la Primera Audiencia, Núñez de Guzmán.

2. LA INTERCULTURALIDAD COMUNICATIVA Y TESTIMONIAL DEL "NAHUATLATO"

Según Peter Boyd-Bowman, el concepto *nahuatlato* con sus respectivas variantes (*naguatato, naguatlato, nahuatato, navatato*), es posible documentarlo entre 1531 y 1595. Originalmente con el sentido de "intérprete" en México, Nueva Galicia y Yucatán, su empleo coexistiría en otras regiones con las voces hispanas *lengua* o *intérprete*. El significado de la expresión nahuatlato, permite advertir su primitivo uso de "intérprete del náhuatl", aplicándose también a los hablantes de otras lenguas como el maya, tarasco o el totonac (XIII).

La función intercultural del nahuatlato indio o español,[30] a mi modo de entender, se inscribe en un campo de relaciones semióticas (orales y escritas), es decir, de "fronteras culturales" que –en el ámbito de los estudios literarios coloniales– conllevan un desplazamiento crítico hacia la *letra* y el *discurso*:

> La **letra** "antes" del idioma, es el lugar de intersección de la oralidad y la escritura, por un lado, y de la manera en que las culturas conciben, en su autorreflexión, sus propias formas de interacción. El período colonial en el Nuevo Mundo es un modelo privilegiado para ilustrar la cuestión de la letra y de la diversidad de sistemas de interacción semiótica, así como también la manera en que los miembros de una cultura, al reflexionar sobre sí mismos y sobre sus propias formas de interacción semiótica, conciben la "otredad". Las relaciones entre interacciones semióticas y otredad son dos caras de la misma moneda.

---

[29] En el desarrollo del presente análisis clarificamos el empleo de la voz *Cazonci* para referirnos a la dignidad monárquica dentro de la sucesión de los reyes purépechas. El último Cazonci aquí aludido, corresponde a *Tangáxoan II* o *Tzintzicha*, quien luego de ser bautizado será llamado Francisco.

[30] Para una ampliación de este aspecto, véase el estudio de Irina Buche (1997).

> De la misma manera que Europa vio en la falta de escritura un signo de lo otro, también los habitantes de Anáhuac vieron en la escritura del dios que le imponía el colonizador, la otredad que no cabía en lo que le garantizaban sus pinturas. (Mignolo, "Anáhuac y sus otros" 34)

Tal como ha observado Mignolo, la interacción oral y alfabética durante el período colonial marca uno de los signos distintivos en torno a la *cuestión del otro*. De manera tal que cabría distinguir la existencia de roles sociales y clasificaciones discursivas diferenciadoras, las que determinaron la percepción intercultural a partir de la identificación posible con la situación discursiva en que se encuentran sus respectivos interlocutores.

La confluencia entre la letra, el discurso y la visión del "otro", de acuerdo a los observadores peninsulares, permitió advertir que las culturas mesoamericanas habían desarrollado un complejo sistema de escritura pictográfica e ideográfica. Sin embargo, fueron menos afortunados en la percepción del conjunto de ideas asociadas a sus respectivas formas de interacción oral y escrita. De manera tal que los prejuicios y el sistema de valores del colonizador, antepuso el carácter alfabético de la letra colonial, la divinidad de las Sagradas Escrituras, como principios constructivos de un proyecto de dominación en que el sujeto colonial se identifica en el marco de una polarización de prácticas y conceptualizaciones asociadas a la letra:

> Los conocimientos asociados a las actividades de escribir y de leer son muy diferentes para los mexicanos que para los castellanos. Para los primeros, "leer" es "mirar y contar lo que dicen las pinturas" (es decir, traducir signos gráficos no verbales a discurso verbal). Para los segundos, es transferir aquello que se ve (e.g., la letra escrita) al movimiento de los labios que lo reproduce en sonidos. En consecuencia, la imagen de un Dios que dicta y la correspondiente imagen de alguien que escribe difícilmente podía haber sido captada por los mexicanos. Concebir la narración de lo que se mira en las pinturas, vertir el contenido de ellas en discurso oral, y conservar la tradición en la oralidad primaria, es algo que difícilmente podían haber entendido los castellanos. Estaban por así decirlo, **uno a cada lado de la letra**. Unos del lado de la letra que está pero que no se sabe tal, los otros del lado de la conciencia de la letra que sitúa los grupos humanos en el reino de las ausencias: los **iletrados**. Los unos, diestros en el decir y sabios de la palabra; los otros retóricos y letrados. (Mignolo, "Anáhuac y sus otros" 41)

Si bien esta observación nos permite comprender de qué modo las prácticas comunicativas durante el período colonial se despliegan en una clara diferenciación discursiva, es sólo un primer elemento de análisis para problematizar la función desarrollada por los *intérpretes* o *nahuatlatos*. Ya tempranamente encontramos ejemplos que nos permiten profundizar en los alcances que esta práctica comunicativa tuvo durante la invasión y conquista de América, sirvan los casos de Jerónimo de Aguilar y la Malinche, intérpretes de Cortés.[31] Éstos serían exponentes de una situación discursiva privilegiada cuya función es altamente relevante para la efectividad de la conquista y la antesala de una nueva situación colonial en que la función del nahuatlato se enmarcará en una retórica forense de especial relevancia para contrarrestar las prácticas anti indianas del conquistador y el proceso de institucionalización del poder colonial en Nueva España.

2.1 La función jurídica del nahuatlato-testigo

En los últimos años la preocupación por los nahuatlatos en el campo de la historia de la traducción permite reconocer interesantes aportes al estudio de las mediaciones lingüística y culturales en el México colonial. Específicamente, el paso del formato oral al escrito plantea en este campo de mediación una compleja situación colonial derivada de una reconstrucción histórica que no siempre permite identificar a estos protagonistas o testigos presenciales.[32] Tal como señala el estudio colectivo de Icíar Alonso:

> Al pasar de lo oral a lo escrito se está poniendo de manifiesto una función que no le corresponde al intérprete «puro» de hoy, la de dar testimonio del acto

---

[31] Para el caso de la Malinche, véase el trabajo de Margo Glantz (1994). De igual modo el estudio de Leonel-Antonio de la Cuesta (1992) por su profundización en la función del intérprete en los inicios de la historia colonial en el Nuevo Mundo.

[32] Comenta Icíar Alonso que se distinguen excepciones muy notales, como fueran Fernando de Alva Ixtlilxóchitl y Hernando Alvarado Tezozómoc, que han sido registrados en la historia colonial más por su función de cronistas que de nahuatlatos. Además de otros casos que pueden identificarse en la *Biblioteca Hispanoamericana Septentrional* de José Mariano Beristaín de Souza ("Nahuatlatos y familias" s/p).

interpretado. En realidad, con frecuencia es el verdadero –y a veces el único– notario de la reunión, aunque no redacte ni firme el acta, como sí tuvieron que hacer otros intérpretes de la historia más reciente. El discurso interpretado constituye la materia prima de las disposiciones de acuerdos y tratados, de la toponimia –metáfora como pocas de las barreras idiomáticas–, de los neologismos en el idioma del colonizador. En la transformación de lo oral a lo escrito, el cronista habitualmente –las crónicas en este aspecto son «clónicas»– recoge la información del intérprete sin citar la fuente y esa elipsis dificulta aún más la investigación sobre los mediadores de la época, raramente mencionados, con lo que se les priva de audibilidad, por no decir de visibilidad (s/p).[33]

Los primeros años del dominio colonial permiten distinguir la diglosia lingüística del castellano y el dominio del náhualt (como lengua franca de los misioneros) en el campo administrativo, judicial y religioso. Se hacía necesaria la existencia de intérpretes como instrumentos de mediación lingüística con la administración civil y las autoridades, así como en "quejas y reclamaciones de los indígenas, declaraciones judiciales, visitas de inspección o el control de impuestos, además de las ceremonias de transmisión de poderes a los alcaldes o alguaciles" (Alonso, s/p). Las Audiencias fueron una de las instituciones en América dotadas de intérpretes, lo que sería regulado por las Leyes de Indias ya en tiempos del emperador Carlos V.[34] Interesa distinguir que en las instrucciones carolinas ya se precisa la naturaleza y función de su cargo:

> [...] era un cargo oficial, pues el nahuatlato tenía la consideración de fedatario público, y estaba, por lo tanto, supeditado a un nombramiento oficial con

---

[33] En lo que sigue consideramos los aportes de Alonso, Baigorri y Payás (2008). En todas las citas se indicará sin página (s/p), tal como aparece bajo registro URL: <http://www.traduccionliteraria.org/1611/art/alonso-baigorri-payas.htm>.

[34] "Las Leyes de Indias recogen, entre otras, todo un repertorio de normas e instrucciones dictadas por Carlos V, Felipe II y Felipe III entre 1529 y 1630 y referidas a las actuaciones de los intérpretes o «lenguas de yndios» en Nueva España. Una de las instituciones indianas más antiguas dotadas de intérpretes fueron las Audiencias, órganos colegiados encargados principalmente de impartir justicia y, durante buena parte del siglo XVI, también de las tareas de gobierno. Junto al presidente y a los magistrados (jueces oidores y visitadores, fiscal y procuradores) contaban con una serie de funcionarios públicos, y entre ellos el lengua o nahuatlato, asignado generalmente al servicio del oidor o del visitador, o de jueces de menor rango ubicados en otras villas y ciudades distintas de la sede. El nahuatlato era literalmente el hablante de la lengua náhuatl. Pero ya en 1537 la legislación carolina aplica este término de un modo más restringido al intérprete destinado en las audiencias o al que acompañaba a los diversos oficiales en sus visitas de inspección, con independencia de las lenguas entre las que trabajara" (Alonso, s/p).

fórmulas de juramento (incluso con la intervención del Rey) y sujeto a un sueldo. No se le permitía recibir ninguna otra remuneración –ni en dinero ni en especie– y, aun siendo un oficial menor, tenía expresamente prohibido compatibilizar su trabajo con otro cargo. Con independencia de que fuera o no respetado, existía un código deontológico de obligado cumplimiento. Estas circunstancias, junto a la proximidad e influencia de las que gozaba el nahuatlato entre los estamentos superiores, otorgaban al intérprete de las audiencias un especial estatus a los ojos de los nativos, con todo lo que ello supone. En teoría, el nahuatlato debía mantenerse neutral ante las partes para garantizar así que en los asuntos de los indios se impartiera justicia como convenía, y las infracciones a este código de comportamiento (abundaban, por ejemplo las denuncias por soborno) eran sancionadas con los correspondientes castigos.

Gracias a las instrucciones carolinas recogidas en las Leyes de Indias, conocemos también las tareas encomendadas a estos nahuatlatos y los actos en los que solían intervenir: otorgamiento de escrituras, declaraciones, confesiones y, en general, todo tipo de autos judiciales y extrajudiciales (Alonso, s/p).

La tipificación del oficio y el carácter familiar o dinástico que se identifica en la transmisión de esta función al interior de grupos de la sociedad indígena que, cabe enfatizarlo, se dedicaban a la transmisión oral, y escasamente a la traducción escrita (por la falta de dominio de la lengua escrita), fue una forma de ascenso social, dentro de la compleja jerarquía colonial europea y su trato con el indio.

Para efectos de nuestro estudio debemos enfatizar la función del intérprete en el marco de la práctica administrativa que impone el nuevo orden colonial, mediante tipologías diversas (crónicas, cartas, informes o documentos) que registraron el acto de mediación lingüística y su paso de lo oral a la escritura forense. En tal sentido cabe destacar que el nahuatlato no sólo es el puente de una comunicación entre dos interlocutores (el conquistador y el indígena), sino también es sujeto de prueba, cuya función debía estar resguardada por una ritualidad jurídico-sacramental ya explicitada en las ordenanzas carolinas del siglo XVI y reafirmadas en tiempos de Felipe II. Podemos confirmar esto en un importante protocolo de nombramiento del siglo XVI referido a Hernán Cortés:

> E después de lo susodicho, en tres días del mes de mayo e del dicho año, ante mí el dicho escribano, pareció el dicho Alonso de Paredes en nombre del dicho Marqués del Valle [Hernán Cortés], e dijo que en cumplimiento de lo por los

> dichos señores Presidente e Oidores mandado cerca del nombrar intérprete en nombre del dicho Marqués, para que esté presente al examinar de los testigos, dijo: que nombraba e nombró por parte del dicho Marques del Valle a Juan de Figueroa, estante en esta cibdad que presente estaba, del cual dicho Juan de Figueroa, yo el dicho Escribano, tomé e recebí juramento por Dios e por Santa María, por la señal de la Cruz en que corporalmente puso su mano derecha, so cargo del cual **prometió de interpretar e declarar todo lo que los indios que en este caso por ambas las dichas partes fueren presentados por testigos, dijesen a todo su leal saber e que los indios que él no interpretare sus dichos e fuesen interpretados por el naguatato de esta Real Abdiencia**, asistirá e estará a ello presente, para que se declare e interprete bien e fielmente lo que los dichos indios dijeren e declararen e en todo hará e interpretará lo que bueno e fiel interprete e naguatato deba facer e a la absolución e confesión del dicho juramento, dijo: si juro, amén. Testigo. Baltasar de Castro e Juan Millán.[35]

La función interpretativa del electo nahuatlato de Cortés, quien tuvo una participación significativa en la defensa del conquistador, plantea una nueva asignación de roles. Como tal trataríase de una doble función, por un lado, agente intercultural de la conquista y, por otro, testigo inscrito en el ámbito de una retórica de tipo *forense* o *judicial* (acusación/defensa), en cuya verosímil traducción de los hechos descansa el valor de la prueba. Este ejemplo también advierte sobre las posibles alteraciones de la palabra de los indios-testigos, lo que hacía necesario la selección de intérpretes de oficio que, como señala Alonso, se basaba en los criterios de «fidelidad, cristiandad y bondad» (Cédula de 1583 de Felipe II). Cabe agregar que dicho cargo, podría pasar de padre a hijo, y tener una procedencia diversa, quedando registro de nombres de españoles y mestizos en textos e imágenes.[36]

La juramentación de estos nahuatlatos, confiere a su palabra una sacralización de forma, en la medida en que debían interpretar "bien" y "fielmente". Resultando necesario, en determinados casos, la confrontación de su interpretación con la del nahuatlato de la Real Audiencia, como mecanismo de control de un discurso expuesto a una falsa o interesada interpretación. Se comprende, entonces, que la asignación de esta función

---

[35] "Proceso del Marqués del Valle Don Hernando Cortés contra el fiscal Licenciado Venavente, sobre los pueblos de Totolapa e Atlatlahuca", 137-138 (énfasis mío).
[36] En relación con las pinturas, revisar el estudio de Alonso (2004)

haya sido selectiva por parte de la administración virreinal y, como reconocemos en el siguiente decreto de nombramiento, al servicio de la predicación cristiana:

> Juan Bautista de Campo, vecino de esta dicha ciudad, en el cual por su legalidad y buena fama y ejemplo de su vida y doctrina, con el cual han predicado los religiosos de estas provincias, de la Orden del Sr. San Francisco, la palabra evangélica, a los naturales, y ser persona y hijo de padres españoles y cristianos viejos, y por tales hábitos y tenidos en estas provincias, para la interpretación de lo que dijeren los indios que declararen, le nombraba y nombró por tal intérprete, haciendo ante todas cosas, de que guardara el secreto y declarara con toda fidelidad y verdad lo que los dichos indios dijeren; el cual estando presente y siéndole mandado lo aceptase y hiciese el juramento debido; dijo que lo aceptaba y aceptó, y juró en forma de derecho por Dios Nuestro Señor y por la señal de la Cruz, en que puso su mano derecha corporalmente, y a la resolución y fuerza del dicho juramento, dijo: sí juro y amén (...).[37]

Este nahuatlato confirma que la confiabilidad de su palabra muchas veces dependió del linaje hispánico y cristianas costumbres, integrando asimismo su función auxiliar en la traducción del Evangelio. Como ha señalado Nanzen Díaz, desde inicios del período colonial coexistieron dos tipos de estructuras burocráticas que requerían de intérpretes: la religiosa y civil, integrando las órdenes religiosas "lenguas", conversos, con el fin de administrar los distintos sacramentos de la Iglesia, además para efectos de su propia capacitación en el acto de la predicación de la palabra de Dios" (176-177).[38] En materia civil, la palabra de los nahuatlatos novohispanos se integra en un proceso de institucionalización letrada, que tuvo en estos "lenguas", intérpretes más o menos confiables para resolver asuntos vinculados a la conquista y administración colonial, sean relativos a litigios entre españoles como, especialmente, aquellos que involucraban la administración de asuntos indígenas.

---

[37] "Decreto del Comisario a fin de proceder con la información en el pueblo de Unacama, y nombramiento de intérprete. Mérida, 8 de febrero de 1572"; 41.

[38] Nanzen Díaz precisa que tempranamente el intérprete adquiere mediante Ordenanza Real (Granada, 17 de noviembre de 1526) su reconocimiento como vocero de la conquista política y religiosa en América. Posteriormente, las Ordenanzas para los Intérpretes de 1563 establecerán la forma en que los intérpretes deberían desempeñarse en su cargo, incorporando incluso mujeres (*interpretas*) en esta tarea.

Según Ethelia Ruiz Medrano, incluso algunos franciscanos –debido a su conocimiento de la lengua, las costumbres y creencias de los indios– cumplieron con una doble tarea: ser nahuatlatos y cronistas. Esta información, ya solicitada en tiempos de la Primera Audiencia (1528-1531), serviría para fines bastante específicos, el repartimiento general de los indios:

> No cabe duda que el auxilio prestado por algunos franciscanos expertos en lengua fue de utilidad todavía mayor que los intérpretes. En la tarea de administrar los asuntos indígenas, a la segunda Audiencia le fueron imprescindibles los traductores, y los religiosos franciscanos –algunos de los cuales no sólo eran hábiles intérpretes sino también estudiosos de la sociedad indígena–, en muchas ocasiones la ayudaron para resolver los problemas inmediatos que atendía y para que tuviera un cuadro más acabado de la sociedad.
>
> Desde su llegada a la ciudad de México, la segunda Audiencia recibió la orden de completar una descripción de la colonia y enviarla a España. Aunque, ya desde el inicio del gobierno de la primera Audiencia, la Corona había ordenado se hiciera esa información, que serviría para decidir sobre el repartimiento general de los indios, dicha información no se había realizado. (47)

Las necesidades políticas de la Segunda Audiencia (1531-1535), motivaron el llevar a cabo una indagación de los usos y costumbres de los indios, a fin de contribuir de manera informada a los fines políticos de la corona que, asimismo, traía beneficios inmediatos a la Orden franciscana para cumplir con sus aspiraciones apostólicas. Tal fenómeno les permitió disponer de una relativa jurisdicción menor sobre los indios, pese a la eliminación del cargo de Protector de indios, ocupado por el obispo Zumárraga en tiempos de la Primera Audiencia.[39]

---

[39] Pese a la supresión del cargo, en la fase de reorganización postcortesiano en Nueva España será una figura destacada Vasco de Quiroga. Como sabemos, este oidor de la Audiencia de México (1530) y futuro obispo de Michoacán (1536), pondrá de relieve su humanismo cristiano-social a través de la fundación de pueblos de indios con clara inspiración utópica en la región de Michoacán. Ejemplo de ello es su "Información en Derecho" de 1535 en que planteó su adhesión a los ideales utópicos de Tomás Moro y la fundación de los hospitales–pueblos de Santa Fe. Véase Silvio Zavala (1987).

3. La autoridad por la palabra en la *Relación de Michoacán*

La *Relación de Michoacán*, corresponde a una obra compuesta por un miembro de la orden franciscana –probablemente trátese de los misioneros fray Martín de la Coruña o fray Jerónimo de Alcalá–,[40] tal como queda documentado en el grabado inicial del manuscrito en que se representa un hijo de San Francisco, acompañado de don Pedro Cuiniérangari,[41] gobernador de Michoacán, y tres de los sacerdotes indígenas ante el virrey. Reconocemos en la figura de Don Pedro junto a su traje español (con zapatos, sombrero, gorguera y cinto que ciñe su túnica) el bezote que lo identifica como perteneciente a la clase indígena dominante, mientras le acompañan sacerdotes (con túnicas sueltas, lanzas y guirnaldas que adornan su cabeza) en el acto de entrega del texto de la *Relación* al virrey y Presidente de la Audiencia, don Antonio de Mendoza.

Relación de Michoacán. Portada.
Fuente: Jerónimo de Alcalá. *Relación de las cerimonias y rictos y población y gobernación de los indios de la provincia de Mechuacán.* Zamora, Michoacán: El Colegio de Michoacán, Gobierno del Estado de Michoacán, 2000.

---

[40] Diversas hipótesis apuntan a demostrar la posible autoría de la *Relación*. Para Tudela, trataríase de una fuente atribuíble a algunos de los misioneros franciscanos que ocuparon la región y tenían conocimiento de la lengua tarasca, sean estos Fray Maturino Gilberti o fray Martín de Jesús o de la Coruña. Mientras para J. Benedict Warren (1971), corresponde la autoría al franciscano Fray Jerónimo de Alcalá. De Maturino Gilberti destacamos su contribución lingüística como traductor a la lengua michoacana, ver Mendoza (2008).

[41] Desde ya conviene destacar que Don Pedro será gobernador de Michoacán por muerte del rey y la minoría de edad de sus herederos, Francisco y Antonio. Tales aspectos será analizados en el presente capítulo.

Según Baudot, esta obra se habría comenzado a componer en 1539, luego de la primera visita del Virrey Don Antonio de Mendoza a Michoacán, conjeturándose su probable fecha de término en 1549. Un rasgo significativo desde el punto de vista de la composición textual de la *Relación*, corresponde al esfuerzo de fidelidad a los relatos de los informantes indígenas. Para el estudioso francés, en el estilo de la obra no se encontrará la escritura poco afectada de fray Toribio de Benavente o Motolinía, por el contrario, los relatos incorporados no sólo plantean sus consecuencias en el plano de los contenidos sobre las tradiciones y costumbres prehispánicas, sino también en el estilo de la misma, al incorporar palabras y giros de la lengua tarasca, formulaciones ricas en imágenes o repeticiones para expresar por aproximación el concepto o idea (*Utopía e Historia* 422). Esta intrínseca relación entre método y formulación estilística, representa un elemento de singular relieve, sobre todo, por el efecto de verosimilitud narrativa del texto. Desde este punto de vista cabría considerar la interrogante en torno a la manera cómo se autodefine la función del cronista desde el punto de vista de la relación oralidad-escritura.

3.1 El nahuatlato franciscano: "No como autor, sino como intérprete dellos"

Según las indicaciones del prólogo, el "autor" de la *Relación* –para evitar tentativamente los conceptos de "traductor" y "editor"–, menciona que mientras convivía con los tarascos como misionero, le vino "un deseo natural como a los otros, de querer investigar entre estos nuevos cristianos, qué era la vida que tenían en su infidelidad, qué era su creencia, cuáles eran sus costumbres y su gobernación, de dónde vinieron". Sin embargo diversas dificultades impidieron la concreción de este proyecto hasta que, estimulado por las palabras del Virrey Antonio de Mendoza, quien "viniendo la primera vez a visitar esta provincia de Mechuacan, me dijo dos o tres veces, que por qué no sacaba algo de la gobernación desta gente"(*Relación* 3-4).

Esta información solicitada por la autoridad virreinal justifica el acto narrativo del cronista, quien decide "escribir algo por relación de los más viejos y antiguos desta provincia" (4). Sin embargo nos interesa abordar la conceptualización que el mismo "autor" señala sobre dos aspectos. Por un lado, para aludir metatextualmente a la escritura de su *Relación* y, por otro, a su condición de autor-intérprete de los testimonios orales de los indios de la nobleza purépecha:

> Pues Ilustrísimo Señor, esta escritura y relación presentan a Vuestra Señoría los viejos desta cibdad de Mechuacan, **y yo también en su nombre, no como autor, sino como intérprete dellos**, en la cual Vuestra Señoría verá que las sentencias van sacadas al propio de su estilo de hablar, y yo pienso de ser notado mucho en esto. Mas como fiel intérprete no he querido mudar de su manera de decir, por no corromper sus sentencias, y en toda esta interpretación, he guardado esto, sino ha sido algunas sentencias y muy pocas, que quedarían faltas y diminutas si no se añadiese algo; y otras sentencias van declaradas, porque las entiendan mejor los lectores, [...]. A esto digo que **yo sirvo de intérprete de estos viejos**, y haga cuenta que ellos lo cuentan a Vuestra Señoría Ilustrísima y letores, dando relación de su vida y cerimonias y gobernación y tierra. (6, énfasis mío)

La "escritura" y "relación" correspondiente a este sujeto de enunciación presenta una complejidad estructural, ya que se autodefine no como "autor" de esta fuente histórica, sino más bien como "intérprete", lo que implica considerar la preexistencia de un doble registro de enunciación. Por un lado, el perteneciente al misionero franciscano en su tarea de recopilador-traductor; y, por otro, al testimonio de la élite indígena de Michoacán, siendo imposible la identificación de cada uno de "estos viejos", salvo una excepción que analizaremos posteriormente. En este marco de producción textual también se caracteriza la estructura general de la misma *Relación*:

> Ilustrísimo Señor, Vuestra Señoría me dijo que escribiese de la gobernación de esta Provincia, yo porque aprovechase a los religiosos que entienden en su conversión, saqué también dónde vinieron sus dioses más principales y las fiestas que les hacían, lo cual puse en la primera parte; en la segunda parte puse cómo poblaron y conquistaron esta provincia los antepasados del Cazonci, y en la tercera la gobernación que tenían entre sí, hasta que vinieron los españoles a esta provincia y hace fin en la muerte del Cazonci [*hay dos medias líneas borradas*)]. (6-7)

Se observa que el fraile añadió a la parte solicitada por el virrey (gobierno de los indios) otras dos, referidas a la religión y la historia de los tarascos. La identificación de diferentes pueblos que se describen en esta *Segunda Parte* son la resultante étnica del contacto entre los nahuas, los antiguos habitantes del Michoacán y los chichimecas, que llegaron posteriormente en varias oleadas de inmigrantes, como asimismo de las deidades particulares de diversos pueblos que entraron en esa amalgama llamada los "tarascos".[42] Sin embargo, desde la perspectiva teórica del intérprete, nos interesa profundizar en dos aspectos correspondientes a la segunda y tercera parte de la obra, respectivamente. En primer lugar, la genealogía indígena de los reyes tarascos y, en segundo lugar, el carácter judiciario del relato a través del proceso entre Hernán Cortés y Núñez de Guzmán.

3.2 LA ORALIDAD DE LA NOBLEZA INDÍGENA FRENTE AL PODER COLONIAL

Se desconoce la extensión de la primera parte de la *Relación*, hoy perdida. Sin embargo las ediciones existentes han elaborado sistematizaciones que apuntan a una reconstrucción de los materiales restantes.[43] Interesa destacar el hecho de que gracias a los registros de su segunda parte, las luchas de los diversos pueblos prehispánicos que darán origen al reinado tarasco que se inaugura con el Cazonci Taríacuri[44] se dan

---

[42] Para una profundización de los aspectos lingüísticos, etnológicos, arqueológicos y antropológicos de los tarascos y la cultura michoacana, revisar: León (1904), Boehm de Lameiras (*El Michoacán antiguo*, 1993), López Austin (1981), Paredes Martínez (*Autoridad y gobierno indígena*, 2003) y Roskamp (2010).

[43] En la reproducción facsímil de Ms. C IV. 5 de el Escorial correspondiente a la *Relación de Michoacán*, a continuación del prólogo del autor, se inserta la única hoja de la Primera Parte que se conserva; y a ella siguen las partes Segunda y Tercera en el mismo orden en que las transcribió el fraile (*Relación* 9-10).

[44] A propósito del término Cazonci, José Tudela aclara: "Cazonci o Calzontzi= Caltzotzi: Estas dos últimas formas sólo aparecen en las crónicas tardías e implican un significado especial: 'el que está en lo más alto de la casa'. En las antiguas fuentes se explica Cazonci como Cac-col-tzin, 'alpargate viejo', porque apareció el último ante Cortés con traje pobre y destrozado, al uso de la corte de Michoacán, en la que los 'súbditos se presentaban así ante el rey' [...]. Los escritores de cosas de América no están conformes. Según fray Gerónimo Román, "los mechoacanos tenían

en un contexto que Paul Kirchhoff ha considerado como una "verdadera epopeya", concebida con un espíritu y narrada en un estilo que se equipara a los grandes poemas de otros pueblos (*Edda, Cantar de los Nibelungos*, etc.) (XIX).

Los testimonios orales de la nobleza indígena, recopilados e "interpretados" por el misionero franciscano, refieren dos momentos importantes en la historia de los purépechas: la constitución del linaje del Caltzotzi y su caída ante la invasión española. Aspectos que cabría considerar en el contexto histórico de la situación de la nobleza indígena durante el siglo XVI y la imposición del régimen colonial sobre sus ancestrales derechos. Según López Sarrelangue, la defensa de la legitimidad y el dominio real de la nobleza indígena sobre sus vasallos y propiedades, constituyó un ataque directo contra el régimen de encomienda, ya que dicho reconocimiento jurídico limitaba las facultades del encomendero, reduciéndolas a la evangelización de un grupo (85).

A nivel narrativo, la intervención de uno de estos señores principales, *Don Pedro Panza o Cuinierángari*, gobernador de Michoacán ya identificado en el grabado inicial de la obra, ofrece un importante testimonio de su perspectiva con relación al español y la conquista, tal como lo confirma uno de los capítulos centrales de la Tercera Parte, titulado: *De la venida de los españoles a esta provincia, según me lo contó don Pedro, que es agora gobernador, y se halló en todo, y como Moctezuma, señor de México, invió a pedir socorro al cazonci Zuangua, padre del que murió agora* (*Relación* 237).

Para López Sarrelangue, la autoridad de don *Pedro* y la de *Huitzitzilzi* –únicos hermanos del *Caltzontzin*– era reconocida y aceptada en la provincia entera por los tarascos. La ejecución del rey de los purépechas, a manos del conquistador Núñez de Guzmán, y el alejamiento de *Huitzitzilzi* de Michoacán y su muerte mientras participaba en diversas campañas

---

rey y muy poderoso, y todos los reyes tenían por sobrenombre Caçoncin, como César y Augusto los Emperadores". Orozco Berra dice que es título de dignidad y que los mejicanos, por encono, formaron Cazolzín, introduciendo la radical de cactli, "zapato", el diminutivo despreciativo zol y el tzin reverencial. El Br. Martínez: "en mi concepto –dice Nicolás León–, la mejor autoridad en esta cuestión escribe cazonci o caccoli=cactle ("zapato viejo")" (*Relación* 7, nota 5).

55

con los españoles, permiten concluir que "don Pedro Cuiniharángari fue mantenido al frente de la Provincia en razón del enorme influjo que ejercía sobre los tarascos. Don Vasco [de Quiroga] hubo de sostener pláticas con él y combinar planes para aquietar los ánimos exaltados por el regicidio" (87). Esta vinculación con Vasco de Quiroga ya marca un lazo de intervenciones del obispo frente a las demandas de indios regidores y principales de Pátzcuaro contra los españoles en Michoacán. Aspecto sobre el que volveremos más adelante.

Don Pedro, quien referirá uno de los episodios más crueles de la conquista española en Michoacán, la muerte del último rey tarasco, *Tangáxoan II*, llamado también *Tzintzicha*,[45] permite establecer de qué modo el texto de la *Relación* puede ser considerado una respuesta de la élite indígena ante el establecimiento de la autoridad colonial. A este respecto, James Krippner-Martínez ha destacado que el modo de establecerse a sí mismos como miembros de una aristocracia natural, tanto ante los ojos de los españoles como de los mismos integrantes de la sociedad india, fue a través del linaje. De esta forma, el propósito de Don Pedro y la élite purépecha de rememorar esta historia ante el intérprete-misionero resulta relevante, pues:

> Una posibilidad es que don Pedro, y las otras élites indígenas, querían establecerse como una aristocracia legítima ante los ojos españoles, con el fin de obtener un status elevado entre los propios colonos. Es evidente que el Purépecha tenía una concepción de status, transmitidada mediante el linaje, al momento de la conquista española. Por lo tanto, yo no estoy diciendo que la nobleza indígena asimiló, por completo, una definición del estado de nobleza de la tradición cultural española. Más bien, yo sostengo que la reconstrucción selectiva de su propia historia por la élite, al momento de la Conquista, hizo hincapié en aquellos elementos del patrimonio cultural Purépecha, los cuales contribuirían más efectivamente para establecer la legitimidad de la aristocracia indígena ante los ojos del estado colonial. (188; traducción mía)

Desde una perspectiva narrativa, las expediciones de Cortés y Núñez de Guzmán y con ello la instauración del orden colonial hispánico –

---

[45] Con estos nombres designamos a quien será denominado en la crónica como el último Caltzotzi o rey tarasco. Sea también como Tangáxoan II o Tzintzicha, su nombre después del bautismo será Don Francisco.

tal como se desarrolla en la Tercera Parte de la *Relación*–, plantean la reconstrucción histórica de la muerte del Caltzotzi y el debatido proceso que se iniciara en contra del conquistador Guzmán. En tal sentido, la intervención de Don Pedro como intérprete de la visión de los indios purépechas frente a los atropellos del conquistador, permitirá contraponer dos versiones de la historia. Por un lado, gracias al influjo oral del linaje tarasco, la auténtica memoria indígena en torno a los reyes de Michoacán y la sucesión real, hasta el caltzotzi Tzintzicha y su descendencia.[46] Por otro lado, aquella que conservada en los testimonios jurídicos de los nahuatlatos de la época, permiten llevar a cabo la confrontación de esta perspectiva con la visión hispánica sobre el destino del último rey tarasco. Detengámonos en las páginas siguientes en el análisis de estos planteamientos.

3.3 El árbol de Jesé y la historización cristiana de la genealogía indígena

La narración de los orígenes históricos del pueblo michoacano a través del linaje del rey Caltzotzi, representa uno de los aspectos relevantes en el desarrollo de la Segunda Parte de la *Relación de Michoacán*. La utilización de "pinturas" que acompañaron el texto, nos ofrece posibilidades interpretativas en torno al empleo de un dispositivo formal de procedencia europea, el Árbol de Jesé,[47] en donde el punto de partida de esta genealogía divina es Jesé, padre del rey David, de quién, según

---

[46] Aludimos a través del Caltzotzi Tzinzicha, a quien en la crónica se lo denomina también Zinzicha o Tangáxoan II. Como hemos señalado, la expresión Caltzotzi designa un sobrenombre, título de dignidad.

[47] Precisa Manzarbeitia, "La representación del árbol de Jesé consta de tres elementos básicos: raíz, vara y flor, que se asocian respectivamente a las figuras de Jesé, María y Cristo. La representación más común consta de la figura reclinada de Jesé, padre del rey David, de cuyo cuerpo, generalmente de su vientre, nace un árbol en cuyo tronco y ramas aparecen algunos antepasados de Cristo (David, Salomón y María, entre otros) y por último la flor que es el propio Cristo. Sin embargo no es esencial que Jesé esté reclinado, ni que el árbol tenga un carácter genealógico específico, ni siquiera la representación humana de Cristo o la Virgen. Desde finales del siglo XI y durante todo el siglo XII, se desarrollan todas estas imágenes que evolucionan de una naturaleza simple a otra más desarrollada" (1).

la profecía de Isaías (II,1-3) descendería el Mesías, tal como podemos advertir en esta representación:

Árbol de Jesé[48]

Sabemos que este tipo de formulación iconográfica estuvo muy difundida en el Nuevo Mundo. Ejemplos de ello se han registrado en la ornamentación litúrgica, como es el caso de las mitras episcopales que se han conservado del arte plumario novohispano del siglo XVI, elaboradas en talleres conventuales de indios dirigidos por los frailes. De las siete mitras conservadas, destacamos la de la catedral de Toledo por su programa de redención expresado mediante el Árbol de Jesé, tal como la describe Estrada de Gerlero:

> Esta mitra en su cara frontal, representa la Vara de Jesé, es decir, el árbol genealógico de Jesús y María. Jesé reclinado en la base, está flanqueado por los leones de Israel; de su vientre crece el árbol fecundo que culmina en el ápice con la media figura de María y el Niño, que surgen de la media luna y están iluminados por una mandorla flamígera que sugiere el sol de la mujer

---

[48] URL: <http://www.nltaylor.net/medievalia/jesse/TreeofJesseweb/JesseTree.JPG>. 12 ago. 2013.

apocalíptica. A manera de capullos, los querubines del arca la resguardan. Del resto de las ramificaciones crecen capullos que rematan con las figuras de los reyes de Israel, identificados por sus nombres inscritos en filacterías. (84)

Mitra episcopal novohispana[49]
Fuente: Elena Isabel Estrada de Gerlero. "La plumaria, expresión artística por excelencia".

Este dispositivo también alcanza una original expresión en la pintura mural novohispana con que las diferentes órdenes representaron su genealogía en los conventos de Charo, Totolapán y Tzimancatepec. A juicio de Pérez Morera, las versiones americanas del árbol genealógico de la orden franciscana y dominica, si bien continuaron la estructura fundamental, también efectuaron adaptaciones iconográficas y pedagógicas en la pintura virreinal de México y Cuzco (119).[50] Sea el caso de esta alegoría de la familia franciscana, firmado por Juan Correa:

---

[49] Reproducción tomada del libro *México en el mundo de las colecciones de arte. Nueva España*. Vol. 3. Elisa Vargas Lugo, coord. México: Azabache, 1994. 73-85.
[50] Véase en esta línea la obra pictórica de de Juan Espinoza de los Monteros (1655) en la iglesia de San Francisco de Cuzco.

Genealogía franciscana, Sacristía de la parroquia de San Sebastían, Venado, S.L.P.
Fuente: Elisa Vargas Lugo, José Guadalupe Victoria. *Juan Correa. Su vida y su obra. Repertorio pictórico.* Tomo IV. México: Universidad Nacional Autónoma de México, 1994.

De igual modo, este fresco perteneciente al templo franciscano de Zinacantepec que representa el árbol genealógico del fundador de la Orden.

Fresco. Árbol genealógico de San Francisco. Museo Virreinal de Zinacantepec (México).
Fuente: Delia Annunziata Cosentino. *Las joyas de Zinacantepec: arte colonial en el Monasterio de San Miguel.* Zinacantepec, Estado de México: El Colegio Mexiquenses, A.C.: Instituto Mexiquense de Cultura, 2003.

Tanto el Árbol de Jesé como este árbol genealógico de la orden franciscana, nos permiten teorizar comparativamente sobre los niveles de semiologización que constituyen la perspectiva colonial de la siguiente pintura del linaje del rey Caltzotzi que acompaña el texto de la *Relación*.

Crónicas franciscanas de Nueva España (Siglo XVI)

Genealogía del último rey tarasco. *Relación de Michoacán.*
Fuente: Jerónimo de Alcalá. *Relación de las cerimonias y rictos y población y gobernación de los indios de la provincia de Mechuacán.*
Zamora, Michoacán: El Colegio de Michoacán, Gobierno del Estado de Michoacán, 2000.

En primer lugar, encontramos en este árbol indiano el fundador de la dinastía que yace asesinado, *Ire-Thicátame*. De él brota el árbol sagrado en cuyas bellotas se asientan cada uno de los señores unidos por una línea roja: *Sicuirancha, Pauácume, Uápeani, Curatame, Uapeani*, entre otros. Cabe señalar que pese a las continuas luchas que sostuvieron *Ire-Thicátame* y su hijo *Sicuirancha* por establecerse en las cercanías del lago Patzcuaro, su intento de permanecer en la tierra elegida no cedió. De esta forma, *Thicátame* llevó a cabo el establecimiento de los chichimecas-tarascos en la zona lacustre de Michoacán, sin embargo le corresponderá a *Tariácuri* la verdadera fundación de la monarquía tarasca y la creación de nuevos señoríos:

> Tres señoríos creó *Tariácuri*, los cuales tuvieron como sede a Pátzcuaro, Inhuatzio y Tzintzuntzan. Al frente de cada uno, *Tariácuri* colocó, respectivamente, a su hijo *Hiquíngare* y a sus sobrinos *Hiripán* y *Tangáxoan*, en recompensa a su sobriedad, estricto cumplimiento de sus deberes y profundo celo por el culto de los dioses. Pero los tres corrieron muy distinta suerte: el señorío de Patzcuaro desapareció en breve tiempo, pues los hijos de *Hiquíngare* fueron muertos en castigo de su mala conducta. *Hiripán* fundó en Ihuatzio una dinastía a la que

pertenecieron su hijo *Thicátame*, su nieto *Tucuruán* y su biznieto *Paquingata*. Igual número de reyes gobernó en Tzintzuntzan sucediendo los hijos a los padres: después de *Tangáxoan* reinó *Tzitzisphandácuare*, enseguida *Zuangua* (o *Tsiuangua*), y, por último, *Tangáxoan II*, llamado también *Tzintzicha*. Todos ellos fueron intrépidos conquistadores que dieron brillo y poderío a la monarquía de los michuaquê. (López Sarrelangue 27-28)

Los destinos de *Pátzcuaro* e *Inhuatzio* girarían en torno a *Tzintzuntzan*, localizada en el margen oriental del Lago de Pátzcuaro, la que sería centro de la actividad indígena. Al final de este capítulo aludiremos a las implicancias de esta última fundación para el proyecto evangelizador de dominicos y franciscanos.

En segundo lugar, en la cúspide del árbol identificamos la imagen del último rey tarasco, *Tangáxoan II*, llamado también *Tzintzicha*.[51] El compuesto *Tagaxua* y el de *Don Francisco* para identificarle, hacen de éste el progenitor de una nueva estirpe, cuyas ramificaciones serán sus hijos Don Francisco y Don Antonio. Cabe destacar que la representación del monarca indígena, en el contexto de la historiografía franciscana, nos confirma una clave de importancia, tal como refiere *Monarquía indiana* de fray Juan de Torquemada:

> Y sabido por este Rey [*Tzintzicha*], como habían llegado a México [doce religiosos franciscanos], vino en persona a esta ciudad [México] a verlos, luego el año siguiente, que fue el de 1525, y satisfecho de cómo enseñaban a los naturales de México, bautizóse, y llamóse Francisco, en el bautismo; y pidió, con mucha instancia al Padre Fray Martín de Valencia, que le diese uno de sus compañeros, para que enseñase la ley de Dios a sus vasallos, y naturales de Michoacán. (Vol. III, 32)

Trataríase de un rey cristianizado, según la cronística franciscana, lo que introduce una cesura entre el pasado precristiano y los tiempos de la nueva fe religiosa. Como explicara Alessandra Russo, frente a los señores paganos de esta genealogía (desnudos y heridos con flechas o porra para indicar su muerte o portando arcos), la corona de flores y la coleta del último rey tarasco son signos de la transición hacia una dignidad indo-cristiana: el liderazgo natural frente a su pueblo y su promoción

---

[51] Para una revisión sobre el orden cronológico de los soberanos chichimecas contenidos en esta reproducción, véase el apéndice-resumen de José Tudela (*Relación*, XXXIII).

como modelo de una pacífica conversión religiosa.[52] Mientras tanto, sus hijos ya portan los signos aculturadores de la cristiandad, el vestuario y peinado (melena), como símbolos que vienen a ejemplificar la estrategia de aculturación de los misioneros entre los hijos de la nobleza indígena. Para esta investigadora, resulta de interés advertir que las connotaciones político-espirituales de esta genealogía tarasca derivan de la recepción del modelo cristológico del Árbol de Jesé. A diferencia del planteamiento de María García Saiz (392), para la cual trataríase de la utilización de un recurso iconográfico el cual ha sido vaciado de su contenido cristiano por el artista de la *Relación*, dicha iconografía nos ofrecería una reinterpretación temporal:

> La función de mediación entre el Viejo y el Nuevo Testamento, sostenida por los profetas del árbol de Jesé, está aquí sustituida por una potente división entre pre-cristiano y cristianizado. Para expresar esta cisura temporal, el artista utiliza como recurso figurativo una "inversión iconográfica" doble respecto al árbol cristiano y al árbol mesoamericano: el "sacrificado" de donde brotaba, en el *Códice Borgia* o en el *Códice Dresden*, el árbol de la Regeneración está aquí encima del árbol, como el Cristo crucificado constituye originariamente la flor suprema del árbol de Jesé. Pero, al mismo tiempo, el personaje principal ya no es el Redentor, ni la Virgen, sino el último pagano purépecha, el que murió desatando sus futuros descendientes de aquel hilo rojo que simboliza la idolatría y la ignorancia. El acto estético de la compenetración se elabora aquí en una mezcla original de contenidos y formas para resolver un problema de representación temporal: como pensar el pasaje hacia un tiempo lineal inaugurado por el sacrificio de Zinzicha en nombre de la redención de todos los hombres. (Russo 30)

A partir de esta lectura vinculada a la transición del paganismo al cristianismo, la resemantización del linaje indígena se expresa como una rehistorización de la memoria de los nobles o principales aquí representados, cuyos primeros signos de exterioridad en relación con la genealogía prehispánica corresponderán a *don Antonio* y *don Francisco*, los hijos del rey *Tangáxoan II*. Por otro lado, la imagen del último Caltzotzi –el bautizado rey *Tangáxoan-Francisco*–, aparecerá inmersa en

---

[52] En relación con este punto, confróntese la *Historia eclesiástica indiana* de Mendieta donde señala que el Caltzotzi "sin hacer aparato de Guerra" ofrece su obediencia al Emperador y rey de Castilla (34).

un pimpollo-brasero, indicando el suplicio que le tocó, asesinado por Núñez de Guzmán en 1530.

Desde un punto de vista narrativo, la confrontación de este componente iconográfico con el texto de la *Relación*, arroja una mínima singularización de los mencionados indios cristianos y un mayor interés por denunciar los efectos de la dominación española en la estirpe del rey Zuangua:

> Dejó *Zuangua* los hijos siguientes: *Tangáxoan,* **por otro nombre** *Zincicha* **padre de Don Francisco y don Antonio**: *Trimarasco, Cuini, Sirangua, Aconsti, Timaje, Taquani, Patamu, Chuizico*, y muchas hijas. **Después que los españoles vinieron a la tierra, alzaron por señor a** *Tangáxoan*, **por otro nombre llamado** *Zincicha*, y mató cuatro hermanos suyos, por persuasión de un hermano suyo llamado *Timaje*, que decían que se le alzaban con el señorío, como se dirá en otra parte. No hubo más señorío en *Pátzquaro* después que murió *Hiquíngare*, porque sus hijos mandó matar *Hirípan*. En *Cuyacán* fue enterrado *Hirípan* y después le sacó de allí un español y tomó el oro que había allí con él. (166, énfasis mío)

Exterminados los señores de Michoacán por sediciones internas, los signos de la inminente conquista habrían de hacerse presentes mediante los anuncios de la diosa Cuerauáperilo quien provoca la confusión entre los sacerdotes indígenas.[53] Luego de la muerte del rey Zuangua, el problema de la sucesión real da inicio al protagonismo de Tzintzicha, quien es forzado por los sacerdotes indígenas a asumir el liderazgo como signo de obediencia a su deidad máxima, Curicaueri:

> [...] "Señor, sé rey". ¿Cómo ha de quedar esta casa desierta y anublada? Mirá que daremos pena a nuestro dios *Curicuaeri*. Algunos días haz traer leña para los cúes." Respondió *Tzintzicha*: "No digáis esto, viejos. Sean mis hermanos

---

[53] "[...] y apartáronse todos los sacerdotes en el patio y abajaron las cabezas en corrillos y dijo el señor de Ucareo: "Agüelos, ¿cómo esta mujer no lo dice de mala ques?, dice que han de venir otra vez hombres a la tierra: ¿dónde han de ir, los señores questán? ¿quiénes nos han de conquistar? ¿han de venir los mexicanos o los otomíes a conquistarnos, o los chichimecas? Dice que todo el reino ha de estar solo y desierto; idlo a decirlo al rey; no pienso que le placerá dello ¿cómo no os descuartizará vivos? ¿cómo no os sacrificará? Aparejaos a sufrir; yo no quiero ir por agora a la guerra mas estarme aquí, porque no me maten en la guerra. Máteme aquí los que vinieren, sacrifíquenme aquí y cómame la diosa *Cuerauáperi*. Id por que reñirá el rey" (*Relación* 235-236). Cap. XIX, Tercera Parte: "De los agüeros que tuvo esta gente y sueños, antes que viniesen los españoles a esta provincia".

> menores, y yo seré como padre de ellos, o séalo el señor de *Cuyacan*, llamado *Paquingata*." Dijéronle: "Qué decis, señor? Ser tienes señor. ¿Quieres que te quiten el señorío tus hermanos menores? Tú eres el mayor." Dijo el cazonci después de importunado: "Sea como decís, viejos, yo os quiero obedecer; quizá no lo haré bien; ruégoos no me hagais mal, mas mansamente apartame del señorío. Mirá que no habemos de estar callando. Oí lo que dicen de la gente que viene, que no sabemos qué gente es; quizá no serán muchos días los que tengo de tener este cargo." Y ansí quedó por señor, y [a] sus hermanos mandólos matar el cazonci nuevo por induciminento de un principal llamado *Timas*, que decía al cazonci, se echaban con sus mujeres, y que le querían quitar el señorío y quedó solo sin tener hermanos. (246)

La sucesión del linaje indígena con el último caltzotzi, Tzintzicha, se verá trastornada por el cumplimiento de los agüeros y las noticias sobre la llegada del conquistador español, información que los emisarios de Moctezuma le habían comunicado ya a su padre, el rey Zuangua. Desde el punto de vista de la continuidad genealógica sintetizada en el Árbol de Thicátame-Jesé, cabe hacer presente el cruce epidíctico entre el elogio de la acción misionera –gracias a los frutos de la conversión que representan Tzintzicha y sus hijos Don Antonio y Francisco–, y el vituperio de la acción del conquistador como probable expresión de una denuncia del fraile-intérprete. El cronista gracias a esta "pintura" busca dimensionar ante su receptor europeo no sólo la historia de la dinastía prehispánica, sino también construir narrativamente el campo de percepciones que los mismos indígenas elaboraron en torno a su alteridad colonizadora.

3.4 El amago de la conquista, la invención del otro

En la *Relación de Michoacán*, la representación del conquistador español está estrechamente asociada a la oralidad indígena de la cual son portadores los indios y nahuatlatos. Debemos advertir que estamos frente a un fenómeno de comunicación intercultural preexistente a la institucionalidad hispánica, tal como observamos en el episodio de la embajada de los emisarios de Moctezuma, quienes se reúnen con el padre de Tzintzicha, el rey Zuangua, para referir los sucesos de la toma de Tenochtitlán.

> Y asentáronse los mexicanos **y el cazonçi hizo llamar un intérprete de la lengua de México, llamado Nuritan que era su navatlato intérprete**, y díjole el cazonçi: **"Oye ¿qués lo que dicen estos mexicanos?, ¿a ver qué quieren?, pues que han venido aquí"**. Y el cazonçi estaba compuesto y tenía una flecha en la mano que estaba dando con ella en el suelo. Y los mexicanos dijeron: "El señor de México llamado *Montezuma* nos envía, y otro señores, y dijéronnos: "Id a nuestro hermano el cazonçi, que no sé qué tanta gente es una que ha venido aquí y nos tomaron de repente: hemos habido batalla con ellos, y matamos de los que venían en unos venados, caballeros docientos, y de los que no traían venados, otros docientos. Y aquellos venados traen calzados cotaras de hierro, y traen una cosa que suena como las nubes y da un gran tronido, y todos los que topa mata, que no quedan ningunos y nos desbaratan y hannos muerto muchos de nosotros, y vienen los de *Tascala* con ellos, como había días que teníamos rencor unos con otros, y los de *Tezcuco*. Y ya los hobiéramos muertos, si no fuera por los que los ayudan, y tienen nos cercados, aislados en esta cibdad. (238, énfasis mío)

En el presente pasaje resulta interesante constatar que el nahuatlato *Nuritan* sirve de intérprete de la visión de los vencidos. De esta forma, la situación colonial que caracteriza la función del intérprete desde el paradigma colonizador-colonizado, debe ser matizada mediante el conocimiento de los pactos y alianzas de una interculturalidad prehispánica (náhuatl-tarasca) que, desde un punto de vista retórico-argumentativo, sirve de *evidencia* (o *demonstratio*) para describir en forma viva la inminente derrota.[54] La descripción de los sucesos de la conquista amplifica el funesto destino de los michoacanos ante la preocupación del rey Zuangua:

> Y envió el cazonci gente de guerra por otro camino y tomaron tres otomíes y preguntáronles: "¿No sabeis algunas nuevas de México?", y dijeron los otomíes: "los mexicanos son conquistados, no sabemos quién son los que los conquistaron: todo Mexico está hediendo de cuerpos muertos, y por eso van buscando ayudadores que los libren y defiendan; esto sabemos cómo han enviado por los pueblos por ayuda". Dijeron los de Mechuacán: "Ansí es la verdad, que han ido; nosotros lo sabemos". Dijeron los otomíes: "Vamos, vamos a Mechuacán; llevadhos allá, porque nos den mantas, que nos morimos de frío:

---

[54] Luisa López Grigera precisa sobre la amplificatio: "Dos cosas interesa destacar aquí: que el objetivo es mover los afectos del receptor, por una parte, y por otra, que esas figuras se construyen por medio de una ficción. Y dentro de ésta, Quintiliano distingue a su vez otras dos, que son fundamentales para lo que nos ocupa: la *fictio personae*, llamada «prosopopeya»", y la *evidentia*". (133-139).

Crónicas franciscanas de Nueva España (Siglo XVI)

> queremos ser subjetos al cazonci". Y viniéronlo a hacer saber al cazonci cómo habían cativado aquellos tres otomíes, y lo que decían y dijeron: "Señor ansí es la verdad, que los mexicanos están destruídos y que hiede toda la cibdad con los cuerpos muertos y por eso van por los pueblos buscando socorro; esto es lo que dijeron en Tamiraxoa, que allí se lo preguntó el cacique llamado Capacapecho". Dijo el cazonci: "Seais bien venidos, no sabemos cómo les subcederá a los pobres que inviamos a México, esperemos que vengan, sepamos la verdad". (239-240)

En tal sentido, la recepción que brinda el viejo rey a los embajadores de Moctezuma –quienes piden ayuda para luchar contra los españoles– si bien siembra en éste la sospecha de una posible traición de los mexicanos, será finalmente desconfirmada por los otomíes.

Por otro lado, los relatos de la dominación española tendrán para el rey Zuangua una legitimación dentro del propio sistema de creencias religiosas prehispánicas, lo que viene determinado por una interpretación cristiana como "castigo divino" y la interiorización moral del personaje ante su responsabilidad como guía del pueblo. Dicho aspecto concede a la presencia hispana una primaria semantización, pues el amago de la conquista incide en la individualización moral del sujeto, es decir, en la escenificación de un autocuestionamiento de su principio de autoridad monárquica mediante el uso retórico de la forma interrogativa:

> ¿Cómo los dioses los han de favorecer [mexicanos] con solos los cantares? Pues aquí trabajemos más. Cómo ¿no suelen mudar el propósito los dioses? Esforcémonos un poco más en traer leña para los cúes : quizá nos perdonarán. ¡Cómo se han ensañado los dioses del cielo! ¡cómo habían de venir sin propósito! Algún dios los invió y por eso vienen. Pues conozca la gente sus pecados; represéntenseles a la memoria, aunque me echen a mí la culpa de los pecados: a mí que soy el rey. (244)

La interiorización de este sujeto de conciencia en la representación del indio y su responsabilidad frente al destino de todo un pueblo, distingue la trascendencia espiritual de la nobleza indígena, mediante la figura de un rey consciente de su vínculo con lo sagrado. Sin embargo, la muerte del rey Zuangua y de "todos los obispos de los cúes, y todos los señores" (245) como resultado de una de las extensiones de la ocupación española –la peste de las viruelas–, marca el ascenso del joven Tzintzicha al poder de los purépechas y con ello la omnipresencia de la conquista hispana bajo los nuevos signos del temor y la codicia.

3.5 La "liberalidad" de los dioses del cielo

La conceptualización del español –que en reducido grupo establecerá contacto con el nuevo rey Tzintzicha, según se identifica en la siguiente pintura–, se desarrolla desde la prefiguración de su condición divina por los *principales* tarascos. El pacífico intercambio de plumajes verdes por guirnaldas de oro, y las ofrendas de oro, pan, frutas y vino, traduce los términos de una constatación a los ojos del Caltzotzi: "Estos son dioses del cielo"(246):

Encuentro de los indios con los españoles. *Relación de Michoacán*.
Fuente: Jerónimo de Alcalá. *Relación de las cerimonias y rictos y población y gobernación de los indios de la provincia de Mechuacán*. Zamora, Michoacán: El Colegio de Michoacán, Gobierno del Estado de Michoacán, 2000.

Pese a esta representación divina, el aumento del número de españoles y las noticias de nuevas ciudades conquistadas –además de conferir un dramatismo al destino del rey y su pueblo– señala un cambio narrativo, en la medida que introduce la historización del sujeto colonizador a través de dos figuras claves: el Marqués del Valle, Hernán Cortés, y su adelantado Cristóbal de Olid, quien logrará dar captura al hermano del rey tarasco, Don Pedro Ganca, también llamado Cuirananguari por la *Relación*:

> [...] y no halló gente en el pueblo, que todos se habían huído, y fué preso [Don Pedro], de los españoles y mejicanos por la tarde. Y luego por la mañana le llevaron delante el capitán Cristóbal de Olí, y hizo llamar un nauatlato o intérprete de la lengua de *Mechuacán*, y vino el intérprete llamado *Xanaqua*, que era de los suyos, y había sido cativado de los de México y sabía la lengua mexicana y la suya de *Mechuacán* y venía por intérprete de los españoles. Y preguntóle Cristóbal de Olí: "De dónde vienes?" Díjole don Pedro "El cazonci me invía". Díjole Cristóbal de Olí: "¿Qué te dijo?" Díjole don Pedro: Llamóme y díjome, vé a rescibir los dioses (que ansí se llamaban entonces [a] los españoles) a ver si es verdad que vienen: quizá es mentira [...] (249)

Frente a la función intercultural del nahuatlato *Nuritán*, la voz de *Xanaqua* –intérprete de las ambiciones españolas– no es enunciante ni destinatario del discurso, sino articulación de los vencedores. Aspecto que, en términos de Margo Glantz (75-95), designa la función retórica de una "sinécdoque", puesto que al nombrar al intérprete con la palabra *lengua* se designa la función retórica que desempeña, la parte por el todo. Como cuerpo agregado o interpuesto entre los verdaderos interlocutores: el conquistador y los naturales, éste es mera cópula del dominio colonial. Claramente la función del intérprete de Olid, constituye el puente de un nexo intercultural con el mundo prehispánico, pero asimismo la puesta en circulación de un modelo de representación. No en vano, la "liberalidad", como código asociado al conquistador, es recomendación del intérprete Xanaqua, quien le señala a Pedro en el momento de su liberación:

> "Ve señor en buen hora, y dí al cazonci que no dé guerra, que son muy liberales los españoles y no hacen mal, y que haga llevar el oro que tiene huyendo y la plata y mantas y maíz, que ¿cómo se lo ha de quitar a los españoles después que lo vean?, que desta manera hicieron allá en México, que lo escondieron todo." (250)

Contrariamente a la percepción de "liberalidad" o "generosidad" aquí enunciada, debemos interpretar tal hecho en un doble contexto. Por un lado, como gesto estratégico por parte de conquistador; y, por otro, como probable eco del significado que este acto pudo tener dentro del propio sistema de creencias prehispánicas. Para los señores michoacanos la generosidad con los visitantes, mensajeros, los demás nobles y aun con todos los *macehuales*, era uno de los rasgos que distinguían la condición de los señores y caciques.[55] La posterior constatación del caltzotzi Tzintzicha: "Ciertamente son liberales los españoles, no os creía"(261), demuestra los efectos del simulacro de la conquista mediante el encarecimiento de la condición del conquistador. Trataríase de un trueque mediado por la palabra del nahuatlato *Xanaqua*, quien actúa como encubridor de la codicia hispana. En definitiva, lengua de una estrategia, cuya pretensión final es la penetración del territorio y la conquista. Su palabra posee una doble dimensión retórica en el plano forense, primero, metonímica y, segundo, antítesis de la "liberalidad".[56]

---

[55] "Porque la principal virtud de los señores y *caciques* michuaquê –la única dice el autor de la *Relación*– era la liberalidad, calcada sobre el modelo de la real munificencia, condición ineludible del buen gobierno. Así estaba decretado y así lo manifestaba el *cazonci* a los *caciques*: al rey correspondía la obligación de dar mercedes y regalos a todos sus vasallos sin excepción; pero, no siendo posible que ejecutara este acto personalmente, encomendaba a lo señores y caciques que lo hiciera, en su nombre. Por este motivo, la parquedad en las dádivas era considerada ignominiosa en el señor de los michuaquê" (López Sarrelangue 42).

[56] Cabe mencionar que la ambición de riquezas no es en esta fuente uno de los signos exclusivos de la conquista española, pues las intrigas de la nobleza indígena pretendieron convencer al rey Tarasco de que el suicidio lo libraría de una muerte humillante: "Señor, ahógate, porque no andes mendigando: ¿eres por ventura mazehual y de baja suerte? ¿fueron por ventura tus antepasados esclavos? mátate como nosotros; no te haremos merced, y te seguiremos y iremos contigo"(253). Desbaratado este intento, gracias a las recomendaciones de Pedro, el Cazonci decide huir, escondiéndose en un monte, lo que facilita el ingreso de los españoles en tierras del rey. De tal forma que, el robo de las riquezas y el intento de muerte se desarrolla en un paralelismo de historias entre indios y españoles. Cap. XXV, "Cómo el Cazonci con otros señores se querían ahogar en la laguna de miedo de los españoles por persuasión de unos principales y se lo estorbo Don Pedro"(*Relación* 250-256).

3.6 La representación del otro y la pobreza franciscana

No debemos perder de vista que la cristianización resultaba inseparable de la conquista. Ya sea como su consecuencia natural, o bien como una justificación de la ininterrumpida presencia española en el Nuevo Mundo, esta visión contrastaba con la de los indios. En la *Relación de Michoacán* reconocemos que la percepción indígena sobre el conquistador y el misionero, es más compleja aún. Pese a que la representación del "otro" se basa en una tradición oral que está mediada por la función del cronista, encontramos registros que nos permiten contraponer el sistema de creencias que los indígenas tenían de los conquistadores e, incluso, de los religiosos seráficos:

> Decían [los indios sobre los españoles] que habían venido del cielo; los vestidos que traían decían que eran pellejos de hombres como los que ellos se vestían en sus fiestas; a los caballos llamaban venados y otros tuycen [...] Decían al cazonci los indios que primero los vieron, que hablaban los caballos, que cuando estaban a caballos los españoles, que les decían los caballos, por tal parte habemos de ir, cuando los españoles les tiraban de la rienda [...] Cuando vieron los españoles, cuando vieron los religiosos con sus coronas y ansí vestidos pobremente y que no querían oro ni plata, espantábanse, y como no tenían mujeres, decían que eran sacerdotes del dios, que había venido a la tierra, y llamábanlos curitiecha, que eran sus sacerdotes que traían unas guirnaldas de hilo en las cabezas y unas entradas hechas. Espantábanse cómo no se vestían como los otros españoles, y decían: "Dichosos éstos que no quieren nada". Después unos sacerdotes y hechiceros suyos, hiciéronles en creyente a la gente, que los religiosos eran muertos, y que eran mortajas los hábitos que traían, y que de noche, dentro de sus casas, se deshacían todos y se quedaban hechos huesos, y dejaban allí los hábitos, y que iban allá al infierno donde tenían sus mujeres, y que vinían a la mañana. Y esta ironía duróles mucho, hasta que fueron más entendiendo. Decían que no morían los españoles, que eran inmortales. (265)

El distanciamiento enunciativo que identificamos en esta referencia, la que busca disipar la perspectiva que los michoacanos y sus sacerdotes indígenas elaboraron en torno a la religión cristiana,[57] ofrece un ejemplo del

---

[57] "De lo que decían los indios luego que vinieron españoles y religiosos y de lo que trataban entre sí". El texto en las líneas siguientes, reforzando la idea anterior, agrega: "También aquellos hechiceros hiciéronles en creyente, que el agua con que se bautizaban, que les echaban encima las cabezas, que era sangre, y que los hendían las cabezas a sus hijos y por eso no los osaban bautizar,

desapego material que identificará a los primeros misioneros franciscanos. Según Rubial García, la pobreza voluntaria, tal como reconoceremos en la *imitatio christi* de los minoritas, distingue uno de los principios claves del espíritu primitivo del franciscanismo europeo y novohispano. Por ahora, hemos de destacar que el intérprete franciscano expone una perspectiva de enunciación que "traduce", es decir, selecciona e interpreta las voces indígenas desde una distancia temporal y cognoscitiva que, por un lado, busca diferenciar la religión cristiana frente al sistema de creencias de los indios purépechas y, por otro, exponer los peligros de la codicia española.

En resumen, asistimos a una percepción del otro desde la pretensión totalizadora del logos occidental. En la *Relación de Michoacán* la voz del intérprete-misionero focaliza los testimonios orales y las creencias indígenas, haciéndolas aparecer como "falsedad" y "desviación" para argumentar su creciente potestad indo-cristiana. Dicha estrategia conllevará en las crónicas misioneras, según veremos en los próximos capítulos, la conceptualización implícita de una omnipresencia diabólica, asociada a las prácticas culturales y religiosas de los indios, como también de sus antiguos sacerdotes o hechiceros.

---

que decían que se les habían de morir [...] y tenían a las cruces, como los quellos tenían. Cuando les decían que habían de ir al cielo, no lo creían y decían: "Nunca vemos ir ninguno". No creían nada de lo que les decían los religiosos, ni se osaban confiar dellos. Decían, que todos eran unos, los españoles, y ellos pensaban que ellos se habían nascido ansí los frailes, con los hábitos; que no habían sido niños. Y duróles mucho esto, y aun agora aun no sé si lo acaban de creer que tuvieron madres. Cuando decían misa, decían que miraban en el agua, que eran hechiceros. No se osaban confiar, ni decían verdad en las confisiones, pensando que los habían de matar, y si se confesaba alguno, estaban todos acechando cómo se confesaba, y más si era mujer" (265-66). Cabe señalar que ya el gobernador de Michoacán había referido en otro momento su percepción del rito cristiano: "Y fuéronse a oír misa los españoles, y estaba allí don Pedro, y como vió al sacerdote con el cáliz y que decía las palabras, decía entre sí: 'Esta gente todos deben ser médicos, como nuestros médicos que miran en el agua lo que haga de ser y allí saben que les queremos dar la guerra'" (250).

4. La retórica judiciaria de Cortés y Núñez de Guzmán

> *Seáis bien venidos: yo hablaré por el cazonci; no tengais miedo.*
> Nahuatlato Pilar, *Relación de Michoacán*

Un aspecto vinculado a la reconstrucción de la memoria indígena a través del linaje de los reyes tarascos es el trágico destino del último caltzotzi, *Tangáxoan II* o *Tzintzicha*. El regicidio y el destino de su descendencia, nos permiten nuevamente reconocer la función del nahuatlato desde el punto de vista del discurso jurídico del siglo XVI y la búsqueda de verosimilitud narrativa. La intervención del intérprete se asocia, en primer lugar, a la visión hispánica que pretendió aclarar la culpabilidad de tal suceso y, en segundo lugar, a la visión indígena con el relato de Don Pedro, quien como testigo refiere los pormenores de la captura y muerte del Caltzotzi a manos de Núñez de Guzmán.

La imagen del Marqués del Valle, Hernán Cortés, posee una importante función en este contexto narrativo, pues en conocimiento de las riquezas del cazonçi habría de enviar a Cristóbal de Olid para solicitar la presencia de Tzintzicha. El uso de la etopeya mediante la falsa "liberalidad" del conquistador, reforzada por una astuta pasividad en espera de la captura del Caltzotzi, nuevamente es interpretada en la *Relación* en términos de una interpretación sagrada de sus acciones:

> [...] y vinieron los españoles de noche, y ataron todo aquel oro en cargas y hicieron ochentas cargas de aquel oro de rodelas y mitras y lleváronlo de noche a la cibdad [México] y dijo Cristóbal de Olí al cazonçi: "¿Por qué das tan poco? trae más, que mucho oro tienes ¿para qué lo quieres?" Y decía el cazonci a sus prencipales: "¿Para qué quieren este oro?" débenlo de comer estos dioses, por eso lo quieren tanto". Y mandó que mostrasen a los españoles más oro y plata [...]. (260)

Para el Caltzotzi, la entrega de oro debe ser entendida en el contexto de un acto de restitución a los dioses de aquello que "ahora os lo llevais porque era vuestro" (260), y que pese al temor que éstos le inspiran, terminan por aceptar con beneplácito las palabras de Cortés: "Vete a tu tierra, ya te tengo por hermano" (261). Cabe señalar que dicha acción corre paralela a un proceso de desestabilización del reino tarasco, mediante luchas internas en que participan los michoacanos y las primeras muestras de la institucionalización hispano-colonial, con la distribución de las encomiendas a los españoles, el adoctrinamiento de los principales y el bautismo del rey Tzintzicha, quien "llamóse don Francisco y dió dos hijos que tenía, para que los enseñasen los religiosos".[58]

Uno de los episodios más relevantes que incluye la *Relación de Michoacán* corresponde a la labor del presidente de la Primera Audiencia, Núñez de Guzmán, quien diera tormento y muerte al convertido rey Tzintzicha o Francisco. La reconstrucción histórica de este suceso, gracias a la relación de don Pedro Gobernador (Cap. XXVIII), a nuestro entender, exige considerar dicho testimonio como una respuesta indígena a otras discursividades, que culminarán con la instrucción del proceso iniciado contra el presidente de la Primera Audiencia, Núñez de Guzmán en 1531.[59]

4.1 El interrogatorio de los nahuatlatos de Cortés

La búsqueda de testimonios confiables que permitiesen recomponer el proceso contra el rey tarasco y el inventario de sus bienes, nos permite identificar no sólo el campo de tensiones históricas y de insidias políticas que durante el siglo XVI envuelven la figura del presidente de la Primera Audiencia y de sus oidores Matienzo y Delgadillo, sino también la constatación de la función jurídica del intérprete o nahuatlato en la cultura colonial. Según consta en el expediente del juicio de Hernán Cortés contra estos oidores (1531) –a causa del despojo de la ciudad de

---

[58] "Y vinieron los españoles desde a poco a contar los pueblos y hicieron repartimiento dellos. Después de esto, fue el cazonci a México y díjole el Marqués si tenía hijos o don Pedro, y dijeron que no tenían hijos, qué prencipales había que tenían hijos, y mandólos traer para que se ensiñasen [en] la doctrina cristiana de San Francisco, y estuvieron allá un año quince muchachos" (264). Con relación al bautismo del cazonci, ver 267.

[59] Para una ampliación de este aspecto, véase la Real Cédula registrada en la obra de José Fernando Ramírez: *Proceso de residencia contra Pedro de Alvarado. Ilustrado con estampas sacadas de los antiguos códices mexicanos, y notas y noticias biográficas y arqueológicas*. México: Impreso por Valdés y Redondas, 1847. 259-272. Dicho documento se ha cotejado con el registro de la *Crónica de Michoacán* de Pablo Beaumont.

Huitzitzilla y el pueblo de Tamazula en Michoacán–, del conjunto de 23 preguntas que han de ser hechas a los testigos presentados por el Marques del Valle, destaquemos en su extensión las interrogantes (XVI, XVIII y XIX) referidas a las riquezas y el destino del Caltzotzi:

> XVI.- Item si saben, etc., que para mejor recoger la plata, oro, joyas que había en los dichos pueblos, los susodichos Nuño de Guzmán e licenciados Matienzo e Delgadillo trajeron a esta ciudad, preso, al rey y señor de los dichos pueblos e de toda la provincia de Mechoacán, que se decía el Cazonci e le tuvieron preso en esta ciudad mucho tiempo con muchas prisiones e guardas e pidiéndole oro, plata, joyas que tenía, e en diversas veces el dicho Cazonci hizo que sus vasallos, porque le soltasen de la prisión, truxesen a los dichos Nuño de Guzmán, Matienzo e Delgadillo trajeron a esta ciudad, preso, al rey y señor de los dichos pueblos e de toda la provincia de Mechoacán, que se decía el Cazonci le tuvieron preso en esta ciudad mucho tiempo con muchas prisiones e guardas e pidiéndole el oro, plata, joyas que tenía, e en diversas veces el dicho señor Cazonci hizo que sus vasallos, porque le soltasen de la prisión, truxesen a los dichos Nuño de Guzmán, Matienzo e Delgadillo, mucha suma de oro e joyas, e más de cinco mil marcos de plata, en veces, de lo que habían de dar de tributo e servicio al dicho Marqués, lo cual fue muy público e notorio en esta ciudad e en la dicha provincia de Mechoacán.
>
> XVIII.- Item si saben, etc., que al tiempo que Nuño de Guzmán se fue de esta ciudad para la guerra, para poder haber para sí todo el oro e plata de los dichos pueblos e de toda la provincia, llevó consigo preso, al dicho señor Cazonci, e se fue con él a la dicha provincia e allí le amenazaba que le diese el tesoro que él e los señores e principales de la tierra tenían, e que le soltaría; si no, que le mataría; e de esta manera, estando el dicho Nuño de Guzmán en la dicha provincia, que estuvo dos meses, le sacó en veces cantidad de diez mil marcos de plata e dende arriba, e cantidad de diez mil pesos de oro e veinte mil fanegas de maíz.
>
> XIX.- Item si saben, etc.; que de allí el dicho Nuño de Guzmán se pasó a tierra de los enemigos e llevó consigo, preso, al dicho señor Cazonci e le pidió que le acabase de dar los tesoros que tenía; e porque dijese dónde y en qué parte los tenía, le hizo dar muchos tormentos, e a otros muchos señores e principales de la tierra, sus vasallos, hasta tanto que hubo de él sus tesoros, e des que los hobo habido, porque no se pudiese saber de lo que le había llevado, lo hizo matar cruelmente.[60]

---

[60] *Juicio seguido por Hernán Cortés contra los Lics. Matienzo y Delgadillo. Año 1531.* 339-407.

Este fragmento del expediente del juicio marca las coordenadas narrativas de los sucesos correspondientes a la muerte del rey Tarasco, en otros términos, trátase de un cuestionario o marco discursivo, con el cual seguramente se buscó privilegiar la restitución de los bienes a Hernán Cortés. El testimonio de quienes intervinieron en la causa contra los oidores de Guzmán, sirva como ejemplo, las voz del nahuatlato de Cortés, Gonzálo Juárez (intérprete de la lengua tarasca), confirma el pacto jurídico de su función comunicativa:

> A la **decisena pregunta,** dijo este testigo, que vido llevar al Cazonci, a Godoy, y ansimismo a don Pedro, su hermano, señores de la provincia de Mechoacán, a la ciudad de México, al Tataluco (sic), a su casa, y que una noche envió a llamar Nuño de Guzmán a los dichos Cazonci y don Pedro, su hermano, y a este dicho testigo; y ansimismo dice este testigo que llevó de una vez a Nuño de Guzmán cuarenta platos de plata, y los veinte le hurtó Pilar y los otros veinte llevaron a Nuño de Guzmán y se los arrojó y les dijo que comiese él en ellos, que no tenían vergüenza de llevarle aquello; y que este dicho testigo de otra vez llevó al dicho Nuño de Guzmán cuarenta penachos de plata y cuarenta brazeletes de plata y veinte rodelas de plata [...]
>
> A las **diecisiete preguntas**, dijo: que dice lo que dicho tiene.
>
> A las **dieciocho preguntas**, dijo: que sabe que llevó preso Nuño de Guzmán al dicho Cazonci con unos grillos y una cadena en una hamaca, y que llegado allí le metió en una casa a él solo, y que llamó el dicho Nuño de Guzmán a unos indios de México y que les mandó a los indios que le atasen los brazos y compañones en alto, y que le daban con una verga en los compañones, y que le preguntaban donde tenía el oro y la plata y dijo este testigo que decía el dicho Cazonzi que no tenía más oro ni plata; que todo se lo había dado; y ansimismo dijo este testigo que le saltaba un alguacil encima de los pechos del dicho Cazonci, de pies y le decían que dijese dónde tenía el tesoro, si no, que allí le matarían y que le tuvieron ansí veintisiete días, poco más o menos y que esto es lo que de esta pregunta sabe.
>
> A las **diecinueve preguntas**, dijo: que sabe que llevaron al dicho Cazonci al río Chiquenabe-Atengo, y que allí le arrastraron y quemaron muy cruelmente, y que esto es lo que sabe a esta pregunta. (361-362, énfasis mío)

Interesa comentar, a propósito de esta declaración, que la intervención del nahuatlato refiere a dos personajes en su informe. El primero de ellos, *Don Pedro*, hermano del rey tarasco, el cual correspondería al citado *Don*

Pedro Ganca, quien ha sido identificado como uno de los informantes michoacanos que interviene en la *Relación*. El segundo, *García del Pilar*, quien habría de ser uno de los instrumentos de las exacciones del gobernador y asimismo –siguiendo el testimonio de Suárez– se habría apoderado de parte de las riquezas del rey indio. ¿Cabe preguntarnos qué función le corresponde a García del Pilar en esta controversia jurídica?

4.2 El nahuatlato Pilar, la usurpación de los signos del Caltzotzi

Frente a la pregunta antes enunciada, el testimonio de Don Pedro contenido en la *Relación de Michoacán*, nos provee de importantes referencias sobre la captura del Caltzotzi y el rol de García del Pilar:

> Y buscaron cuatrocientas rodelas de oro y otras tantas de plata y lleváronlo a México, y mostráronlo al nauatlato Pilar, como les tenía mandado, y tomó secretamente cien rodelas de oro y ciento de plata, y dijéronle los principales: "Señor, ¿qué haremos?; pues que tú tomas todo esto. Cómo, ¿no hablarías por nosotros y iríamos con nuestro señor el cazonci a una casa fuera de aquí, en la cibdad, donde nos habemos de ir? Díselo a Nuño de Guzmán." Díjoles el nauatlato: "Vamos, no tengáis miedo, yo se lo diré." Y mostraron el otro oro y plata a Guzmán, y díjole al cazonci: "¿Por qué traéis tan poco? no tenéis vergüenza. Cómo, ¿no soy yo señor?" (270)

La función del nahuatlato Pilar –a diferencia del intérprete *Xanaqua* quien sirve a los intereses del conquistador–, ha abandonado el gesto articulatorio de la mediación metonímica y, por el contrario, motivado por la codicia se constituye en sujeto capaz de autonomizar y anular su función comunicativa. Este caso viene a representar una situación probablemente recurrente en las Indias, la ruptura con los códigos del traductor cristiano y reafirmación del acto de la conquista como botín.

Su estratagema no sólo consiste en una usurpación de las riquezas, sino en el robo material de los signos del Caltzotzi. En tal sentido, la suplantación de la voz indígena y el posterior silencio de Pilar, se esconde tras la estrategia retórica de la *captatio benevolentiae* de los indígenas: "Seáis bien venidos: yo hablaré por el Caltzotzi, no tengais miedo".[61]

La confrontación de este fragmento de la *Relación*, con el testimonio presentado por el mismo García del Pilar ante el juicio seguido a Núñez de Guzmán, ofrece sugerentes observaciones de cómo la palabra-testimonio de este agente colonizador se impregna de una neutralidad diferenciadora frente al documento jurídico, que en 1532 refiere su intervención como "lengua" del Presidente de la Audiencia. Atendamos al testimonio de Pilar:

> [...] y que mediante este testigo por lengua o intérprete, riñó el dicho Nuño de Guzmán con el dicho *Caltzontzi*, porque no servía bien la provincia de Michoacán y lo mando prender, y lo entregó a Placencia y a Lovén (difunto), sus criados, que le tuviesen preso en una cámara dentro de la posada del dicho Nuño de Guzmán y que allí lo tuvieron preso los sobredichos dos o tres meses, poco más o menos, y durante este tiempo, este testigo fué muchas veces por mandato de dicho Nuño de Guzman, a ver al dicho *Caltzontzi*, y a meterle temores, que si no le daba cuanto tenía, que lo había de quemar, y que el dicho *Caltzontzi* decía que le enviaría todo lo que pudiese, y que estando preso, trajeron los indios tres o cuatro veces plata y oro, y que este testigo lo vido traer, y lo vido dar al dicho Nuño de Guzman, y recibirla, y que en las otras veces que dichas tiene, traerían, al parecer de este testigo, ochocientos marcos de plata y tres a cuatro mil pesos de oro y, que esto le traerían, y el dicho Caltzontzi le daría mientras estuvo preso en todo lo que le había dado antes, y después al dicho Nuño de Guzmán el dicho Caltzontzi, y que este testigo no sabe el precio o el valor de dicha plata y oro, porque no lo vio fundir. Y que después de esto, el dicho Nuño de Guzmán llevó al dicho Caltzontzi consigo a la provincia de Michoacan. (38)

---

[61] Ya en un encuentro previo del nahuatlato Pilar con los tarascos, se había hecho presente la treta del lengua: "Díjole el cazonci: Ansí será; vete en buen hora [Pedro]". Y vino a *Mechuacán*, y hizo saber lo que pasaba a los prencipales y empezaron a llorar todos y buscaron oro y plata y llegaron seiscientas rodelas de oro y otras tantas de plata, y dábale priesa **un intérprete de Guzmán llamado Pilar, al cazonci, porque no traía el oro y díjole: "Cuando lo traigan, muestrámelo a mí primero."** Y como llevaron todo aquel oro y plata a México, mostráronlo primero al nauatlato susodicho llamado Pilar, y tomó secretamente, sin sabello Nuño de Guzmán, **doscientas rodelas de aquellas ciento de oro y ciento de plata y díjoles a los prencipales: "Seais bien venidos: yo hablaré por el cazonci; no tengais miedo."** Y mostraron el otro oro a Nuño de Guzmán, y dijo al cazonci: ¿Por qué traéis tan poco?; eres muchacho: envía por más" (269, énfasis mío).

Frente a este nuevo testimonio, la interrogante por la veracidad de la *Relación* o el testimonio del nahuatlato Pilar aquí expuesto, más bien se transforma en una incógnita sobre la estrategia de verosimilitud discursiva y la funcionalidad jurídica que alcanzaron durante el siglo XVI. Si bien el destino político de Núñez de Guzmán sería la prisión en México (1536-1538) y la muerte en España (1550), la *Relación de Michoacán*, probablemente, a la par de una finalidad instrumental como fuese contar con información para el repartimiento de los indios, reforzó las acusaciones contra el antiguo régimen de Guzmán y el reconocimiento de las autoridades indígenas. Entonces, cabe plantearse una interrogante de fondo, ¿cómo leer este testimonio de uno de los señores tarascos, Don Pedro, que gracias a la mediación interpretativa del franciscano, se conserva como registro de la codicia del Presidente de la Primera Audiencia?

En primer lugar, no debemos olvidar que la entrega de esta *Relación* al virrey y gobernador de Nueva España, Antonio de Mendoza, no sólo pone en circulación ante el nuevo poder virreinal la forma de gobierno, creencias y costumbres de los purépechas, sino también serviría de réplica a la justificación de Guzmán por la muerte del Caltzotzi:

> Y así mesmo, por quejas y acusaciones que del Cazonce, señor de Mechuacán, me habían dado, y por una información que se hizo, de tener parte de la tierra alzada y concertado de nos matar si pudieran, procedí contra él, y hallado ser verdad el levantamiento de la gente y lo que pensaba hacer, y otros muy grandes, graves deservicios y enormes delitos que havia hecho, sacrificando indios y cristianos, como de antes que fuese cristiano lo hacía, yo lo sentencié á quemar, como por el proceso que de ello se hizo se podrá ver; y con la justicia que deste se hizo se podrá ver; y con la justicia que deste se hizo y con embiar yo alguna gente, los pueblos que estaban lebantados se pacificaron, y agora sirbe todo muy mejor que antes: muchas veces había sido acusado y no castigado, porque tenian poca gente de castigar lo malo.[62]

El presente testimonio de Guzmán, contenido en una carta dirigida al monarca en 1530, habría de apelar a las dos razones de la conquista: Dios y el rey, pues "entienda vuestra Magestad que, donde quiera que llego y

---

[62] Ver "Carta á su Magestad del Presidente de la Audiencia de Méjico, Nuño de Guzmán, en que refiere la jornada que hizo á Mechuacan, a conquistar la provincia de los Tebles-Chichimecas, que confina con Nueva España. (8 de Julio de 1530)", 358.

hallo gente, les doy a entender lo mejor que puedo qué cosa es Dios, y después Vuestra Magestad, y lo que son obligados a hacer". ("Carta a su Magestad" 369). De tal forma que la codicia del español, se oculta detrás de los intereses de una conquista político-espiritual: "yo les he mandado decir [a los indios] que no tengo necesidad de oro, sino de que sean buenos y sirban y no sacrifiquen" (373-374).

En segundo lugar, la función del intérprete-franciscano, ofrece una perspectiva del relato en que implícitamente la protección del indígena y el anhelo de realización de los proyectos cristiano-sociales se manifiestan en tensión con la conquista armada. La muerte de Tzintzicha, tal como hemos señalado, no sólo demuestra los excesos cometidos por la ambición española, sino también la necesidad del reconocimiento del gobierno indígena en concordancia con los anhelos de una comunidad espiritual franciscana. Estos sucesos de la acción cortesiana en Nueva España es interesante observarlos también en el contexto del rol del obispo fray Juan de Zumárraga como inquisidor en América. Tal como ha demostrado el estudio de Buelna Serrano (2009), en 1539, cuando el conflicto entre Cortés y la Primera Audiencia era uno de los más álgidos, el franciscano efectuó procesos contra la nobleza indígena que apoyaron a Cortés en su triunfo sobre los mexicas. El pacto con estos aliados de la conquista cortesiana, la necesidad de conjurar una posible rebelión indígena ante el incumplimiento de su recompensa (conservación de sus derechos y bienes), y el creciente poder de Cortés que obstaculizaba el establecimiento de la corona española, son factores de importancia al momento de considerar cómo la inquisición apostólica condenó, hasta con la ejecución, a una nobleza indígena y a los indios tachados de herejes, idólatras o hechiceros. La historia de la inquisición en América habría de ser escrita primeramente por los franciscanos y, ciertamente, como apéndice de la burocracia espiritual, veló por la ortodoxia católica reduciendo incluso a la nobleza indígena que nuestro texto de la *Relación* nos muestra como modelo de justicia y aculturación. En tal perspectiva, veamos cuál habría de ser el destino de este linaje a través de los descendientes del último Caltzotzi.

4.3 El destino de la nobleza indígena: Don Francisco y Don Antonio

La *Crónica de Michoacán* del fray Pablo Beaumont, representa una de las piezas claves dentro de la tradición cronística franciscana, debido a su carácter de síntesis de los principales sucesos de la evangelización franciscana. La actualización del árbol genealógico de los tarascos, hemos de identificarla en el siguiente comentario de la obra, referido a la ocupación de la capital del reino de los tarascos, Tzintzuntzan, por el obispo Vasco de Quiroga. Según consta en la pintura que le acompaña:

> Lo cierto es, que hay gran confusión en las Memorias antiguas sobre estos puntos, como también sobre cuál de las dos grandes poblaciones de Tzintzuntzan y de Patzcuaro merecían el nombre de ciudad, como se pudo deducir aun de este mapa antiguo de los indios de Tzintzuntzan, que inserto aquí por la relación que tiene con la traslación de la iglesia catedral a Pátzcuaro, que representa al señor Quiroga tratando con el Padre Fray Jerónimo de Alcalá, superior del convento de San Francisco en Tzintzuntzan, sobre la mudanza de la ciudad y catedral al barrio de Pátzcuaro, y la República de los principales caciques de ella congregados para este fin, cuyos apellidos se individualizan y están todos en ademán de confusos, y perplejos sobre el adherirse o no a esta traslación; pero aunque esta pintura nos da mucha luz sobre este suceso memorable, se reconoce, cuando señala que fue en el año de 26 que es un cómputo erradísimo. (Beaumont 366-367. Cap. XVIII)

Discusión sobre el traslado de la capital. *Crónica de Michoacán*, Fray Pablo Beaumont.
Fuente: Fray Pablo Beaumont. *Crónica de Michoacán*. Vol. III. México. Talleres Gráficos de la Nación, 1932.

Traslado de la capital de Tzintzuntzan a Pátzcuaro. *Crónica de Michoacán*, Fray Pablo Beaumont.
Fuente: Fray Pablo Beaumont. *Crónica de Michoacán*. Vol. III. México. Talleres Gráficos de la Nación, 1932.

El suceso central referido en la pintura corresponde al traslado de la capital a Pátzcuaro para convertirla en sede del obispado michoacano. Dicho episodio señala el fin de la antigua fundación indígena de Tzintzuntzan, según se desprende de la pintura anterior, lo que conllevó las protestas y contradicciones de los habitantes. Los hijos del Caltzontzin, además de los señores nobles, el gobernador y el ayuntamiento indígena, junto con los encomenderos, hicieron presente al obispo los perjuicios de efectuar dicha traslación, la que, pese a las protestas, se consumaría en 1540.[63]

Por otro lado, en la primera pintura, la contraposición entre los antiguos teucallis (al fondo) y el convento Franciscano y la iglesia de Santa Ana (derecha),[64] refieren los dos centros de adoración, uno indígena

---

[63] Con relación a la reclamación de los fueros de *Tzintzuntzan* y los pleitos contra *Pátzcuaro*, comenzados en 1540, véase: López Sarrelangue 61-65.

[64] Torquemada refiere de qué modo Fray Martín de Jesús ocupa la antigua ciudad de Tzintzuntzan: "Pero sea entonces, o algún año después, la verdad es, que el Varón apostólico, Fray Martín de Jesús, fue a Michoacán, y fundó casa en la ciudad de Zinzonza, ciudad de las mejores de aquel reino, y ésta a la orilla de su famosa laguna, de la Vocación de Santa Ana. Y estos dichos padres, fueron los que comenzaron a predicar el Santo Evangelio, y fundaron la fe católica y religión cristiana, en aquel Reino y provincia" (Vol. III, 332).

e idolátrico, el otro europeo y cristiano. Fenómeno que nos recuerda de qué modo la conformación de estas llamadas repúblicas de indios redujo su práctica cultural a una vida en "policía", imprimiendo a este proceso aculturador los signos de una lógica ordenadora, que, como en el caso del Cuzco y Tenochtitlán, terminarán por transformar los componentes simbólicos de una visión del tiempo y el espacio ritual, por la soñada utopía apocalíptica y la Jerusalén Celestial. Si volvemos a la cita precedente, el ejercicio de una crítica histórica que pretende despejar el error de esta pintura, demuestra la nueva posición que el sujeto letrado asume en el contexto del desarrollo de la historiografía evangelizadora hacia el siglo XVIII. Esta vez como un nuevo intérprete, eso sí, de las voces históricas de una tradición letrada. Según el argumento de Beaumont, pese a la datación, esta pintura antigua corrobora que "don Vasco de Quiroga había concebido cimentar su iglesia y el centro de la religión católica, donde dominaba el de la idolatría, que era la corte del rey Caltzontzi" (368). Con ello, el texto icónico se incorpora argumentativamente en el desarrollo de la crónica para demostrar la función metalingüística de un distanciamiento crítico frente al relato histórico. Sin embargo, hay un detalle en esta pintura que no podemos obviar, la persistencia de la representación de los hijos del antiguo rey tarasco, Don Francisco y Don Antonio, vestidos con prendas españolas y gorro. A su costado, las probables figuras de Don Pedro y Tzapicahua, son los únicos signos de la continuidad de un linaje que, como hemos mencionado, luchó por mantener su condición de herederos de la antigua nobleza indígena, lo que encontraría cierta correspondencia por su ubicación como testigos del probable acuerdo entre los caciques indígenas. Con relación a la continuidad de este linaje, la *Descripción Geográfica de la Ciudad de Páscuaro* (1581), refiere de manera clara el destino de esta descendencia cristiana del antiguo rey Tangáxoan o Francisco:

> Este tuvo dos hijos, el uno D. Francisco Tariacuri, y el otro D. Antonio Huitzimengari, que le sucedieron por su orden. Y muerto el dicho D. Francisco, que era el mayor, fue gobernador desta dicha ciudad el dicho D. Antonio algunos años. Dejó un solo hijo legítimo, llamado D. Pablo, el cual gobernó cuatro años, siendo su coadjutor un D. Juan Puruata, su padrastro, por ser el dicho D. Pablo de poca edad; y muerto quedó sin heredero, y así se perdió la

sucesión legítima del dicho Tanguajan. Es al presente gobernador el dicho D. Juan Puruata (45).[65]

Sabemos, por la documentación existente de una compra de libros efectuada por Antonio Huitziméngari, del profundo proceso de aculturación vivido durante su infancia.[66] Tanto el primogénico, Don Francisco Tariácuri como don Antonio, vistieron y fueron tratados como españoles y, probablemente, llevados a la corte virreinal en 1535, en donde sirvieron de pajes y recibieron la instrucción en castellano, gramática y lengua latina:

> Francisco Tariácuri y Antonio Huitziméngari estaban de vuelta en Michoacán hacia 1538 –al tiempo que el obispo Quiroga intentaba el cambio de la sede episcopal de Tzintzuntzan a Patzcuaro–. Se ha especulado que a su regreso don Antonio asistió al colegio agustino de Tiripetío, pero hay que reparar en que esta afirmación se basa solamente en textos del siglo XVIII. Testimonios contemporáneos a los hechos, confirman que ambos jóvenes habían sido criados en casa del virrey Mendoza, pero señalan que don Antonio había asistido al Colegio de San Nicolás, fundado por el obispo Quiroga. (Jiménez 138)

La conversión y tarea educativa de los franciscanos y del obispo de Michoacán contribuyo a llenar el vacío, la "red de agujeros" creada por la conquista, como precisa Gruzinski (411-433). Su autoridad como nobleza indígena emprendía la tarea de construirse una identidad acorde con la institucionalidad colonial, "aprendió a adecuarse al modelo que le ofrecía la corona española, el del hidalgo ibérico, tomó sus vestiduras, los emblemas (armas, blasones, caballos, etc.), y se pensó y situó en el seno del vasto campo político que confirmaba el virreinato y la monarquía española"(415). Convertidos en nobleza cristiana, la occidentalización de su pasado "antes de la conquista", se ajustaría al modelo lineal y providencialista de la historia. Una nueva memoria para una nueva identidad, expresa Gruzinski, de esta aristocracia ilustrada de doble identidad indígena y cristiana.

En 1545, año de la muerte de Francisco Tariácuri, don Antonio asume el gobierno, tras un programa educativo en que la vertiente humanista

---

[65] "Descripciones de la ciudad de Pasquaro", 42-48.
[66] Nora Jiménez (2002).

de sus mentores, muy especialmente Quiroga, buscó transformarlo en un príncipe cristiano. Debe subrayarse en este contexto la distinción entre "republica de españoles" y "pueblos de indios" y la existencia de estructuras religiosas con alcance socio-económico e incluso político. Sea el caso de las cofradías y congregaciones laicales u hospitales-pueblos de indios, como el renombrado de Santa Fe de la Laguna (1533) a orillas del lago de Pátzcuaro.

Hospital-pueblo de Santa Fe de la Laguna (1533).
Detalle Mapa de Uppsala, Suecia (ca. 1550-1555). Alonso de Santa Cruz (atribuido)
Fuente: Uppsala University Library <http://www.ub.uu.se/samlingar/verk-och-samlingar-i-urval/mexiko-kartan/> 06 agosto 2015.

El proyecto fundacional de estas estructuras religiosas se impregnó del utopismo cristiano social de las Órdenes, bajo un régimen agrícola con comunidad de bienes, administrado por frailes e indios escogidos, así como dedicados a la instrucción obligatoria en la doctrina cristiana y moral. Ejemplo de ello es el conocido impulso que Vasco de Quiroga diera a la fundación de los referidos pueblos-hospitales de Santa Fe, así como a la creación del colegio de san Nicolás Obispo (1540) que acogería a estudiantes criollos, españoles, y a los hijos de los naturales de la ciudad de Michoacán (Pátzcuaro) para instruirse en la cultura humanista y la doctrina cristiana. Tal como fuera el caso del príncipe indígena de Michoacán, don Antonio Huitziméngari.

Capítulo III

El (des)encuentro espiritual de la conquista novohispana: franciscanos y dominicos

1. Introducción

La temprana evangelización de México no sólo fue el escenario para la acción misionera de franciscanos, sino que también de Dominicos (1526), Agustinos (1533) y Jesuitas (1572), lo que conformaría un complejo cuadro de las relaciones espirituales que se desarrollaron durante la colonia. Particularmente, los vínculos entre franciscanos y dominicos en tierras novohispanas representan la simiente de un proceso aculturador en el que se dibuja no sólo un interés común, la introducción del cristianismo en tierras del Nuevo Mundo, sino también un complejo cuadro de disensiones teológicas y políticas que permiten reconstruir en parte sus específicas perspectivas sobre la cristianización novohispana.

A nuestro juicio, podemos considerar dos antecedentes en torno a este planteamiento. Por un lado, las tradiciones proféticas medievales que fueron determinantes en el surgimiento de la teoría misional en el Nuevo Mundo y, por otro, las discrepancias de figuras protagónicas de la evangelización franciscana y dominicana, como es el caso de fray Juan de Zumárraga y fray Domingo de Betanzos, así como de fray Toribio de Benavente y Bartolomé de las Casas. Aspectos que cabe poner en relación para analizar la polémica política y espiritual en la génesis del proyecto misional en América y su posible articulación con el proceso de formación textual de las crónicas novohispanas de la primera mitad del siglo XVI.

2. Tradición profética e ideología colonial

La tradición profética que surgió en la España medieval en relación con las órdenes franciscana y dominicana, puede considerarse un primer elemento de juicio, si analizamos el sustrato escatológico y literario del siglo XVI. Tal como ha demostrado Juana Mary Arcelus, el *Floreto de San Francisco* (Sevilla, 1492), pertenece a la tradición franciscana de vena joaquinista que en el marco de la profecía del "duo viri" refiere el origen de las órdenes y el cumplimiento de su misión evangelizadora en el mundo:

> La profecía del *«duo viri»* nos presenta a las dos órdenes que, en el *tercer status* joaquinista, convertirían a la fe católica a todos los gentiles antes del *fin de los tiempos*: la primera orden, *columbina* (de los menores) y la segunda, *corvina* (de los predicadores), una de San Francisco y la otra de Santo Domingo sobrevivirían hasta los «postrimeros días», aunque siempre se haría patente su *rivalidad*. A estas dos órdenes se añadiría una tercera *«vestida de sacos»*, en la cual se identificó Cristóbal Colón cuando regresó el 11 de junio de 1496 de su *segundo viaje* [...] (52)
>
> [...] los franciscanos que incluyeron en el *Floreto* la *profecía* del abad Joaquín, saltaron el orden, e identificaron a la orden de San Francisco junto con la de los predicadores como el *ordo monachorum* de la *tercera edad* antes de la llegada del fin de los tiempos. La misma tradición que el *Breviloquium super Concordia Novi ac Veteris Testamenti*, apócrifo redactado en el reino de Aragón a mediados del siglo XIV bajo la guía de Don Pedro de Aragón (fray Pedro) había transmitido para los evangelizadores de la *tercera edad*. La orden de San Francisco era la elegida, según el *Breviloquium*, para cumplir con esta misión evangelizadora de la *tercera edad*. La *profecía* del *Floreto* lo ratifica, llegando a convertirse, con el pasar del tiempo, en el punto de referencia para algunos franciscanos que pasaron a evangelizar el *Nuevo Mundo*. (Arcelus, *La profecía del abad Joaquín* 57)

A juicio de esta estudiosa, el *Floreto* de Sant Francisco o la profecía del *Liber Conformitatum*, apoyan tempranamente la rivalidad de ambas órdenes. De ahí que el influjo de las corrientes espirituales en España – mediante el impacto de la profecía del *«duo viri»* en la misión apostólica entre los indios americanos– sea un aspecto de relevancia, no solo para la revisión del debate teológico en torno al joaquinismo novohispano revitalizado por Saranyana y Beascoechea (1995), sino también en la identificación de procesos de "apropiación" discursiva de textos proféticos medievales que circularon en los *scriptoria* de los franciscanos del Viejo Mundo. El caso del *Floreto de San Francisco*, utilizado en las comunidades franciscanas (c.1450) de la península fue un componente relevante tanto para el programa de espiritualidad (pobreza penitente en el obrar y vestir, oración, camino a pie y sin viático), como para la justificación de la misión apostólica ultramarina. En el *Floreto* encontraríamos un importante punto de inflexión que la crítica no ha valorado suficientemente y es un escatologismo franciscano que se diferencia del milenarismo joaquinista. Afirma Arcelus:

> La literatura franciscana sobre las órdenes futuras incluida en el *Floreto* se explica sólo a través del interés que se tenía por la predicación del evangelio a todos los gentiles, proponiendo un momento de *renovación* en un determinado periodo histórico donde este interés se actualizaba. Es una literatura que no tiene que ver con los conceptos que prevén el cómputo de los mil años antes de un final fatalista (Ap. 20), ni se trata de la previsión, aunque sea de carácter político, sobre el rey del fin de los tiempos, con la esperanza de ver restaurado un reino, un pueblo o la humanidad entera bajo el signo de una renovación de la sociedad, tanto de carácter criptojudío (que prevé la espera del Mesías) o simplemente, y por extensión del concepto, a la espera de la renovación espiritual o material de toda la humanidad por obra de un «salvador» que haya sido señalado para llevar a cabo esta tarea. En cambio el escatologismo franciscano que el *Floreto* nos transmitió, tiene un mensaje profundo en el cual la idea de convertir y evangelizar obedecía a un determinado fin que sólo podría tener una colocación en la exégesis teológica de la *renovatio* [...]. (*Floreto* 129-130)

Dicha finalidad, entiéndase como el tiempo de la *renovatio*, sería el profundo sentido profético que, por un lado, anima la interrogante sobre el alcance de esta hermenéutica seráfica y la tópica de la "hora undécima" del fin de los tiempos en América; y, por otro lado, la disensión teórica frente a una hermenéutica milenarista que está en proceso de revisión crítica en la historiografía colonial.[67]

Es un hecho que para dominicos y franciscanos la emergente espiritualidad indiana debió regularse a través de documentos pontificios, en cuyo proceso de promulgación vemos nuevamente el impacto de las

---

[67] Ejemplo claro de ello es el cambio historiográfico que Ana de Zaballa Beascoechea advierte: "[...] milenarismo, misticismo, alumbradismo, mesianismo, apocaliptismo [...], con algunas excepciones –como la de Norman Cohn– la mayor parte de los estudiosos que han analizado los siglos XVI y primeros pasos del XVII americanos, incluso los que han hecho una utilización algo 'aguada' de las nociones que nos ocupan, han aceptado ese origen sagrado y los han concebido como movimientos fundamentalmente religiosos" (79). Considero que este punto es clave en la necesaria revisión crítica de dichas bases conceptuales, pues así como han hecho crisis en la historiografía actual, mal podemos pensar en la asepsia teórica de los estudios literarios sobre el periodo colonial.

concepciones proféticas y su influencia en el proceso de formación de teorías antropológicas en torno a la naturaleza del indio y su impacto en la ideología colonial. Uno de los ejemplos que podemos considerar en este sentido es la presentación ante el Consejo de Indias del dominico fray Domingo de Betanzos (1532), quien habría de renegar del memorial franciscano-dominico del año 1526, que planteaba la forma de organización de la iglesia novohispana a cargo de las dos órdenes.[68] Pero este no sería el único punto de disensión, bien mirado el proceso de promulgación de la *Bula Sublimis Deus* y *Pastorale Officium* por el papa Paulo III en 1537 se establecen nuevas articulaciones teológico-políticas, esta vez con la prédica antiindiana del Padre Betanzos en la que encontraríamos los sedimentos de una específica visión del indio.

Como ha analizado Assadourian (1998), los memoriales de 1532 y 1534 que presentara Betanzos en el Consejo de Indias contienen información sobre "la incapacidad política" de los indios de la Nueva España y de su deficiencia espiritual para recibir la fe. Muestran, además, como tales ideas se entrelazaban con su "profecía" acerca de la completa desaparición de los indios a consecuencia del "castigo divino" (465). La clarificación de la postura franciscana a través del primer gran escrito de denuncia contra el dominico, provino en 1533 de la mano de un franciscano, fray Jacobo de Testera.

La bula *Sublimis Deus* de gran relevancia por el reconocimiento pontificio de la racionalidad de los indios, el derecho a la libertad y a disponer de sus posesiones y abrazar la fe, planteó la sujeción directa del indio como vasallo de la corona y no del colono o conquistador. De esta forma, la encomienda –concebida como una institución para la protección y cristianización del indio con un importante rol auxiliar en la formación de la propiedad territorial– resulta cuestionada, así como los principios

---

[68] "Para sí los religiosos aspiraban a un ejercicio sustancial del poder y planteaban cómo debía constituirse la iglesia novohispana: los obispos serían sólo frailes y elegidos por las dos órdenes (...) y el arzobispo de México sería elegido conjuntamente por los obispos y las dos órdenes (...) y estos prelados deberían ser confirmados "*ipso facto* hecha la elección". Esta iglesia de los frailes debía ser la responsable de amparar a los indios dándose tres o cuatro visitadores con vara real que "solo entiendan en el buen tratamiento de los naturales y en las cosas de Dios" (Assadourian, *Hacia la Sublimis Deus* 505).

de una llamada guerra justa (Friede, "De la encomienda" 84). Bien se ha reconocido que el proceso de gestación y emisión de la *Sublimis Deus* debe al dominico fray Bartolomé de Las Casas un sustancial aporte, tal como lo sería posteriormente con las *Leyes Nuevas*.

Esta concepción de una Iglesia indiana regida por frailes y con indios libres, al amparo de un emperador cristiano, sin lugar a dudas, contrastaría con la visión que el dominico Betanzos distingue años después en torno a la bestialidad del indio, el que debe ser sometido por los conquistadores:

> [...] por muy cierto que toda aquella gente se ha de consumir y acabar y que no ha de quedar dellas ni de sus descendientes memoria alguna y no han de parar mas de cuanto fueren necesarios para que los cristianos pueblen y se arraiguen en la tierra y no más. No bastan para remediar que no mueran todos y se acaben todos leyes ni ordenanzas del mundo ni todo el poder del Emperador ni el del Papa ni el de toda la cristiandad ni el poder de todos los ángeles ni de toda la corte del cielo excepto el de Dios. **Y esto es porque el juicio y sentencia de Dios justísimamente es dada sobre ellos que todos mueran y no quede dellos memoria porque sus pecados son tan horribles y tan contra toda naturaleza cual nunca jamás se ha hallado ni por escritura ni por fama ni cayó en pensamiento de hombres.** Los cuales vicios tienen tan arraigados ansí como si naturales les fuesen por lo cual son dados *in reprobum sensus* [...] (Betanzos en Assadourian, *Hacia la Sublimis Deus* 507-508; énfasis mío)

La "cólera mística" de Betanzos, tal como la calificara Assadourian, hace eco del discurso profético para justificar el completo exterminio de los indios, su deficiente capacidad racional –muy contraria al dictamen que sobrevendría con la Bula *Sublimis Deus*– y la implantación de un régimen de encomiendas perpetuas a favor de los conquistadores, censuradas años después en las mismas *Leyes Nuevas* lascasianas. Esta profecía se reiterará en su memorial de 1534, el que sería impugnado por los mismos franciscanos, la Audiencia de México y el Consejo de Indias. Aspecto relevante en la visión betanziana es la fuente de autoridad que se conecta con la discusión en torno al origen judío de los indios y el uso de fuentes apócrifas en la construcción de estas teorías, como ampliamente lo registra Lee Huddleston:

> Los frailes de México, trabajando como lo hicieron con las leyendas aztecas de grandes migraciones, llegaron más fácilmente a la teoría de las Tribus

> Perdidas que los que trabajaron en otras áreas. Las legendarias andanzas de los aztecas encontraron una cuerda sensible en el cristiano inmerso en las tradiciones del Éxodo judío. Hasta el último cuarto del siglo dieciséis la obra de hombres tales como Motolinía, Sahagún, Durán, Tovar y Suárez de Peralta había hecho accesible la historia oral de los aztecas. No fue sino hasta que las propias opiniones de los Aztecas sobre su historia se hicieron ampliamente conocidas que resultó posible trazar los paralelos obvios, aunque superficiales, con las tradiciones judías. Además, sólo cuando estas comparaciones se habían hecho los escritores comenzaron a hacer uso extensivo de tradiciones bíblicas y relacionadas para explicar y apoyar sus teorías. La mayor parte de los que escribían acerca del origen de los indios antes de 1580 no usaron la Biblia en la construcción de sus teorías. Muchos se basaron exclusivamente en fuentes literarias no bíblicas. La mayoría sólo se basó en la Escritura para destacar que todos los hombres descendieron de Adán a través de Noé. Se observará que la base para la teoría de las Tribus Perdidas reside principalmente en los Libros Apócrifos, no en la Biblia. Los Libros Apócrifos de la Biblia fueron ampliamente conocidos por las clases cultas de Europa a través de los numerosos comentarios sobre la Biblia. Es incierto cuánto de este conocimiento se filtró a los plebeyos. (40, mi traducción)

Si volvemos a Betanzos, cabe destacar la tendencia dentro de la propia orden dominicana a borrar la prédica antiindiana de su fundador, la que habría de traer división aun dentro de su comunidad espiritual. Por otro lado, el fundamento genealógico bíblico y su impacto en las concepciones histórico-antropológicas del indio durante el siglo XVI, como ha concluido Gliozzi, instala la teoría judeogenética en América y la justificación de la destrucción de las Indias.[69] El dominico Diego de Durán en su *Historia de las Indias de Nueva España e Islas de Tierra Firme,* habría de confirmar esta tesis mediante el uso argumentativo de paralelismos y la proporcionalidad de los componentes (parísosis):

> De la autoridad dicha resultan otras muchas, como el curioso lector podrá ver y notar en el Deuteronomio, capítulo 4 y 28 y 32; Isaías, 20, 28, 42 capítulos; Jeremías, Exequiel, Miqueas, Sofonías, donde se hallará el castigo rigurosísimo que Dios prometió a estas diez tribus por sus grandes maldades y abominaciones y nefandas idolatrías, apartándose del culto de su verdadero Dios, de quien tantos beneficios habían recibido. Por pago de tal ingratitud les promete Dios en los lugares acotados un azote y castigo rigurosísimo, cual le vemos cumplido en estas miserables gentes. Conviene a saber: que les habían de ser quitadas

---

[69] Ver Gliozzi (1976), 61-69.

sus tierras, casas y tesoros, sus joyas y piedras preciosas, sus mujeres e hijos y llevados a vender a tierras extrañas, gozando otros de sus haciendas.

Paréceme que, aunque no diera más autoridad y razón para que entendiéramos que estos indios son y proceden de los judíos... (14. Tomo II, cap. I; énfasis mío)

(...) viéndola tan emparentada y propia a lo de la Sagrada Escriptura, no puedo dejar de, en alguna manera, persuadirme.

Para probación de lo cual y para que clara y manifiestamente se vea, quiero que se consideren los ritos, las idolatrías y supersticiones que tenían: el ir a sacrificar a los montes, debajo de los árboles sombríos, a las cuevas y cavernas de la tierra obscuras y sombrías; el encender y quemar incienso; el matar sus hijos e hijas y sacrificarlos y ofrecerlos por víctimas a sus dioses; **sacrificar niños, comer carne humana; matar los presos y cautivos de guerra...¡Todo cerimonia judaica de aquellos diez tribus de Israel dichas: todo hecho con las mayores ceremonias y supersticiones que se pueda pensar!**

Y lo que más me fuerza a creer que estos indios son de línea hebrea es la extraña pertinacia que tienen en no desarraigar de sí estas idolatrías y supersticiones, yendo y viniendo a ellos, como se ve de sus antepasados, como dice David en el Salmo 105: que, en viéndose atribulados de Dios, clamaban a Él y perdonábalos con su misericordia; pero luego olvidados se volvían a idolatrar y a sacrificar sus hijos e hijas a los demonios, y derramando la sangre de los inocentes, la ofrecían a los ídolos de Canaán. (18. Tomo II, cap. I; énfasis mío)

La reiteración de la naturaleza hebrea de los indios americanos, así como el "pago de tal ingratitud les promete Dios (...), un azote y castigo rigurosísimo", según Durán, refuerzan los planteamientos proféticos del comentado obispo Betanzos, mediante la recepción en América de una teología profética de la conquista que integra la pregunta por el origen del indio americano en un debate antropológico y teológico del siglo XVI y XVII, sea el caso de autores como el jesuita José de Acosta (*Historia natural y moral de las Indias*, 1590), Gregorio García (*Origen de los indios del Nuevo Mundo e indias Occidentales*, 1607),[70] el franciscano Juan de Torquemada (*Monarquía indiana*, 1615), y Juan de Solórzano

---

[70] Estamos conscientes del nutrido número de autores españoles que han tratado este tema, lo cual sería largo de enumerar aquí. Remitimos al estudio de Jesús María García Añoveros que se registra en la instrucción a la edición crítica de Gregorio García, 19-34.

Pereyra (*Política Indiana*, 1647). No podemos dejar fuera de este registro al rabino portugués Manasseh Ben Israel con *Esperanza de Israel* (1650), en que mediante el relato de Antonio Montezinos discutirá la tesis de las diez tribus, su retorno a la tierra de Moisés y la instauración de un reino mesiánico.

Resulta oportuno interrogarnos sobre el grado de arraigo que esta concepción de un Dios genocida tuvo entre franciscanos y dominicos. Muy particularmente, de qué modo esta concepción profética pudo tensionar las posiciones pastorales de dichas órdenes en América, frente a la legitimación del discurso de la conquista militar. Creemos que en este punto no hay un consenso crítico, ni tampoco sería esperable, a la luz de las divergentes posiciones que hallaríamos entre los integrantes de una misma orden religiosa. Pese a ello, Gliozzi advierte el cambio de significado que introducen los franciscanos en relación con el mito hebreo-indiano:

> El significado de la posición de Mendieta, puesto en relación, de un lado con Acosta, del otro con Roldán y Durán, parece ser aquella de recuperar para ventaja de los franciscanos la tesis judeogenética, de invertir aquel significado anti-misionero que, como se va a ver dentro de poco, había asumido en su circulación entre los conquistadores. Estos cambios de significado se le escapan al historiador americano John Leddy Phelan, el cual ha querido indicar como "fuente real" del "mito hebreo indiano" el "estado de ánimo apocalíptico de la edad del descubrimiento", que lo habrían inducido a creer que "si los indígenas eran en realidad las diez tribus, un tal descubrimiento habría sido la prueba evidente que el mundo estaba próximo a su fin".
>
> El mismo "estado de ánimo apocalíptico" sería después la fuente de las posiciones judeogenéticas de Durán como de los puritanos del Seiscientos: cada específica diferencia histórica viene así a anularse en un "espíritu apocalíptico" que inspiraría actitudes prácticas no sólo diferentes, sino opuestas. (61-62, mi traducción)

El reconocimiento de estos específicos "cambios de significado" en el discurso evangelizador de los franciscanos, acorde con una perspectiva providencial de la historia y contraria a los conquistadores, demuestra la relevancia retórico-argumentativa e interpretativa de este componente, con base en las interpretaciones del Apocalipsis (7:4-9), de que las tribus perdidas reaparecerían el día del Juicio Final. Dicha interpretación de la historia sagrada por el dominico Las Casas o los franciscanos Motolinía, Mendieta o Torquemada, acogería la concepción de retorno a la iglesia primitiva y el esfuerzo de implementación de medidas proteccionistas sobre el indio y sus dominios, reconociéndose, en primer lugar, el problema del origen de las tierras y habitantes del llamado Nuevo Mundo. Como ruptura de paradigma de un origen testamentario de la ecúmene universal, se constituye así un registro de descripciones e interpretaciones que buscaron encontrar el lugar de América y sus habitantes en su grado de identidad o coherencia con el Antiguo Testamento.

Por otro lado, la tesis judeo genética, aclara el destino de destrucción de estas tribus en América, redimidas en un presente de castigo gracias a la conquista española y la lucha contra los infieles. A diferencia del planteamiento de Gliozzi, de que esta tesis sería producida en el medio de los conquistadores, debido a su oposición a las medidas proteccionistas de la corona sobre el indio (prohibición de las encomiendas y libertad del indio), el memorial del dominico Betanzos bien puede matizar este juicio, pero no cancela las implicancias de naturaleza económica, política y teológica que esta tesis habría de instalar en torno al debate sobre la autoridad temporal de la corona en América –que se vería mancillada por el creciente poder de conquistadores y colonos–; y, asimismo, sobre la potestad espiritual y misión del rey en su tarea de protección y evangelización del indio.

En esta perspectiva, la interrogante sobre las posibles discrepancias de dominicos y franciscanos en torno a la tesis judeo genética, nos lleva a considerar un fragmento de la *Carta* de fray Toribio de Benavente al emperador Carlos V:

> [...] De diez años a esta parte [...] falta mucha gente de estos naturales, [...] y esto no lo han causado malos tratamientos, porque ha muchos años que los indios son bien tratados, mirados y defendidos. Mas halo causado muy grandes enfermedades y pestilencias que en esta Nueva España ha habido, y cada día se van apocando estos naturales.
>
> Y no hay aquel descuido ni tiranías, que el de las Casas tantas veces dice, porque, gloria sea a Dios, acá ha habido en lo espiritual mucho cuidado y celo en los predicadores y vigilancia en los confesores, y en los que administran justicia,

obediencia para ejecutar lo que V.M. manda cerca del buen tratamiento y defensión de estos naturales [...].

Cuál sea la causa [destrucción], Dios es el sabidor, porque sus juicios son muchos y a nosotros escondidos. Si la causan los grandes pecados e idolatrías que en esta tierra había, no lo sé. Empero veo que la tierra de promisión que poseían aquellas siete generaciones idólatras, por mandado de Dios fueron destruidas por Josué, y después se pobló de hijos de Israel, en tanta manera, que cuando David contó el pueblo lo halló en diez tribus, de solos varones fuertes de guerra, ochocientos mil; y después, en el tiempo del rey Asá, de los dos tribus, en la batalla que dio Zara al rey de los etíopes, se hallaron quinientos y ochenta mil hombres de guerra. Y fue tan pobladísima aquella tierra, que en sola la ciudad de Jerusalén se lee que había más de ciento y cincuenta mil vecinos; y agora, en todos aquellos reinos, no hay tantos vecinos como solía haber en Jerusalén, ni como la mitad. **La causa de aquella destrucción y la de esta tierra e islas, Dios la sabe**: que cuando más medios y remedios V.M. y los Reyes Católicos, de santa memoria, humanamente han sido posible proveer, lo han proveído. Y no basta ni ha bastado consejo ni poderío humano para lo remediar. Gran cosa es que se hayan salvado muchas ánimas, y cada día se salvan, y se han impedido y estorbado muchos males e idolatrías y homecidios y grandes ofensas de Dios. (18, énfasis mío)

Con un mayor escepticismo frente a esta retórica del desastre y la devastación pecaminosa de estos hijos americanos de las tribus de Israel, Motolinía con su "Dios la sabe" se distancia de tal argumentación para referirse a la causa de los pecados e idolatrías, interpelando más bien a la función del emperador cristiano como un salvador de almas idolátricas, quien gracias a la acción misionera de los franciscanos transforma el discurso de la destrucción en materia de "conversión". Dentro de la misma tradición franciscana fray Juan de Torquemada en su *Monarquía Indiana*, al momento de referirse a los argumentos que confirman la tesis señalada, precisa:

Estas razones referidas hallé en un papel, donde estaban escritas unas cláusulas de Testamento de don fray Bartolomé de las Casas, obispo que fue de Chiapa; y por esto y por ser un mismo lenguaje, el uno que el otro, y el mismo estilo, que en todos sus escritos guardó, me parece que es suya la opinión; y si lo es, digo, que salva su mucha autoridad y sabiduría: **no me persuado a que estos indios sean de aquellos tribus que refiere; porque dado caso que el cuarto Libro de Esdras ande impreso juntamente con los otros Libros Canónicos, no es rescibido de nuestra Madre la Iglesia por tal, aunque le admire,** como a cosa buena: y así es tenido por Apócrifo, e incierto, dudando en si es suyo, o no, y esto declara más Nicolao de Lyra en el tercero, que dicen ser también suyo: pareciéndole que si lo fuera, no refiriera en él lo que tiene dicho en los dos primeros, que están recibidos por Canónicos, y por verdaderamente suyos; y así lo dice en el primer capítulo de aquel Libro: Por lo cual digo, que como hay duda en el libro, la puede aver también, en si hicieron aquellas diez Tribus, que se quedaron en Babilonia, la jornada que allí se refiere. (24. Cap. IX. Libro Primero; énfasis mío)

Torquemada, con su obra síntesis de la historiografía franciscana del siglo XVI, pone énfasis en las lecturas apócrifas de la tradición espiritual europea y americana. De este modo, el *Libro IV de Esdras* podría ser la base argumentativa de una teoría del indio-hebreo en que el aporte medieval del franciscano Nicolás de Lyra (1270-1340), *Comentarios a la Biblia* (*Postillae in Vetis et Novum Testamentum* (Roma, 1471-1472), además de insistir en el sentido literal de la Biblia, añade a las doctrinas de los católicos las fuentes hebraicas.[71] Resta por estudiar esta posible vertiente hebraísta franciscana de la temprana modernidad y su incidencia en las lecturas apócrifas en España y el Nuevo Mundo. Muy especialmente de este, llamado modernamente, "Apocalipsis de Esdras", escrito después del año 70 d.C., que integra en sus siete visiones de Babilonia (después de la destrucción del templo de Jerusalén) claros componentes mesiánicos que complejizan aún más la definición del apocaliptismo franciscano, tanto en su relación con la formación del canon de los libros del Antiguo Testamento y su recepción en América, como en las diferencias que se identificarían en este plano teológico con la orden dominicana.[72]

2.1 Franciscanos y dominicos en Nueva España: Zumárraga y Betanzos

Un segundo aspecto de las divergencias entre franciscanos y dominicos, es la relación entre el obispo de México fray Juan de Zumárraga

---

[71] Para una profundización de estos aspectos, véase los estudios de David Burr (1992) y Deeana Klepper (2007).
[72] Para una ampliación de los apócrifos apocalípticos, incluyendo el Libro Cuatro de Esdras, véanse los comentarios de B. Orchard (302-305) y Siegfried Herdmann (393-409).

y el fundador de la provincia de Santiago de México, el dominico fray Domingo de Betanzos. Sabemos que la práctica de conversión en masa por parte de los franciscanos, como asimismo, la simplificación de las normas litúrgicas del bautismo y su aplicación a los indios, habría de generar claras divergencias con el proceder de los primeros dominicos y, más tarde, los agustinos. La Junta Eclesiástica de 1532 no solo respondió a la demanda de la corona de informes para el conocimiento de la "descripción de las tierras" y de los "memoriales para ser pobladas" –en cuyo contexto ciertamente podríamos inscribir la misma *Relación de Michoacán*–, sino también a estas primeras estrategias de conversión. Este aspecto ha de sumarse a sus divisiones políticas, emanadas de la postura asumida en su relación con la Primera Audiencia (1529-1530), en que los dominicos habrían de manifestarse contra el obispo Zumárraga, atendiendo al número elevado de sus conventos y la mala acogida que solían recibir de los indios cuando iban a tomar posesión de los espacios espirituales que éstos les habían cedido. La carta de fray Andrés de Moguer al Consejo de Indias (1554) en contra de los franciscanos, bien puede reflejar estas discrepancias sobre la ocupación espiritual novohispana.[73] Cabe destacar que la situación de la Primera Audiencia –bajo la presidencia de Nuñez de Guzmán– tempranamente habría de dividir los intereses de la propia orden dominicana, debido a los celos de fray Domingo de Betanzos y el vicario general fray Vicente de Santa María, quien estuvo a cargo de una nueva misión de frailes dominicos que habrían de establecerse en México hacia 1528.

La llegada de Santa María con el título de vicario general parece haber representado una seria dificultad en la misión, pues Betanzos poseía igual jerarquía. Además, desde su llegada, Santa María habría de apoyar la Primera Audiencia y se manifestaría contrario a la acción de Hernán Cortés, el obispo Zumárraga y la orden franciscana en América.[74] En

---

[73] Cit. en Suess 418.
[74] Pese a las diferentes versiones que se reconocen en torno a este episodio de la historia de la Iglesia en América, un hecho que se puede constatar es la expulsión de Betanzos a Guatemala, según lo atestigua una carta de la Segunda Audiencia de 1531. Las ideas de Betanzos, basadas en la observancia estrecha de la vida religiosa, se contraponían a los intereses misionales del vicario general, quien comenzaría a desarrollar su proyecto expansionista en la región central del país (valle de México, Puebla y Morelos).

1528 Santa María habría de quejarse al padre Loayza, cardenal y obispo de Osuna, en los siguientes términos:

> Los religiosos (franciscanos) tienen demasiada influencia sobre los indios; y aunque está bien que el obispo proteja a los dichos indios, nunca vivirá en paz con la Audiencia, si él les sustrae de la autoridad. Los miembros de la Audiencia han siempre tratado bien tanto a los españoles como a los indios, pero ellos se quejan porque no pueden soportar la justicia. Yo admiro la paciencia con la que la Audiencia ha soportado la insolencia de los religiosos franciscanos. Y yo suplico a Vuestra Señoría de decirles que tengan un comportamiento mejor para con nosotros; ellos no nos quieren por que nosotros nos negamos a predicar en el mismo sentido que ellos. Además impiden a los indios que vengan a trabajar a nuestra casa. Lo cual prueba su falta de caridad, porque ellos ya tienen diez o doce en todo el país, y nosotros no tenemos aún una sola.
> (Santa María en Ulloa 108)

La figura del dominico fray Vicente de Santa María y su apoyo al presidente Nuño de Guzmán, cuya codicia bien habría de conocer el último rey tarasco en la *Relación de Michoacán*, contrastaba abiertamente con la crítica postura de los franciscanos. Por otro lado, como lo confirma Fernández Rodríguez, la aplicación de la *Omnímoda* fue también motivo de disensiones entre ellos. Mediante esta bula de Adriano VI (1522) se profundizaron las diferencias doctrinales entre las órdenes, no sólo en relación con la práctica de la conversión, sino también la "[...] jurisdicción de funciones atribuidas a los propios obispos: confirmación, excomunión, absolución, celebración. De matrimonios en ciertos grados cierto; pero, asimismo se les acusaba de intervenir en la jurisdicción civil y criminal" (Fernández Rodríguez 127). Trataríase de un punto importante de la potestad espiritual en la naciente iglesia americana en que la junta de Obispos de 1546, con participación de fray Juan de Zumárraga (Obispo de México), Vasco de Quiroga (Obispo de Michoacán) y de uno de los artífices de la misionología dominicana, fray Bartolomé de las Casas (Obispo de Chiapas), se abocó a temas correspondientes al ministerio pastoral de los obispos.[75]

---

[75] Para la documentación del paso de Las Casas en México, véase Helen-Rand Parish. Cabe destacar que dos años antes de la mencionada junta, la naciente iglesia americana habría de reaccionar a la promulgación de las Leyes Nuevas.

Esta contextualización de los cambios y pautas espirituales en la iglesia novohispana, acoge en este marco de disensiones las figuras de fray Toribio de Benavente y Bartolomé de las Casas, cuyas concepciones teológico-políticas reflejan además el sustantivo aporte de la producción epistolar (cartas) y pastoral (confesionario) a una dividida historia eclesiástica indiana bajo el impacto de las *Leyes Nuevas*.

2.2 Dos predicadores divididos: Las Casas y Motolinía

El registro de las confrontaciones entre fray Bartolomé y fray Toribio de Motolinía ya ha sido materia de un meticuloso trabajo por parte de Isacio Pérez Fernández.[76] A lo menos dos sucesos significativos nos conviene por el momento destacar. El primero tuvo lugar en Tlaxcala, cuando acontece la negativa de Las Casas de bautizar a un indio adulto, suceso que tuvo lugar al regreso de Las Casas desde México a Guatemala, después de la Junta Eclesiástica de 1539. La celebración de esta Junta no es un dato menos relevante, si consideramos que se deliberó sobre el bautismo (individual y multitudinario), lo que, según hemos mencionado, ya era un punto de las diferencias entre las órdenes y del desafío de los franciscanos ante las decisiones de la Junta celebrada en torno a este tema en 1536.

La segunda gran confrontación debe situarse en el año 1545, ya que por ese tiempo Motolinía estuvo como custodio de los franciscanos en Guatemala, a cuyo cargo renunció por desavenencias con los dominicos (Pérez Fernández, *Fray Toribio Motolinía* 200). En este contexto, sobre el que ahondaremos en el siguiente capítulo, la famosa *Carta de Motolinía al Emperador Carlos V,* por un lado, confirmaría el carácter epigonal de la figura de fray Toribio en el contexto de la propia orden franciscana; y, por otro, explicita algunos de los tópicos político-religiosos de su pensamiento en contraposición a la postura lascasiana. A nuestro juicio, tales confrontaciones se textualizarían en el proceso de formación de la cronística franciscana, considerando una amplia red de tipologías textuales —leyes, cartas, relaciones, memoriales, confesionarios, etc.— que exponen

---

[76] Pérez Fernández (1989): 30-45.

Crónicas franciscanas de Nueva España (Siglo XVI)

las tensiones político-espirituales de la naciente ideología colonial en América. No puede obviarse en tal análisis la referencia a uno de los más relevantes cuerpos jurídicos del siglo XVI, las *Leyes Nuevas*, y su incidencia en el contexto de producción de la *Relación de los indios de Nueva España* (1541) de Motolinía.

3. Las *Leyes Nuevas* (1542-1543), la reforma de orden colonial

Bajo el título oficial de *Ordenanzas para la gobernación de las Indias y buen tratamiento y conservación de los indios*, las llamadas *Leyes Nuevas*[77] representan el corolario de uno de los cuerpos jurídicos del siglo XVI, cuyo impacto en el Nuevo Mundo, fielmente puede verse reflejado en las diferencias de Las Casas y Motolinía ya enunciadas. La amplitud temática de este modelo normativo que, entre otros aspectos de relevancia, contiene preceptos que regulan el funcionamiento jurídico indiano, propone la creación de Nuevos Virreinatos y, especialmente, declara la abolición de la esclavitud y del sistema de encomiendas, le han brindado el calificativo de la gran reforma Carolina de las Indias. La base argumentativa de esta promulgación podemos identificarla ya en sus cláusulas iniciales:

> Y porque nuestro principal yntento y voluntad siempre ha sido y es de la conservaçion y agmento de los yndios y que sean ynstruidos y enseñados en las cosas de nuestra sancta feé cathólica y bien tratados como personas libres y vasallos nuestros, como lo son, encargamos y mandamos a los del dicho nuestro consejo tengan siempre muy gran atençion y espeçial cuydado sobre todo de la conseruaçion y buen gobierno y tratamiento de los dichos yndios y de saber como se cumple y executa lo que por nos esta ordenado y se ordenare para la buena gouernacion de las nuestras yndias y administraçion de la justiçia en ellas y de hazer que se guarde cunpla y execute sin que en ello aya rremission falta ni descuydo alguno. (567)[78]

Más allá de los principios jurídicos mediante los cuales se pretendió regular la "conservación, y buen gobierno y tratamiento de los indios", la

---

[77] Conviene precisar que estas *Leyes Nuevas*, son en realidad dos *Ordenanzas Reales* expedidas en Barcelona (20 de Noviembre de 1542) y Valladolid (8 de Julio de 1543), respectivamente.
[78] Todas las citas se harán según la versión de Antonio Muro Orejón.

naturaleza legal de este tipo discursivo presenta elementos de relieve para la comprensión de la pragmática de circulación textual durante el período colonial, especialmente referida a los escritos elaborados por religiosos americanos. Aspecto en el que conviene diferenciar las *Leyes Nuevas* dentro de las formas normativas del derecho indiano y, asimismo, en relación con la categoría de "autor" y "función autor" del discurso jurídico.

3.1 La ordenanza en el marco jurídico del derecho indiano

Dentro de las formas jurídicas del período colonial, según Real Díaz, la estructura diplomática de la ordenanza se ajusta a una finalidad que posee una clara diferenciación en el campo normativo del derecho indiano:

> Las ordenanzas transmiten un negocio jurídico cuyo fin es establecer normas amplias y orgánicas para determinadas instituciones o materias. Decimos normas porque a diferencia de las provisiones que transmiten un precepto de gobernación, éstas establecen una reglamentación, en su momento completa. De aquí que el dispositivo adopte una estructura distinta de las demás provisiones. En realidad las ordenanzas son una suma de órdenes concretas —muchas de ellas ya publicadas y en vigor— que en un momento preciso se reúnen, de una manera conjunta. (223)

La cláusula dispositiva de las ordenanzas incluye en cada uno de sus preceptos concretos, un orden discursivo donde la estructura jurídica evoca en cada capítulo el mandato real, a través de las formas verbales del "ordeno y mando",[79] las que insisten sobre el cumplimiento general de la ley. En el campo del derecho colonial indiano, dicha categoría incluye una variedad de disposiciones, las que eran dictadas para la utilidad pública y con validez general en todo el reino, autoridad que tradicionalmente se expresaba a través de su *vigor* y *fuerza*.[80] En tal sentido, el concepto

---

[79] "Primeramente **ordenamos y mandamos** que los del nuestro consejo de las yndias que rresiden en nuestra corte assi en el juntarse tres oras cada dia a la mañana y demas a las tardes las vezes y por el tiempo que fuere neçesario segun la ocurrençia de los negoçios de aqui adelante lo hagan como y de la manera que hasta aqui se ha fecho" (565, énfasis mío).

[80] "Bajo el nombre genérico de Leyes, se incluyen en el siglo XVI distintos tipos de disposiciones, a las que se designa como Leyes, Pragmáticas, Provisiones, Cédulas, Ordenanzas, Instrucciones, Cartas reales y Declaraciones. La distinción entre unas y otras no siempre aparece clara. Así en

de autoridad –desde el punto de vista de la teoría del derecho colonial– establecía una primera separación con el rango formal de las disposiciones indianas:

> Conviene, sin embargo, tener en cuenta que el rango formal nada tiene que ver con la autoridad –fuerza y vigor– de lo que en las disposiciones se contiene. En este orden, lo que determina su autoridad es la cláusula de promulgación con fuerza de Ley o Pragmática, o como simple disposición de gobernación. Sería equivocado suponer que en el siglo XVI corriesen parejas la autoridad y forma de las leyes, y que, como hoy ocurre, entre las Leyes, Pragmáticas, Provisiones, Cédulas, Cartas, etc., cada tipo de disposición tuviese distinta autoridad y forma, aparte proceder de un órgano legislativo diferente. En el siglo XVI, creo necesario insistir en ello, las leyes proceden siempre del rey, el cual las [sic] da mayor o menor fuerza, según sea su voluntad. Pero si bien es cierto que las Leyes y Pragmáticas se promulgan siempre mediante Provisión, no toda Provisión tiene la fuerza de aquéllas. La mayoría tiene sólo la autoridad de mandatos o disposiciones de gobernación, en lo cual coinciden con las Cédulas, Cartas e Instrucciones. No obstante, las disposiciones da mayor importancia o trascendencia, aun sin que se las dé autoridad de Ley y Pragmática, suelen revestirse con la forma solemne de las Provisiones. (García Gallo 99)

Realizada esta primera distinción entre el rango formal de las disposiciones y la autoridad de las mismas. Su "fuerza" y "vigor", según la terminología de la época, institucionaliza en el marco de la ley su mayor o menor trascendencia normativa de acuerdo a la voluntad del monarca. En última instancia, siendo expresión de la potestad regalista, la vigencia general de *Leyes* y *Pragmáticas*, obligaba durante el siglo XVI a que se les diese la mayor publicidad, lo que se consiguió mediante la impresión. No

---

las llamadas *Leyes Nuevas* de 1542-1543 se dice en el texto que son 'Leyes y Ordenanças', que sean 'guardadas por leyes' , que son una 'Carta y Provisión real'; lo que da la impresión de ser sinónimos Ley, Ordenanza, Carta y Provisión real. Otras veces se identifican Provisión, Carta y Cédula. Otras, Ley, Pragmática, Provisión y Carta. Pero la confusión entre todos estos tipos de leyes es sólo aparente; los juristas de la época los distinguían sin vacilación. En realidad, aquellas denominaciones responden a distintas maneras de considerar los textos legales. Así, atendiendo a su **fuerza** o **autoridad**, estos son Leyes en sentido estricto: Pragmáticas, mandatos u órdenes, Instrucciones o Cartas reales. Por su **contenido**, Ordenanzas, Declaraciones, preceptos casuísticos, sobrecartas, nombramientos, privilegios, mercedes, gracias, etc. Por su **forma de promulgación**, Cartas o Provisiones, Cédulas reales e Instrucciones. Se comprende así, v. gr., que las *Leyes Nuevas* se promulguen por una Carta de Provisión como ordenanzas con fuerza de ley; que por Provisión real se haga un simple nombramiento o se establezca una norma cualquiera; o que por Cédula real indistintamente se dicten órdenes, se comuniquen Instrucciones o incluso se aprueben Ordenanzas". Ver García Gallo 19.

en vano en el caso de las *Leyes Nuevas*, la Ordenanza de 1542, precisa "se hordena mandamos que esta nuestra carta sea ympremida en molde y se embie a todas las nuestras yndias a los rreligiosos que en ellas entienden en la ynstruçion de los dichos yndios a los quales encargamos que alla las hagan traduzir en lengua yndia para que mejor lo entiendan y sepan" (Muro Orejón 19).[81] Sin embargo, la *fuerza* y *vigor* de las leyes, no sólo se cumplía mediante su impresión y difusión, sino de manera concreta con el acatamiento de sus disposiciones, es decir, a través de la *obediencia* y el *cumplimiento*. Conceptos, cuya significación jurídica pretendió resguardar la autoridad, ya que la ley debía ser obedecida —manifestando con ello la sumisión al monarca–, pero muchas veces, no necesariamente había de ser cumplida. Sobre este punto volveremos más adelante.

Nuestra comprensión de la noción de autoridad en el ámbito del discurso jurídico colonial, transita entre la representación histórica del monarca Carlos V —quien como "autor" de las *Leyes Nuevas*, "ordena y manda"–, y la expresión directa de su potestad, mediante la promulgación de un cuerpo reglamentario con "fuerza" y "vigor". Sin embargo, esta ilusión autorial debe ser problematizada, ya que en la política jurídica peninsular la promulgación de las Leyes se generaba de acuerdo a un proceso en el que la inscripción de la voz monárquica, como "autor" de la provisión, no era sino un fenómeno de "legitimación", lo que no debe ser confundido estrictamente con la creación de la misma.[82] En

---

[81] Según Isacio Pérez Fernández, "Sancionadas el 20 de noviembre de 1542 las *Leyes Nuevas* por el emperador, el franciscano fray Jacobo de Tastera, amigo del Padre Las Casas, (…) llega a México hacia agosto de 1542 y adelanta la noticia de la libertad de los indios gracias a las Leyes Nuevas que se están gestando. En abril o mayo de 1543, recibió él, sin duda, como otros frailes, un ejemplar impreso en Marzo (?), destinado a los obispos y frailes. Los frailes, sobre todo, en contacto diario con los indios, recibieron la noticia con alborozo y se la comunicaron a los indios; pero provocó en los seglares encomenderos animosidad contra los frailes. El encomendero de la Nueva España, Jerónimo López, en 1545, describirá así la situación extrema que provocaron las Leyes Nuevas: 'Ha crecido la insolencia de los indios después que los capítulos de las Leyes Nuevas se han publicado y predicado y aclarado en los púlpitos en lugar de doctrina, y ellos los tienen sacados en su lengua; les dicen ser tan libres que, aunque se alcen, V. M. manda no sean esclavos'". Ver Pérez Fernández, *El Derecho hispano indiano* 278. Además del mismo autor "Primera edición desconocida" 399-421.

[82] "[…] hemos mandado juntar personas de todos estados, assi prelados como caualleros y rreligiosos y algunos del nuestro consejo para praticar y tratar las cosas de mas ymportançia de que hemos tenido ynformacion que se devian mandar proueer lo qual maduramente altercado

consecuencia, el cuestionamiento de este principio fuerza nuestra mirada sobre el proceso de institucionalización de esta "voz autorial" al interior del ordenamiento americano, el cual debía ser regulado a través de una estructura jurídica. En tal sentido, cabe hacer presente la significación que para Mario Cesareo, adquiere esta nueva lógica:

> La institucionalidad, como estructura, genera *patrones de conducta y discursos de legitimación y normalización* de la experiencia histórica: La institución es, de esta manera, acción y representación, integradas desde una lógica "orgánica" (una lógica institucional). En tanto ese sentido común se proyecta como capaz de abarcar la totalidad de la experiencia humana, la lógica institucional intenta reducir esa experiencia a los confines de su racionalidad [...] (*Cruzados, mártires y beatos* 4)

En opinión del crítico, dentro de esta problemática, la estructura de los roles supone la mediación de la experiencia individual del sujeto como parte integrada a una totalidad institucional. Dicho mecanismo de tipificación del orden social y de las características grupales asociadas al individuo (etnia, estamento, género sexual, etc.), suponen la construcción de esta otredad americana, es decir, de un sujeto regulado jurídicamente. El diseño de esta lógica institucional, capaz de generar marcos representacionales, si bien requiere ser analizada desde el punto de vista de la articulación letrada que rodea al poder imperial durante el siglo XVI,[83] no es menos complejo su uso, en la medida en que esta noción trasciende la referencialidad histórica del llamado "autor" para constituirse más bien en una "función autor", lo que indudablemente amplifica dicho concepto desde el punto de vista de su probable significación retórico-discursiva en el contexto colonial. En tal sentido, al hablar de la "función autor", trataríase de un principio que en el campo del derecho indiano requiere ser definido teóricamente en su interrelación con otras tipologías discursivas con las cuales coexiste y de sus respectivas estrategias de legitimación argumentativa. Ya hemos mencionado la importancia de

---

y conferido y en presencia de mí el rrey diversas vezes praticado y descutido y finalmente aviendome consultado el parescer de todos me rresolui en mandar proueer y ordenar las cosas que de suyo seran contenidas las quales de mas de las otras ordenanças y prouisiones que en diuersos tiempos hemos mandado hazer segun por ellas paresçera mandamos que sean de aqui adelante guardadas por leyes inviolablemente" (*Leyes Nuevas*, 564-565).

[83] Ver Ángel Rama, cap. II de su libro.

las cartas de Motolinía y Las Casas, pero, al lado de éstas, las "peticiones", "memoriales", incluso las "crónicas eclesiásticas", podían buscar integrar o rectificar este *corpus* jurídico, lo que provee a estas narrativas de un nuevo "marco discursivo" que habrá de problematizar nuestra comprensión de la producción franciscana de mediados del siglo XVI.

Como indicáramos, el esfuerzo de trascender la categoría de "autor" en su dimensión histórico-cultural, plantea la necesidad de reconceptualizarlo en el discurso jurídico como una "función" que determina y articula el universo de los discursos durante el período colonial. A este respecto, Michel Foucault precisa:

> [...] la función autor está vinculada al sistema jurídico e institucional que rodea, determina y articula el universo de los discursos; no se ejerce uniformemente y del mismo modo sobre todos los discursos, en todas las épocas y en todas las formas de civilización; no se define por la atribución espontánea de un discurso a su productor, sino por una serie de operaciones específicas y no complejas; no remite simple y puramente a un individuo real, puede dar lugar simultáneamente a varios egos, a varias posiciones-sujeto que clases diferentes de individuos pueden ocupar. ("Qué es un autor" 343)

Indagar en aquellas operaciones y en las distintas posiciones–sujeto que entran en relación a través de la llamada "función autor", aplicada a las *Leyes Nuevas*, implica reconstruir el proceso de su constitución jurídica, es decir, aquello que se designara como la distancia entre la *actio* y *conscriptio*.

3.2 Las posiciones-sujeto entre la "actio" y "conscriptio"

El carácter dispositivo del documento indiano surge de la relación de dos componentes claves. Entre la *actio*, entendida como el hecho o negocio documentado y la *conscriptio*, su propia puesta por escrito; se reconoce la conformación de un tránsito, es decir, de un proceso de formación textual. En el caso de las *Leyes Nuevas*, se trata de una *actio* que, según Isacio Pérez Fernández, surge en un mar de "tensiones de opinión" en relación con el ente jurídico-geográfico que pretende regular, las Indias Occidentales.[84] Desde esta perspectiva, puede considerarse que los cuerpos de leyes reflejan dos modos contrapuestos de pensar que agrupaban el poder religioso y seglar, tanto en América como en la península:

> De modo que los textos legales, la letra de las leyes, son encarnación de uno u otro de estos «espíritus» o tendencias. El legislador sobre asuntos de Indias legislaba en España; y así no podía menos de estar mediatizado, es decir, de ver la realidad que trataba de ordenar o regular con las leyes a través de las informaciones que llegaban de aquellas lejanas tierras por ambos cauces. Los obispos y religiosos (los dominicos en vanguardia), por condiciones humanitarias hacia los indios, radicadas en último término en las exigencias evangélicas y misionales, se lanzaron a la empresa de hacer valer los principios que reflejaban el espíritu cristiano que había de modular la conducta de los españoles con los indios; principios declarados solemnemente en el texto foral que fue el Testamento de Isabel. Los conquistadores y colonos, por consideraciones de las exigencias de la empresa conquistadora ya iniciada, de las capitulaciones particulares ya pactadas (los conquistadores) y de la defensa de los propios intereses económicos ya adquiridos o en perspectiva (los conquistadores y los colonos), se lanzaron a la empresa de hacer valer la praxis interpretativa de los textos legales concretos que les favorecían o las urgencias de sus propios intereses (morales o inmorales). (Pérez Fernández, "Fray Bartolomé" 404)

Entre las exigencias evangélicas y misionales de los religiosos, y la praxis interpretativa de los textos legales por parte de los conquistadores y encomenderos, el derecho indiano tuvo como notas características, la *casuística*, es decir, se intentaba solucionar el caso concreto y particular, que tenía una extensión a casos parecidos; y la *adaptabilidad*, donde la real cédula nacía de los informes que venían del Nuevo Mundo. De ahí que se comprenda el valor de una ordenanza como las Leyes Nuevas, pues ofrecía una construcción jurídica completa, sobre la base de una reglamentación o suma de órdenes.

---

[84] Según Real Díaz, para la teoría jurídica colonial, el documento indiano "es aquel cuya *actio* está mediata o inmediatamente relacionada con el ente jurídico-geográfico que abarcaba desde los territorios al norte de Nueva España, hasta la Patagonia y desde las islas Filipinas hasta la isla de Trinidad; es decir, las llamadas Indias Occidentales" (7). El crítico define el documento como: "Cualquier testimonio escrito sobre un hecho de naturaleza jurídica, realizado bajo la observancia de ciertas y determinadas formalidades, variables según las circunstancias de lugar, tiempo, materia y persona destinadas a conferir a tal testimonio autoridad y fe, dándole fuerza de prueba" (3).

Cabe insistir en el hecho de que estos diversos grupos traducen una dinámica de producción textual en el que, a juicio de Pérez Fernández, las demandas jurídicas emanaron siempre de parte de los misioneros, mientras conquistadores y colonos reaccionaron, ya sea para anularlas o para obstaculizar su aplicación. Tal rasgo permite aseverar que el discurso jurídico indiano expone las tensiones entre las codificaciones normativas virreinales y los esfuerzos de dominación de los grupos laicos y religiosos en América.

Se trata de una interacción que no sólo puede ser definida como una contraposición de posturas civiles y religiosas, las que intervinieron activamente en la *actio* y *conscriptio* del documento indiano, sino que asimismo –en el caso de las *Leyes Nuevas*–, la "función autor" designa la oposición de posiciones-sujeto que pueden identificarse no sólo a través de las confrontaciones entre Las Casas y Motolinía, sino también de las disputas que se generaron incluso entre las mismas Órdenes en América. Un doble aspecto permite caracterizar este fenómeno hacia la segunda mitad del siglo XVI, por un lado, el creciente proceso de secularización de la estructura religiosa novohispana:

> Las postrimerías del siglo XVI fueron para las tres órdenes religiosas que sembraron las semillas del cristianismo en Nueva España y particularmente para los franciscanos, amargas y llenas de desengaños. A la pérdida de las cándidas ilusiones de los principios, al abandono del triunfalismo de antaño, sucedió la visión lúcida y hasta pesimista de la realidad: los indígenas distaban mucho de ser los cristianos que sus pastores habían soñado. Además, los tiempos heroicos y gloriosos habían pasado para los regulares. Ahora la burocracia civil y eclesiástica aplastaba al nuevo reino y los seculares iban paulatina, aunque decididamente sustituyendo a los mendicantes en el gobierno de la nueva cristiandad. Por otra parte, la orden jesuita, recién llegada a la Nueva España [1572] y acogida universalmente como sola capaz de desempeñar las tareas misioneras y educativas de aquel final de siglo, vino a cuestionar la capacidad de las demás órdenes regulares y ante todo la seráfica, para seguir llevándolas a cabo ahora con la eficiencia y el celo de antaño (Alberro 312-313).[85]

---

[85] Según Solange Behocaray de Alberro, dicho fenómeno habría de repercutir en la definición de estrategias sincréticas por parte de los franciscanos para acrecentar o retener su autoridad moral y religiosa. La búsqueda de nuevos símbolos capaces de catalizar y encauzar la cristiandad americana en las postrimerías del siglo XVI, son el resultado de la "[…] combinación, unión y *superposición* de los elementos prehispánicos y cristianos, con exclusión de los estrictamente

Por otro, también encontramos la criollización de los grupos religiosos en América, que fortalecería los intereses seculares:

> La desconfianza de las órdenes religiosas al criollo no es sólo asunto de observancia regular. Considerando el momento en que aparece, no puede desasociarse de las discusiones que los frailes sostuvieron con los obispos sobre la conveniencia de substituir a los religiosos en las doctrinas de indios por sacerdotes diocesanos criollos. Los obispos preocupados por la escasez de misioneros, y por lo que ellos consideraban, falta de cooperación de los frailes, mantenían que era necesario establecer colegios en donde los criollos se pudieran preparar para el estado sacerdotal. El clero criollo no sólo resolvería el problema de la insuficiencia de sacerdotes, sino que daría más apoyo a la autoridad de los obispos las más de las veces desvanecida por los privilegios papales de que gozaban las órdenes religiosas. (Morales Valerio 670-671)[86]

Sin embargo en el campo misional, desde el renombrado *Sermón* (1511) del dominico Antonio de Montesinos –cuya condena de las encomiendas causaría una de las más airadas reacciones españolas en América–, hasta los esfuerzos del padre Las Casas, de quien no debemos olvidar su función de encomendero en Indias antes de transformarse en predicador dominicano, los intereses religiosos y morales de franciscanos y dominicos se manifestaron en defensa del indio ante un inicuo sistema

---

hispánicos" (317). De esta forma, "[...] fueron los primeros en idear los complejos simbólicos fundamentales de la naciente identidad mexicana, al unir a los antiguos mexica con los de un cristianismo triunfante mediatizado por San Francisco" (319). Dicho aspecto ofrece las posibilidades de una interrogante que más allá de las manifestaciones pictóricas o, posiblemente escultóricas, sobre las que basa su ensayo, podrían generarse otras de índole retórico-discursivo que cabría precisar. Cabe agregar que no menos compleja era la relación entre los mismos franciscanos, cuyas diferencias se reconocieron ya desde tiempos coloniales, sirva como ejemplo la denuncia de Motolinía por fray Bernardino de Sahagún. Ver Baudot, "Fray Toribio" 127-132.

[86] Cabe reparar de manera más acotada que se trataría de religiosos criollizados, cuyo predominio se hace más notable en el último tercio del siglo XVI: "Desde un punto de vista étnico, el criollo en la segunda mitad del siglo XVI forma aún una minoría –importante, si se quiere, pero en fin minoría– en el Personal de la Provincia. Como ya se indicó, también los misioneros llegados de España empiezan a sentirse, y pasan a ser minoría. En realidad el grupo dominante de este período es el de los colonos españoles que toman el hábito en México, mejor conocidos en los documentos de la época como "hijos de la Provincia". Étnicamente son españoles; cultural y socialmente se consideran ellos mismos novohispánicos. Muchas veces, incluso misioneros españoles con largos años de arraigo en la tierra piensan y actúan como si fueran 'hijos de Provincia'. Esto es lo que causa las primeras fricciones entre los frailes del Santo Evangelio" (Morales Valerio 677).

111

colonial.[87] Sin embargo, la brecha entre el cuerpo dispositivo y la práctica evangelizadora o colonizadora, genera diversos modos de pensar, incluso dentro del grupo de obispos y religiosos, en relación con tres grandes temas de la época.

> Pues bien, sobre estos tres grandes temas –las conquistas, la esclavitud y las encomiendas– versaban las discrepancias que había entre los partidarios de que los principios declarados, y por todos ellos admitidos, se llevasen a la práctica en la vida concreta cotidiana. Y el punto preciso que los dividía en dos sub-grupos en el modo de pensar y, consiguientemente, en la actuación a la hora de influir, era el siguiente: si era conforme con el espíritu cristiano, y particularmente con el espíritu de los principios isabelinos, seguir admitiendo en el Nuevo Mundo las conquistas, la esclavitud y las encomiendas, regulándolas en las leyes o, al contrario, ese espíritu y esos principios exigían suprimir tales hechos declarándolos inmorales o ilegales. (Pérez Fernández, *Fray Bartolomé* 407)[88]

Dicha disyuntiva, a nuestro juicio, no sólo implica un seccionamiento histórico en torno a la polémica sobre la conquista, sino que asimismo traduce la (in)compatibilidad de modelos teológicos y políticos operantes en la cultura colonial del siglo XVI. En definitiva, trataríase de universos discursivos que se articulan en el sistema jurídico e institucional para construir y regular la realidad americana en concordancia con sus aspiraciones misionológicas. Con ello pretendemos argumentar de qué modo en el proceso fundacional de la iglesia indiana, el "modelo" evangelizador –pese a su común aspiración de defensa del indio– traduce diversas posiciones pastorales, en la que se confrontan, entre otras, dos

---

[87] La denuncia formulada en la ciudad de Santo Domingo por el dominico Antonio de Montesinos (21 y 28 de diciembre de 1511) contra el trato que los españoles daban a los indios, culminaría con la expedición a España del franciscano Alonso del Espinar, a quien le serían encargadas las futuras *Leyes de Burgos* de 1512. Dichas leyes deben ser consideradas uno de los cuerpos jurídicos que sirvieron de antecedente a las llamadas *Leyes Nuevas* de 1542-1543. Ver Alonso Getino (1945). Además el estudio de Pedro Borges (1988).

[88] El crítico ya ha advertido que esta disyunción entre la teoría y la práctica misionera se impone como uno de los elementos de fraccionamiento al interior de las ideas espirituales en América. Si bien existía una llamada conciencia moral de poner un atajo a los atropellos de los encomenderos, la respuesta de las órdenes, sobre todos dominicos y franciscanos, cabe analizarlas en el marco de una tensión de potestades político-espirituales en América, las que definen distintas posiciones-sujeto.

posturas claramente diferenciadas: la de fray Bartolomé de las Casas y la de fray Toribio de Benavente o Motolinía.[89]

3.3 "Se acata, pero no se cumple", la crisis de las encomiendas

Tal como hemos señalado, las *Leyes Nuevas* son el resultado de una *actio* jurídica en la que se reconocen los trazos de voces cuya participación en la génesis del documento se enmarca en un proceso de institucionalización de la potestad del monarca en América. Según se advierte en el texto de la *Ordenanza*:

> [...] hemos mandado juntar presonas de todos estados assi prelados como cualleros y rreligiosos y algunos del nuestro consejo para praticar y tratar las cosas de mas ymportancia de que hemos tenido ynformacion que se devian mandar prouer lo qual maduramente altercado y conferido y en presencia de mi el rrey diversas vezes praticado y discutido y finalmente aviendome consultado el paresçer de todos me rresolui en mandar prouer y ordenar las cosas que de yuso eran contenidas las quales de mas de las otras ordenanças y prouissiones que en diuersos tiempos hemos mandado hazer segund por ellas paresçera mandamos que sean de aqui adelante guardadas por leyes ynviolablemente. (5; énfasis mío)

La función de estos *intervenientes* debe ser analizada en el contexto de un doble proceso. Por un lado, como consejeros del soberano que

---

[89] Un llamado paradigma *histórico liberacionista*, pretende rastrear, en el último decenio, los trazos de una teología implícita o profética, que fue ahogada por los intereses del poder político y de la reacción eclesiástica durante la colonia. En la formulación de este "paradigma histórico-liberacionista" sigo los planteamientos de Joseph-Ignasi Saranyana, quien señala: "Según el estado actual de la investigación, por tanto, es opinión unánime que la evangelización mesoamericana fue realmente eficaz en sus primeros años. Como acabo de resumir, algunos historiadores han buscado las causas de tal fecundidad en ciertos planteamientos utópico-políticos, de naturaleza más o menos teocrática, en lugar de reconocer sencillamente una especial providencia divina sobre América. Y, aunque tales interpretaciones hayan tenido una extraordinaria acogida en la manualística, comienza a cundir la sospecha de que están poco fundadas científicamente. Desde otra perspectiva doctrinal se postula que aquella evangelización fue tan rápida, pues habría asumido unos planteamientos misionológicos 'liberacionistas'. Por consiguiente, si se pretende una nueva evangelización del Continente americano –se dice– será preciso volver nuestra mirada a esa teología 'implícita' o 'profética'" (Ignasi Saranyana, "Las Casas y Motolinía" 57-58).

participan conjuntamente con él en la expedición de la *actio*,[90] cuyo reflejo es el documento mismo; y, por otra, mediante la institucionalización de esta intervención, actuación concreta y personal, que está en la base de la constitución de organismos consultivos y de carácter público (Cabildo, Audiencia, Consejo). Sin embargo, en este proceso, la *conscriptio* ha procedido a silenciar los protagonistas letrados, que probablemente expusieron sus demandas en forma documental mediante la *petitio* o el *memorial*.[91] Pese a esto, la identificación de estas voces intermediarias –que complejizan aún más la función autor–, aún son posibles de identificar en el contexto de los informes y relaciones llegados a la corona, que han formado un capítulo relevante de la historiografía jurídica colonial, sobre todo en torno al influjo lascasiano en la promulgación de estas *Leyes Nuevas*.

La labor de fray Bartolomé de Las Casas como promotor de las *Leyes Nuevas*, ya ha sido ampliamente documentada, entre otros, por los trabajos de Silvio Zavala e Isacio Fernández.[92] Tanto las relaciones, memoriales,

---

[90] Ver Real Díaz, 84. En esta línea, otros ejemplos de intervención en las *Ordenanzas*, serían: "**Porque nos ha sido fecha rrelaçión** que de la pesquería de las perlas averse hecho sin la buena orden que convenia se an seguido muertes de muchos indios y negros mandamos que ningun yndio sea llevado a la dicha pesqueria contra su voluntad" so pena de muerte [...]". (573) / "**Y Porque somos ynformados** que oras personas avnque tengan título los rrepartimientos que se les han dado son en exçessiba cantidad mandamos que las abdiençias cada qual en su jurisdiçion se ynformen muy bien desto y con toda breuedad y les rreduzgan los tales rrepatimientos a las personas [...]" (574, énfasis mío).

[91] "En términos del derecho indiano, el hecho jurídico que posteriormente adoptará forma documental, puede surgir por petición o súplica de la parte interesada o sin que medie petición alguna, es decir, espontáneamente como un acto de la administración, de la autoridad en el desempeño de su triple actividad judicial, legislativa o ejecutiva. Una costumbre incorporada a los usos burocráticos cuando el documento indiano irrumpe en el campo del documento español, era denominar este tipo documental: *petición y memorial*. Sin que se encuentre una clara delimitación de estos conceptos, el "memorial" era el papel o escrito en que se pide alguna merced o gracia, alegando los méritos o motivos en que se funda su razón y "petición" es el escrito con que se pide jurídicamente ante el juez". Ver Real Díaz 74 y ss. Cabe destacar, que las informaciones de religiosos sobre la situación de las colonias americanas, ya tiene sus precedentes en el *Memorial* leído por Montesinos ante el rey Fernando V, que determinaría la convocatoria a una junta para estudiar las denuncias sobre las encomiendas en América, origen de las *Leyes de Burgos* de 1512. Tales Leyes "viejas" sólo habrían de suavizar este régimen, pero no decretaron su abolición, lo que sería causa de las querellas lascasianas que fructificaron en las *Leyes Nuevas*.

[92] Pérez Fernández (2001). Además véanse los trabajos de Silvio Zavala (1971 y 1973).

cartas, de obispos y frailes, como de conquistadores y encomenderos, así como despachos reales anteriores (leyes, ordenanzas, provisiones, cédulas) constituyen el material en que se apoyó Las Casas para la promoción de este cuerpo jurídico. El contenido utópico de su *Memorial de Remedios* (1542) que presentara al Emperador, refiriéndose a las disposiciones legales dadas hasta entonces para resolver los problemas de las Indias, ciertamente puede considerarse una piedra miliar en el desarrollo de la *actio* de reforma, que buscó finalmente su concreción en determinadas fórmulas jurídico-literarias, es decir, su *conscriptio*.[93] Sin embargo, la revisión de estas categorías precisa de una contextualización más específica que nos permita teorizar sobre su tensión con el pensamiento de fray Toribio de Benavente o Motolinía.

Las desaveniencias de Bartolomé de Las Casas con el franciscano Motolinía, registran como uno de sus momentos álgidos septiembre de 1543. Isacio Pérez Fernández ha atendido a la doble causal de este episodio, pues el motivo de este enfrentamiento fue múltiple: la promulgación de las *Leyes Nuevas*, el haber sido vetada su presentación para obispo y el haber sido nombrado obispo el Padre Las Casas. Creo que no es un suceso menor la plausible hipótesis de Fernández, pues en vísperas de sancionar las *Leyes Nuevas*, una comisión habría de confeccionar una lista de personas episcopables para diversas diócesis del Nuevo Mundo. Las Casas, en aquel momento en la Corte, y no obstante figurar Motolinía en la lista además de otros franciscanos, no fue presentado por el Emperador al Papa. La pregunta es por qué. Si no renunciaron a esta investidura por un acto de humildad, se plantea la hipótesis de una directa intervención del Padre Las Casas en el seno de las disposiciones del Consejo de Indias y ante el Emperador. La oposición al nombramiento de un franciscano como Motolinía, podría considerarse una oposición a la línea pastoral que estos poseían:

> No se olvide que Motolinía con otros franciscanos actuó en 1539 contra las disposiciones de la Junta de obispos de México sobre el bautismo de los indios. No se olvide que, en la segunda mitad de marzo de 1541, el Padre Las Casas elevó una súplica al Consejo de Indias sobre que se prohibiese bautizar a los

---
[93] Las Casas, *Obras Completas*, vol. XIII, 115-131.

indios y negros de las Indias sin el suficiente catecumenado previo [...](Pérez Fernández, *Fray Toribio Motolinía* 38).[94]

El asunto de la catequesis pre-bautismal era para el Padre Las Casas un tema muy concreto dentro de sus desaveniencias con los franciscanos, sea aplicable a los obispos como a los frailes mendicantes. Más todavía si se considera su activo rol en el cumplimiento de las *Leyes Nuevas*:

> Además, y sobre todo, a tales nuevos obispos les tocaba ser los ejecutores, en sus propias diócesis, de las Leyes Nuevas que iban a ser promulgadas. ¿Qué confianza podría encontrar en ellos el Padre Las Casas en este punto capital? Dados los antecedentes de que disponía, prevería que claudicarían ante la inevitable presión fortísima, extrema, a que se verían sometidos por conquistadores, encomenderos y mercaderes; a parte los que, como Motolinía, eran de su cuerda (Fernández 39).

Para Fernández puede darse como un hecho el que Motolinía formó parte de la nómina para obispo en octubre de 1542. De todos modos, su enfrentamiento con Las Casas, debido al mencionado veto, tuvo lugar un año después, cuando ya se encontraba en conocimiento de tal hecho y además de que en ese mismo nombramiento, en que se eliminó la nómina de Franciscanos, se lo designa a éste como Obispo de Chiapas. Si hemos de aceptar estas conjeturas –recordemos trece años antes de la célebre carta de denuncia de Motolinía al Emperador (1555)–, el tratamiento de esta polémica nos muestra el probable trasfondo de un enfrentamiento de perspectivas evangelizadoras que, como en Las Casas, habrían buscado imponerse en América no sólo por medio de su función como promotor o "interveniente" directo en las *Leyes Nuevas*, sino también como ejecutor. Por ahora, no es nuestra tarea insistir sobre los pormenores de esta polémica historiográfica, sino más bien advertir sus finalidades:

---

[94] En Febrero de 1543, suplicó también el Padre Las Casas que, como el Parecer o Relación de [Francisco de] Vitoria "'[...] está en el Consejo de Indias sin haberse enviado donde pudiera aprovechar..., sea servido de la mandar publicar por todas aquellas partes, especialmente enviarla a los obispos, encargándoles que tengan cuidado de hacer cada uno en sus diócesis que todos los que bautizaren se rijan por ella y no consientan a ninguno bautizar, como solían, indiferentemente. Y a los religiosos, asimismo, Vuestra Majestad mande que no hagan otra cosa'" (Pérez Fernández, *Fray Toribio Motolinía* 38).

Lo que pretendió el padre Las Casas con esta intervención decidida fue, repito, terminar de una vez con la ineficacia y la veleidad de la legislación, que se obedecía, pero no se cumplía y que blandeaba a merced de las peticiones o súplicas que llegaban de las Indias; de manera que dada una orden, posteriormente llegaba una contraorden; despachada una Real Provisión general, ante la reclamación posterior era despachada otra que la revocaba, o una Real Cédula que daba licencia para actuar contra tal Real Provisión. De manera que no había ni eficacia ni estabilidad legal, o cada región se atenía a su propia legislación recibida, contradictoria quizá de la región vecina.

Pero además como el asunto del indio andaba por medio, lo que pretendió el padre Las Casas fue la promulgación de unas Leyes generales que pusiesen a los indios en su lugar, en el lugar jurídico que les pertenecía, como personas y "como vasallos libres que son" de los reyes de España, según los mismos reyes declaraban ser. (Pérez Fernández, *El Derecho hispano indiano* 260)

¿Por tanto, cómo habría de entenderse esta aparente contradicción entre *obedecer* la ley, pero no *cumplirla* y qué lugar le correspondía a la potestad monárquica ante un eventual incumplimiento de la misma? Estas interrogantes precisan de una respuesta a la luz de las prácticas jurídicas y retórico-discursivas del siglo XVI. No en vano, en el proceso de formación del derecho indiano se buscó resguardar el cuestionamiento de la noción de autoridad real. Así entre la *obediencia* y el *cumplimiento* de la ley, la significación jurídica de ambas categorías en la política indiana, establecía una rigurosa delimitación de sus esferas semánticas y pragmáticas:

La decisión de las cortes de Burgos y de las de Briviesca a este respecto, trató de resolver la cuestión, dejando a salvo la autoridad de la ley y evitando al mismo tiempo la injusticia que nacería de su aplicación. De ahí la necesidad de obedecer y acatar la ley, como expresión de la autoridad del monarca; pero también, para salvar la conducta de quienes dejaban de cumplir la ley, mostrando con su obediencia que no procedían al hacerlo como rebeldes. El no cumplimiento, era en realidad una suspensión de la aplicación de la ley, hasta que el monarca, informado del hecho, resolviese en definitiva. La obediencia y el no cumplimiento subsiguiente de la Ley, no era, pues, una coruptela que diese aparente legalidad a una situación anárquica de hecho, caracterizada por el desprecio de las disposiciones del monarca y el «espíritu de soberbia» de los súbditos, constituía un verdadero recurso por vicio intrínseco de legitimidad y como tal regulado por las leyes castellanas. (García Gallo 48)

En Indias este sistema hubo de tener un amplio campo donde aplicarse, tanto por el desconocimiento de la realidad, o bien por informaciones erróneas o tendenciosas, esto daba lugar a que, no pocas veces, los conflictos de intereses hicieran parecer estas disposiciones como injustas y perturbadoras. Sea este el caso de las *Leyes Nuevas*, que en 1544, en lo referente a la abolición de las encomiendas de indios mediante su Ley 30, señala:

> Otrossi hordenamos y mandamos que de aqui adelante ningund visorrey gouernador abdiençia descubridos ni otra persona alguna no pueda encomendar yndios por nueva prouission ni por rrenunçiaçion ni donaçion venta ni otra cualquiera forma modo ni por vacaçion ni herençia sino que muriendo la persona que touiere los dichos yndios sean puestos en nuestra rreal corona y las abdiençias tengan cargo de se ynformar luego particularmente de la persona que murio y de la calidad della y sus meritos y seruiçios y de como trato los dichos yndios que tenia[...](575).[95]

Como sabemos, esta ley que regulaba el carácter hereditario de la encomienda habría de ser suspendida para evitar mayores males. La oposición frontal de los encomenderos, a quienes tocaba cumplirlas, como asimismo la acción de procuradores y frailes –franciscanos y dominicos– influiría en la decisión revocatoria a que se llegará finalmente en 1545. A través de dicha oposición americana, debemos aclarar, no se cuestionaba la obediencia a la autoridad, sino el cumplimiento de la ley. Pese a ello, hay que enfatizar el interés de Las Casas por que los indios y sus bienes "sean puestos en nuestra real corona" (*Leyes Nuevas* 575). Hay aquí un elemento de gran importancia que cabe poner en relación con la concepción monárquica que se plantearía en los escritos posteriores de Las Casas y que afectaría el derecho de jurisdicción vigente en América:

> Al suprimirse la encomienda, el derecho de jurisdicción de los indios pasaba directamente al Rey. Por eso, los gobernadores y eclesiásticos de Nueva España, pensando en el asentamiento de los españoles, en la economía, en la pacificación de los pueblos indígenas (recordemos la belicosidad y el levantamiento de los indios de Jalisco el año 1541), en su evangelización y en el surgimiento de nuevas vocaciones consagradas en aquellas tierras, juzgaron conveniente el mantenimiento de las encomiendas mitigadas, y tampoco abandonaron por

---

[95] En 1545 la *Real Provisión de Malinas*, no sólo suspende parte de la Ley 30, sino que la revoca.

entonces totalmente los esclavos. En cambio, Las Casas, dominado por su idealismo utópico, buscaba su supresión, favoreciendo así, indirectamente, no a los indios, sino al establecimiento de un régimen colonial en las Indias. (Fernández 205-206)

La problemática originada en Nueva España con la aplicación de las *Leyes Nuevas*, en la medida que afectaba la autonomía del virreinato y se inclinaba a favor de una centralización metropolitana, corría el eventual riesgo de iniciar un régimen de ocupación en que pueblos y encomiendas se colocaban directamente bajo la corona y sus funcionarios. El afán desmedido de riqueza, la pérdida de los logros alcanzados por la conversión y el eventual abandono de los españoles de las tierras americanas, habrían de configurar un panorama alarmante para españoles y religiosos.

Nos interesa, para efectos de esta lectura, considerar este cuerpo normativo no sólo como principio de regulación de las prácticas políticas, religiosas y económico-administrativas en América, sino también reparar en las probables interpretaciones o efectos derivados de su recepción y posterior incumplimiento. Bien sabemos que sus consecuencias en el orden jurídico colonial fueron diversas. La abolición de las encomiendas y consiguiente protección del indígena, permiten comprender que estas leyes lascasianas no sólo ejemplifican el alcance de uno de estos "bandos", como lo ha llamado Pérez Fernández, sino también el esfuerzo por "ajustar" la distancia existente entre la norma sancionada en Europa y su aplicación a una realidad desconocida. Las modificaciones posteriores sufridas por las *Leyes Nuevas*, que habrían de finalizar con la revocación de la debatida abolición de las encomiendas, plantea una de las modalidades de interacción entre el poder metropolitano y los grupos religiosos (especialmente franciscanos) y laicos en América, quienes veían peligrar sus intereses. En tal sentido, debemos nuevamente insistir, el incumplimiento de la ley, surge como hecho jurídico mediante la interpretación de la misma por los grupos americanos, quienes demandaban una modificación de la norma por parte de la corona, lo que lógicamente implicaba su dilación e incumplimiento.[96]

---

[96] Ver Pérez Fernández, *El Derecho hispano indiano* 294-301. Las recriminaciones que Montesinos formulara a los colonos americanos en su prédica fue tomada hipócritamente como "una

El carácter polémico de estas leyes lascasianas, obligaron a una nueva *declaración*, es decir, a su respectiva aclaración o interpretación, según el uso jurídico colonial.[97] De tal forma que la corrección de la letra se da en el contexto de una tensión de intereses que, asimismo, traduce las esferas de influencias que tuvieron el poder religioso y civil en América para conseguir la derogación de las *Leyes Nuevas* mediante oficios, memoriales o cartas que interpelaron al poder metropolitano. En este marco (contra) discursivo surge la hipótesis de considerar nuevamente la retórica forense de la crónica franciscana, como es el caso de la *Relación de los Indios*, y la *Carta al Emperador* de fray Diego de Benavente o Motolinía que analizaremos en el siguiente capítulo.

---

doctrina nueva nunca oída". Según comenta Pedro Borges, en la *Apologética*, Las Casas se observa que para los intereses de los encomenderos, ésta "era la negación del derecho del rey a conceder encomiendas, el cual se basaba en su señorío sobre las Indias. Con ello, lo que en los extractos lascasianos no pasa de ser un pasaje más, en la interpretación de los colonos adquiere una importancia trascendental. Y con razón, porque la negación de ese derecho real era mucho más grave que la simple denuncia de la existencia de los abusos. Lo que no dice Las Casas (tal vez porque esta tesis contrariaba a la suya propia) es que otros encomenderos interpretaron a Montesinos en el sentido de que no sólo negaba el derecho del rey de España a conceder encomiendas, sino también el derecho a poseer las Indias" (768-769).

[97] Cuando una ley dice que *declara* o hace *declaración* de algo, lo que quiere indicar es que manifiesta, expresa o determina cuáles son las normas que han de aplicarse en aquel caso; y en este sentido, la mayor parte de las disposiciones constituyen declaraciones. Pero especialmente se aplica esta designación a aquellas leyes que vienen a establecer normas en cuestiones controvertidas o a poner fin a una situación legal confusa, lo que les da cierto carácter de interpretación, de tal forma, que *declaración* viene a considerarse también, en un sentido estricto, como aclaración o interpretación de leyes anteriores, o incluso como verdadera notificación de las mismas; reservándose la expresión de revocación, para aquellos casos en que se priva de todo valor a una ley anterior, como si no hubiese sido dictada. Ver García Gallo 65-67.

Capítulo IV

Entre la voz narrativa y la autoridad jurídica: cruces de la enunciación en la Relación de los indios de la Nueva España *(1541) y* Carta al Emperador *(1555)*

1. Introducción

La figura y obra de fray Diego de Benavente o "Motolinía" representa uno de los puntos claves para la investigación del proceso de evangelización desarrollado en América durante el siglo XVI. Dentro de su producción historiográfica, la llamada originalmente *Relación de los indios de la Nueva España* (1541), ha sido considerada una de las primeras fuentes para el conocimiento de la cultura náhuatl y la fundación de la iglesia indiana. Cabe agregar que la recepción de esta obra puede ser sistematizada a través de dos coordenadas, cuyas perspectivas han puesto de relieve los diversos componentes ideológicos de su configuración textual. Por un lado, la vida y obra de Motolinía día a día acumula voluminosos resúmenes biográficos o reediciones de sus textos, que en sí representan un intento de comprensión del ámbito de producción y recepción de la obra de una de las figuras fundacionales de la evangelización novohispana. En esta línea cabría apuntar a estudiosos como Borgia Steck, Fidel de Lejarza, Joaquín García Icazbalceta, Edmundo O'Gorman, Georges Baudot y tantos otros, cuya erudición se sitúa de manera prominente como parámetro de una reflexión histórico-biográfica y filológica. Por otro lado, identificamos los renovadores planteamientos de Lino Gómez Canedo, Isacio Pérez Fernández o Joseph-Ignasi Saranyana, entre otros, cuyas contribuciones han acentuado la identificación de un modelo teológico-evangelizador, que presupone una comprensión providencialista de la historia americana.

Tal como hemos abordado en torno a la problemática del nahuatlato-traductor en la *Relación de Michoacán*, la crónica espiritual novohispana se inscribe en un proceso de formación textual en que la naturaleza retórico-argumentativa del relato y el discurso jurídico indiano presentan una estrecha vinculación, generando modelos de representación del discurso franciscano que se presentaría en tensión con la política civil e, incluso, clerical de los frailes. En tal perspectiva, la obra de fray Toribio, presentaría una función "contradiscursiva" frente al proceso de institucionalización de ciertas prácticas de evangelización y del discurso jurídico indiano del siglo XVI. Tales aspectos nos llevan a considerar que la *Relación de los indios de Motolinía* se inscribe en una pragmática de circulación textual que merece una renovada lectura crítica, tendiente a enfatizar sus filiaciones retórico-discursivas e ideológicas. Una de ellas, la que consideraremos como principio estructural del presente capítulo, alude a su carácter de "respuesta" frente a la promulgación de las *Leyes Nuevas*.

En términos de Edmundo O'Gorman:

> Digamos simplemente que en la *Historia* tenemos, en la forma del relato histórico, los fundamentos de hecho y la exposición de motivos del alegato contenido en el memorial de los franciscanos, y es que –y en ello estriba el cimiento de nuestra hipótesis– ambos textos tienen como común condición de posibilidad el propósito de conjurar un mismo peligro, el de la ejecución de las *Leyes Nuevas* que amenazaba con la ruina y desolación de cuanto se había logrado establecer en la Nueva España como una organización social sui generis, en respuesta a unas circunstancias geográficas, antropológicas e históricas muy distintas de las que primaban en la vieja España. (*La incógnita* 51)

Con ello la *Relación* se enmarcaría en un proceso comunicativo con el discurso jurídico-eclesiástico del siglo XVI. El énfasis interpretativo en el proyecto utópico milenarista de Motolinía, a nuestro juicio, ha obliterado las trazas de sus estrategias retórico-discursivas frente a la institucionalización del orden colonial que impone el cuerpo jurídico lascasiano, especialmente, en torno a dos candentes temas: las encomiendas y la esclavitud del indio. Dichos aspectos, dentro de otros, cabe considerarlos como variantes de las posiciones con que franciscanos y dominicos enfrentaron la acción de conquistadores, colonos y encomenderos en las Indias.

2. El pacto de la *intercessio* en la dedicatoria al conde Benavente

Bajo el título de *Relación de los ritos antiguos, idolatrías y sacrificios de los indios de la Nueva España, y de la maravillosa conversión que Dios en ellos ha obrado*[98] la obra de fray Toribio de Benavente ha sido materia de las más diversas aproximaciones bio-bibliográficas, tanto por historiadores europeos como americanos. Sus conclusiones al respecto ya son conocidas, especialmente en torno al probable origen y contenido de la *Relación*, sus vínculos con los *Memoriales*[99] y la existencia de una obra perdida, lo que ha llevado a poner en discusión el valor fragmentario del texto e, incluso, su probable atribución al franciscano.

Uno de los componentes textuales de importancia es la dedicatoria de la *Relación* al "ilustrísimo señor Don Antonio Pimentel, sexto conde de Benavente". El funcionamiento epidíctico de esta introducción, tal como ha expuesto Linda Báez-Rubí, pretende desplegar el principio de continuidad de ciertos modelos de comportamiento de la familia de Benavente,[100] la que durante generaciones fue protectora de los religiosos franciscanos:

> [...] creo yo que vuestra señoría, como cuerdo y leal siervo de Jesucristo, se gozará en saber y oír la salvación y remedio de los convertidos en este nuevo mundo, que ahora la Nueva España se llama, adonde por la gracia y voluntad de Dios cada día tantas y tan grandes y ricas tierras (se descubren), adonde Nuestro Señor Jesucristo es nuevamente conocido, y su santo nombre y fe ensalzado y glorificado, cuya toda es toda la bondad y virtud que en vuestra señoría y en todos los virtuosos príncipes de la tierra resplandece; de lo cual no es menos

---

[98] La necesaria precisión sobre este punto ya ha sido enunciada por Edmundo O'Gorman a partir de la confrontación de los manuscritos existentes de esta fuente franciscana y de las diversas denominaciones encontradas: "De la descripción de los MSS (...) el lector habrá advertido que el título 'Historia de los indios de la Nueva España' con que se conoce la obra no se encuentra en ellos. Tal designación fue acuñada por Robertson; adoptada por Clavijero y sancionada por García Icazbalceta, no porque la creyeran auténtica, sino por compendiosa, y establecida así tan autorizada tradición no parece aconsejable apartarse de ella" ("Estudio crítico XLI). Según el crítico, el título original de la obra, aparecería consignado en la epístola a don Antonio de Pimentel como: *Relación de los Ritos antiguos, idolatrías y sacrificios de los indios de la Nueva España, y de la maravillosa conversión que Dios en ellos ha obrado*. Para efectos de nuestro trabajo, mantenemos esta denominación, pese al uso de *Historia* como primer título en la edición de 1969 que empleamos.

[99] Todas las citas correspondientes a la *Relación* de Motolinía pertenecen a la edición de 1969.

[100] Según nos comenta Linda Báez-Rubí, de los pocos datos que poseemos sobre Motolinía, perteneció al convento de San Francisco de Benavente, por lo que sus protectores debieron haber sido los señores aquí mencionados. En la *Crónica de la Provincia Franciscana de Santiago*, se reitera la importancia de esta familia y su vínculo con el convento español de San Francisco y Santa Clara.

> dotado vuestra señoría que lo fueron todos sus antepasados, mayormente vuestro ínclito y verdadero padre don Alonso Pimentel, conde quinto de Benavente, de buena y gloriosa memoria, cuyas pisadas vuestra señoría en su mocedad bien imita, mostrando ser no menos generoso que católico señor de la muy afamada casa y excelente dictado de Benavente, por lo cual debemos todos sus siervos y capellanes estudiar y trabajar de servir y reagradecer las mercedes recibidas […] (Motolinia, *Relación de los indios* 1)

La cita precedente reclama una continuidad genealógica que pretende pactar un compromiso que asegure la extensión del proyecto de conversión religiosa en América. Cabe señalar que la figura histórica de los señores de Benavente, como asimismo del apoyo que estos dieron a la propagación de la educación religiosa franciscana en España, ya había quedado registrada en la *Crónica de la Provincia Franciscana de Santiago*.[101] La *Relación* apelaría a la traslación de un "comportamiento católico" y "defensa del cristianismo", así como su "perpetuidad" que se hace posible a través de la genealogía, gracias a la imagen del rey imperio y la filiación de los condes señoríos (Báez-Rubí 13).

En tal sentido, la representación del auto de la *Conquista de Jerusalén* –descrito por Motolinía en su *Relación* a propósito de las fiestas de *Corpus Christi* y San Juan– es un aspecto relevante por dos motivos. En primer lugar, nos permite reconocer la trascendencia histórica de la figura de Don Antonio de Pimentel y, en segundo lugar, esta alegoría dramática escenificada en Tlaxcala hacia 1538, habría de promocionar la lucha contra los moros como recreación de una batalla espiritual de tipo universal, de la que no estaría exenta la emergente cristiandad novohispana. De esta forma, el protagonismo del conde de Pimentel –quien en esta pieza dramática conduce las tropas del reino de Castilla y de León– se suma a la de Don Antonio de Mendoza y su ejército de indios tlaxcaltecas, huaxtecas, mixtecas, zempoaltecas, culiuaques, además de tarascos y cuahtemaltecas. Completa la escena la figura del Carlos V, quien finalmente acaba por restaurar el orden cristiano gracias a la intervención divina del Arcángel San Miguel.[102]

---

[101] Ver Manuel de Castro (1971).
[102] Ver Cap. 15. "De las fiestas de Corpus Christi y San Juan que se celebraron en Tlaxcala en el año

Crónicas franciscanas de Nueva España (Siglo XVI)

La identificación de estos rasgos (continuidad y defensa del proyecto de conversión), a mi modo de entender, confirman no sólo la trascendencia histórica del personaje, sino además plantean una interrogante en torno a la finalidad narrativa de la epístola. El acto de escritura en esta *Relación*, que es muestra del "servicio que a vuestra señoría presento", por un lado, se justifica como don de gratitud, lo que refuerza la transmisión y filiación de este acto no sólo como una respuesta inmediata a Don Antonio de Pimentel, sino también a la casa de Benavente. Pero, por otro lado, la escritura como respuesta a la continuidad de una tradición, es también requerimiento y solicitud para que "le mande examinar en el primer capítulo que en esa su villa de Benavente se celebrare, pues en él se ayuntan personas asaz doctísimas" (8-9). Dicha afirmación contenida al final de la misiva, confirma la perentoria doble finalidad del texto: don y apelación al cuerpo letrado español, a fin de conseguir su probable intermediación en la discusión de medidas con urgente formulación histórica.[103] Esto vendría a reforzar la significación retórico-argumentativa de la obra, en la medida en que su "examen" tendría por finalidad el producir un testimonio favorable para la acción franciscana realizada en Nueva España. De esta forma, la conceptualización de su doble destinatario implícito (el conde de Benavente y el cuerpo letrado español), se define, en primer lugar, históricamente, como garante de la continuidad del proyecto evangelizador franciscano; y, en segundo lugar, discursivamente, mediante la actualización del rol jurídico de la *intercessio*.[104] Dicho de otra manera,

---

de 1538", 61-74. Para un análisis del teatro evangelizador como recurso de instrucción religiosa entre los indios novohispanos, véase María Sten (2000).

[103] Sobre esta finalidad, señala Edmundo O'Gorman: "No sabemos a qué obedeció esa urgencia [escritura de la *Relación*] pero puede conjeturarse que no le fue ajena la campaña que, desde 1539, se había desatado contra las prácticas empleadas por los franciscanos en la evangelización de los indios, y más específicamente las resoluciones que sobre el particular tomó la Junta eclesiástica celebrada por los obispos en México en 1539, con motivo de la aplicación de la bula *Altitudo divini consilii*, y cuya aprobación urgían los obispos hacia noviembre de 1540[...]. Y quizá no sea mera coincidencia que en ese año los franciscanos de México perdieron dos apoyos con la ausencia de Hernán Cortés y con la muerte de fray Francisco de los Angeles, cardenal de Santa Cruz, el inspirador y organizador de la misión de 'los doce'" (Ver O'Gorman, "Estudio crítico" Nota 14).

[104] Definida como "[...] el acto por el cual una tercera persona, generalmente cualificada, influye en la autoridad pública, para que de ésta surja el hecho jurídico solicitado por el peticionario. La *intercessio* es en definitiva una recomendación [...]. Casi siempre los intercesores son individuos de la familia real, altos dignatarios de la Corte, funcionarios de la Administración, parientes

la *Relación* de fray Toribio de Benavente se inscribe en los cauces de una solicitud, lo que permite definirla como una *petitio* en clave narrativa, que busca su validación frente al orden virreinal, gracias a la intervención de una tercera persona, generalmente correspondiente a individuos vinculados a la casa real o dignatarios de la corte. Dichos aspectos, a mi juicio, plantean las coordenadas para una reconceptualización narrativa, especialmente, desde el punto de vista de las redes textuales de orden jurídico ya analizadas en el capítulo anterior, pero, asimismo, sobre los criterios de veridicción narrativa y las fuentes de autoridad que la *Relación* convoca.

La función proemial de la epístola al Conde de Benavente, también entrega importantes informaciones sobre la práctica historiográfica que permitió la elaboración de la obra. La metodología franciscana que indaga en los registros de la memoria indígena, se integra en un marco enunciativo cuya perspectiva apunta a demostrar la extirpación de las creencias paganas y el proceso fundacional de la iglesia, en el contexto de las transformaciones de una cultura pre y pos hispánica. En la versión original de la carta se hará un breve distinción entre la intención edificante de lo que se califica como la "historia de Dios" y la inserción de un registro de las tradiciones y costumbres de los pueblos nahuas. Esta última, por ser propia de la "historia de los hombres" aparecería a primera vista como una digresión, pero fundamenta su inclusión en el "interés de los señores y príncipes por los secretos de este Nuevo Mundo". El conocimiento adquirido a través de los "caracteres" y "figuras" contenidos en los cinco libros que refieren el origen de los habitantes de Anahuac, permite caracterizar las tres "generaciones" –concepto introducido en *Memoriales*– que hay en Nueva España: Chichimecas, Culiua y Mexicanos. Trataríase de un conocimiento basado en las "opiniones" y "libros" prehispánicos, lo que se traduce en

---

o allegados. A ellos acudían los peticionarios para buscar el validamento de su persona, a fin de asegurar el resultado positivo de su súplica". Ver Real Díaz 79-82. A este respecto Baudot comenta: "Fray Toribio consideró oportuno entonces, a fines de 1540 o principios de 1541, dirigirse a su señor natural, el de su ciudad natal, que además figuraba entre los consejeros más escuchados de Carlos V, para convertirle en abogado de los frailes menores, sin que eso significara revelarle abiertamente en toda su amplitud el increíble programa concebido por San Gabriel" (*Utopía e Historia en México* 361).

el manejo de tipologías discursivas orales y pictográficas, siendo una de las más importantes, la inscripción de voces indígenas:

> Estos indios además de poner por memorias, caracteres y figuras las cosas ya dichas, y en especial el suceso y generación de los señores y linajes principales, y cosas notables que en su tiempo acontecían, habían también entre ellos personas de buena memoria que retenían y sabían contar y relatar todo lo que se les preguntaba; y de éstos yo topé con uno, a mi ver harto hábil y de buena memoria, el cual sin contradicción de lo dicho, con brevedad me dio noticia y relación del principio y origen de estos naturales, según su opinión y libros entre ellos más auténticos. (*Relación* 5)

La "noticia" y "relación" sobre los orígenes de la cultura novohispana, surge de la constatación de una práctica ancestral, cuyo peso enunciativo nutre de verosimilitud el acto narrativo de la *Relación*. Esta "historia de hombres" que anticipa en las breves páginas de la epístola el origen de los indios, sus generaciones y la sucesión de los señores, ya representa un esfuerzo por describir la organización social de los antiguos mexicanos y de la manera cómo –según observaremos en la crónica misma– a la "memoria" de los sabios gentiles se opondrá la "historia" providencialista del cronista-misionero. Más allá de aquello que sabían "contar y relatar" estos indios, se impone en el acontecer novohispano su conversión providencial, lo que –según O'Gorman– transforma el relato en un programa de salvación de lo que había alcanzado esta sociedad novohispana (*La incógnita* 51). Si bien allí radica la función pragmática de este texto historiográfico, no es menos relevante su valor como registro destinado a la *intercessio* del Conde Pimentel. Dicha hipótesis inaugura un campo de problematizaciones sobre la naturaleza retórico-argumentativa de la *Relación*, con especial énfasis en el empleo de la "analogía" en el contexto intercultural de la conquista y la construcción jurídica del indio, según veremos en las páginas siguientes.

3. La voz enunciativa del cronista en el proceso intercultural de la conquista

En la *Relación de los indios* la elaboración de una "verdadera" historia sobre la empresa de evangelización se corresponde con una voz narrativa que basada en la experiencia de la conquista integraría tanto el discurso teológico como el jurídico indiano. El relato dispone el desarrollo de la historia americana (*res gestae*) a partir de la contraposición de dos temporalidades: el presente de enunciación y el pasado de los hechos narrados. Fenómeno que determina no sólo la representación espiritual del sujeto colonizado (indio gentil o cristiano), sino también la perspectiva sobre el sujeto colonizador (fraile, conquistador y encomendero).

La constitución de esta voz enunciativa se organiza en la *Relación* en torno a dos núcleos narrativos, como son la descripción de las tradiciones prehispánicas y la empresa de evangelización franciscana. Sin embargo, ya Baudot ha advertido que la crónica "descuida la indagación etnográfica sobre los mexicanos [...], para dedicar la mayor parte a las tareas apostólicas y a otros notables hechos evangélicos de los Frailes Menores" (*Utopía e historia* 361-362). Tal división estructural permite comprender el énfasis que adquiere la función epidíctica, a través de los "loores de la buena vida y ejemplo que los frailes menores en esta tierra han tenido"(*Relación* 130); como también de su geografía, lo que justifica el "loar y encarecer la tierra y comarca" (*Relación* 191) en que se desarrolla la tarea de conversión. Con ello el modelo narrativo de esta crónica responde a un proceso de contextualización ya comentado en apartados anteriores (Capítulo I), en que la historia edificativa del cristianismo en América no se contradice con una espacialización geográfica, institucional o urbana. Sin embargo, pese al énfasis de esta historia edificativa –que analizaremos en el capítulo V sobre la obra de fray Jerónimo de Mendieta– el principio narrativo que organiza el relato corresponde a una representación de la cultura indígena que, a mi juicio, asume los planteamientos lascasianos en torno a la constitución del sujeto colonial desde una perspectiva diferenciadora.

4. Lo "visto y lo vivido", la autoridad narrativa del misionero

La voz enunciativa en el texto de fray Toribio de manera constante recurre a estrategias de veridicción narrativa a partir del principio de lo "visto y lo vivido". La autoafirmación del sujeto de enunciación se desarrolla en el texto mediante una doble caracterización: como testigo presencial y agente del conocimiento histórico. No en vano, expresiones como: "Yo he visto y conocido hartos de estas tierras y confesado algunos de ellos [indios]" (23); "diré lo que vi yo y supe, y pasó en los pueblos que moré y anduve" (78); o, en su defecto, "porque digo verdad [...], otro sacerdote y yo bautizamos por cuenta catorce mil y doscientos y tantos" (89), nos permiten establecer de qué manera esta obra interpelará a la "función autor" (Foucault) del discurso jurídico, mediante la búsqueda de verosimilitud narrativa en torno a un proceso fundacional: la incorporación de las masas indígenas al cristianismo y la creación de la iglesia indiana.

En otros términos, asistimos a un proceso en que la "función narrativa", es más bien una "fundación", el "decir" es un "hacer", experimentado como proceso de transformación de la realidad americana, es decir, del paganismo y pecado original de los indianos hacia una nueva espiritualidad que traduce las esperanzas escatológicas. En la medida en que la historia espiritual franciscana en América es el resultado de un inexorable proceso de "traslación" de la cristiandad euro-occidental, la tarea de conversión se asume con un sentido de misión espiritual de carácter escatológico:

> Es muy propia tierra para ermitaños y contemplativos, y aun creo que los que vivieren antes de mucho tiempo, han de ver que, como esta tierra fue otra Egipto en idolatrías y pecados, y después floreció en gran santidad, bien así estas montañas y tierra han de florecer y en ella tiene de haber ermitaños y penitentes contemplativos, y aun de esto que digo comienza ya a haber harta muestra [...], si Dios fuere servido de sacarla a la luz; por tanto noten los que vivieren y veremos cómo **la cristiandad ha venido desde Asia, que es en Oriente, a parar en los fines de Europa, que es en nuestra España, y de allí se viene a más andar a esta tierra, que es en lo más último de Occidente.** ¿Pues por aventura estorbarlo la mar? No, por cierto, porque la mar no hace división ni apartamiento a la voluntad y querer del que la hizo. ¿Pues no llegará el querer y gracia de Dios hasta adonde llegan las naos? Sí, y muy más adelante, pues en toda la redondez de la tierra ha de ser el nombre de Dios loado, y glorificado, y ensalzado; **y como floreció en el principio la iglesia en Oriente, que es en el principio del mundo, bien así ahora en el fin de los siglos tiene que florecer en Occidente, que es el fin del mundo.** (*Relación* 156-157, énfasis mío)

La posible interpretación providencialista de este pasaje, que signa la dimensión geográfica americana como tierra del cumplimiento de las profecías del joaquinismo milenarista, ya es conocida.[105] Sin embargo, sus alcances a nivel retórico-argumentativo, aún evidencian los pormenores de diversas interrogantes que surgen de una práctica heurística que, hasta la fecha, ha reducido la dimensión textual de la crónica a la mera constatación de signos proféticos. Permítaseme, en este sentido, un breve paréntesis metacrítico, pues creo observar la presencia de elementos interpretativos cuya relevancia para el proyecto evangelizador han sido apenas enunciados. Detengámonos en un breve ejemplo, para evidenciar el cambio de lectura que propongo, desde el punto de vista de una significación retórica y jurídica del texto de fray Toribio de Benavente.

5. El locus utópico: entre el tiempo simbólico e histórico de la conquista

La *Relación de los indios*, a partir de esta visión providencialista de la historia, plantea las coordenadas para la comprensión de la dimensión temporal y hermenéutica en que se inscribe el proceso de la conquista. Frente a esta interpretación, la obra de Motolinía haría explicitable la existencia de un punto de vista narrativo[106] que pretende la legitimación de la conquista espiritual en América. En tal sentido, asistiríamos a un doble proceso, por un lado, la introyección de una nueva creencia religiosa, el cristianismo, lo que determina una conceptualización (económica, social, religiosa, jurídica) del indio y el modelo de misión evangelizadora. Por otro, una función hermenéutica de la historia que, a juicio de la crítica, "interpreta" la realidad americana desde un eje narrativo: la clave apocalíptica. Mi perspectiva apunta a reconsiderar tales aspectos, a través de los modelos evangelizadores de Motolinía y Las Casas, en cuyas fuentes analizadas sería posible distinguir tradiciones espirituales y jurídicas (no

---

[105] Baudot dedica los capítulos V y VI de *Utopía e Historia en México*, al análisis de la vida y obra de fray Toribio de Benavente, en los que indaga sobre sus vinculaciones con el joaquinismo.
[106] Ver Jorge Lozano 132.

siempre concordantes) que determinaron la construcción cultural del indio y la utopía cristiano-social en América.

A primera vista, la *Relación de los indios* de Motolinía se basa en una interpretación del momento histórico de la conquista, es decir, en la gestación de la coincidencia del tiempo simbólico que marca el principio del milenio en el Apocalipsis con el tiempo histórico del descubrimiento y la conquista de América. Afirma Beatriz Pastor:

> Para ellos [Fray Martín de Valencia y Motolinía], como para los demás franciscanos que ven en la conquista espiritual de América una misión sagrada, revelada por el texto de San Juan pero prevista desde el origen de los tiempos, la percepción de América, sus gentes y sus culturas se iba a articular de forma sistemática contra el telón de fondo de esa revelación. Y su evangelización se orientaría hacia la realización del deseo de armonía profetizado. Tanto el proyecto de conquista espiritual como la percepción de América que van articulando los textos franciscanos se ven impulsados y condicionados en buena medida por la necesidad incesante **de verificar dos coincidencias: la del tiempo simbólico del milenio del Apocalipsis con el tiempo histórico del descubrimiento; y la de la visión simbólica de América**, como locus utópico de realización de las profecías del Apocalipsis con la realidad histórica de su conquista y colonización. (112-113, énfasis mío)

La presente consideración, si bien enfatiza la necesidad de "verificar dos coincidencias", aquella de la realidad americana con la tradición bíblica —mediante la semiologización integradora de los signos del Nuevo Mundo en una progresión simbólica hacia la utopía milenaria–, a mi juicio, se sostiene sobre la base de algunos presupuestos que deben ser previamente discutidos: a) la efectiva proyección en América de las concepciones milenaristas de Joaquín de Fiore; b) la estricta coincidencia de ambas temporalidades; y c) la implícita consideración de que esta coincidencia se funda en el establecimiento de relaciones comparativas o analógicas de igualdad.

Por ahora, quisiera prestar atención sobre todo a este último aspecto,[107] para observar de qué modo dicha práctica heurística refuerza más bien

---

[107] Para una relectura de los aspectos antes mencionados los trabajos de Joseph-Ignasi Saranyana, perfectamente pueden graficar la actitud crítico-revisionista que aquí sostenemos.

una tradición crítica, que una estricta consideración de la naturaleza retórico-argumentativa de estos textos. A este respecto, consideremos en la *Relación* su écfrasis de las plagas que invaden América:

> La séptima plaga [fue] la edificación de la gran ciudad de México, en la cual los primeros años andaba más gente que en la edificación del templo de Jerusalén en tiempo de Salomón, porque era tanta la gente que andaba en las obras, o venían con materiales y a traer tributos y mantenimientos a los españoles y para los que trabajaban en las obras, que apenas podía hombre romper por algunas calles y calzadas, aunque son bien anchas; y en las obras, a unos tomaban las vigas, y otros caían de alto, sobre otros caían los edificios que deshacían en una parte para hacer en otras; e la costumbre de las obras, es que los indios las hacen a su costa, buscando materiales y pagando los pedreros o canteros y los carpinteros, y si no traen qué comer, ayunan.[...] **Es agora de ver la séptima plaga de Egipto si no concuerda con ésta; y aunque a prima faz parece no concordar, bien considerada, mucha significación tiene ésta con aquella, en la cual mandó Dios a Moisén [sic] que levantase la vara en alto al cielo, y fueron hechos truenos y relámpagos, y descendió gran tempestad de graniza, envuelta con fuego** del cielo aéreo, claro que son claros los cristianos claros por la fé, fueron hechos escuros en la edificación de la superba ciudad, fueron hechos una casa llana , la mejor que ninguno de su linaje había tenido: levantaban casas de torres e de cuatro cuartos, como si fueran caballeros de salva. (27, énfasis mío)

La interrogante que surge de esta referencia es de qué manera esta búsqueda de concordancia entre la realidad americana y el *Antiguo Testamento*, pone en evidencia la implícita consideración no sólo de una concepción de la historia en términos de una "historia espiritual", sino también a partir de una metodología de lectura, es decir, de una práctica interpretativa que busca establecer las analogías entre ambos órdenes discursivos: la historia espiritual de Occidente y la historia de la conquista americana. En otros términos, esta situación enunciativa que inaugura la obra de Motolinía, revela las claves de una práctica interpretativa inscrita en el acto de enunciación, lo que nos plantea el desafío de advertir no sólo el sentido de su significado apocalíptico –lo que ya ha sido abordado por los trabajos de John Leddy Phelan (1956) y Georges Baudot (1983), entre otros–, sino más bien la posible función de este uso de la analogía dentro de un modelo retórico-cristiano de connotaciones jurídicas para el proyecto franciscano en América.

Crónicas franciscanas de Nueva España (Siglo XVI)

Regresemos a una observación final de corte apocalíptico sobre este episodio de las Plagas:

> La "lectura" de la conquista y sus desastres que hace Motolinía en estas páginas, no es delirante ni arbitraria. Responde a un razonamiento sistemático –el del pensamiento utópico– que interpreta y reordena con la razón simbólica los acontecimientos históricos y las realidades particulares integrándolas en un proceso más amplio: el de realización del deseo que cristaliza en la figura de América como el *locus* utópico del cumplimiento de las profecías. La transformación en símbolos de los elementos que sustentan la analogía de las dos series de plagas confirmando la realidad de la visión apocalíptica, se realiza con toda naturalidad. (Pastor 190)

Creo que la "naturalidad" con que se ha asumido esta lectura comparativa es más problemática de lo que a simple vista aquí se reconoce. Más aún, cuando la generalización de este uso de la analogía se ha empleado de manera nocional, sin escudriñar en la naturaleza de este recurso en la tradición retórica medieval. Algunas observaciones básicas sobre esta categoría, quizás nos ayuden a delimitar con mayor cuidado los alcances de su función.

5.1 LA ANALOGÍA, UNA PROPORCIÓN COLONIZADORA

En primer lugar, la palabra griega "analogía" significa proporción o proporcionalidad, designa aquello que es uno o es algo de manera proporcional a otras cosas, distinguiéndose tres tipos: analogía de desigualdad, de atribución y de proporcionalidad. La más propia de ellas es la última, porque en toda analogía hay un nombre común a muchas cosas, pero la razón, noción o concepto significado por ese nombre se relaciona con ellas de modo diverso.[108] Especialmente en la analogía de proporcionalidad, los análogos se unifican porque proporcionalmente significan lo mismo, es una semejanza de relaciones y no tanto de cosas.[109]

---

[108] Para la definición de esta categoría consideramos la síntesis que realiza Mauricio Beuchot del pensamiento de Tomás de Vio (1469-1534), el llamado cardenal Cayetano, en su tratado "De nominum analogia". Ver Beuchot, "Sobre la Analogía" 61-76.

[109] En relación con la distinción entre analogía de proporcionalidad "propia" y la "impropia" o metafórica ver Beuchot, "Sobre la Analogía" 65.

Según Beuchot, tampoco se trata de un concepto simple, sino doble, ya que de las cosas análogas hay por lo menos un doble concepto en la mente, uno perfecto (analogado) y otro imperfecto (análogo) ("Sobre la Analogía" 66-67), relacionando las significaciones que, aun cuando se haga de maneras distintas, unifica los conceptos de modo proporcional y, en cierta medida, confunde la diversidad de los conceptos significados. Por otro lado, también la analogía implica un cierto orden, de hecho, afirma Beuchot, "aplicar la analogía es ordenar cosas que no se encuentran completamente organizadas", para lo cual se requiere multiplicidad y diversidad, pero también una cierta disposición, ya sea jerárquica o relativa (69-70). Atender a los analogismos en juego y su jerarquía conlleva estar atento a su acto hermenéutico o interpretativo, cuando hay expresiones con varios sentidos.

Cabe señalar que el alcance epistemológico de esta noción para la filosofía del lenguaje –si la consideramos como método o instrumento lógico de carácter relacional– tampoco nos puede ser ajeno al momento de establecer su significación en el campo del discurso colonial.[110] De hecho ya surgen diversas interrogantes que resultan de relevancia para nuestro enfoque. ¿De qué modo esta unificación de los sentidos –que confunde la diversidad de los conceptos predicados– es capaz de exhibir procesos de tensión/dominación cultural? ¿En otros términos, los términos analogados en el discurso colonial poseían igual significación y jerarquía, si consideramos su pertenencia a un orden prehispánico y otro europeo? ¿En caso de no ser semejantes, en qué consiste su diferencia y cuál es la función que poseen en la *Relación* de Motolinía?

Creo que la posible respuesta a estas interrogantes debe advertir sobre la naturaleza de los vínculos que fundan la comparación de ambos órdenes discursivos (analogados/análogos), los cuales intentaremos poner en relación, especialmente en torno a dos temas de relevancia –las encomiendas y la esclavitud– para el ordenamiento jurídico de las *Leyes Nuevas*.

---

[110] Ver Beuchot, "La analogía como instrumento" 5-13.

5.2 La desigualdad analógica de las plagas de Egipto en América

La interiorización del simbolismo del *Antiguo Testamento* en la *Relación de los Indios*, se corresponde con el destino del pueblo náhuatl y el de los antiguos egipcios en el momento en que, la llegada de fray Martín de Valencia y los once frailes de la orden de San Francisco, dará inicio no sólo a la misión de conversión espiritual, sino también a la "satanización" del paganismo prehispánico (*Relación* 19) y al "castigo" como principio de sanción y transformación de esta Babilonia americana (*Relación* 143). Las diez plagas, con las que "hirió Dios y castigó esta tierra, y a los que en ella se hallaron, así naturales como extranjeros", es uno de los ejemplos más claros de la consciente integración entre el orden indígena e hispánico. En función de los cuales se procederá a la identificación de los referentes culturales que entran en relación con el descubrimiento y la conquista y que serán metaforizados por la relación con las diez plagas de Egipto que, según Beatriz Pastor, "transforma el agua en sangre, el cadáver en rana, el hombre en mosquitos, los estancieros en moscas, la destrucción en orden, el horror en razón divina" (115). Pese al establecimiento de esta relación, dicha transformación ha formado parte de una hermenéutica de la semejanza, y el consiguiente olvido que tratarías más bien de una búsqueda de "proporción" que confunde y rejerarquiza los conceptos significados en una situación colonial. Nuestra interrogante apunta a problematizar esta relación, considerando las diferencias que la proporción silencia o encubre.

Otro ejemplo de ello es el uso de la analogía por "desigualdad" que advertimos en los *Memoriales* de Motolinía que complementa este importante capítulo de su *Relación de los indios*:

> Bien miradas, **diferencias hay grande[s] de esas plagas a las de Egipto**. Lo primero, que en sola una de las otras, y fue en la postrera, hobo muerte de hombres; pero acá, en cada una de éstas ha habido muchos muertos. Lo segundo, que en cada una casa quedó quien llorase el muerto, y acá, de las plagas ya dichas quedaron muchas casas despobladas, que todos murieron. Lo tercero, allí todas las plagas duraron pocos días, y acá, algunas mucho tiempo. Aquéllas, por mandamientos de Dios: las más de éstas por crueldad y codicia

de los hombres, aunque permitiéndolo Dios, y de aquí es lo que el profeta dice: *Domine ecce tu iratus es, et nos peccavimus, propterea erravimus.* Por los pecados de estos naturales fue Dios movido a ira contra ellos, y los castigó, como dicho es, en su saña e ira se indignó contra ellos. *Misit in eos iram indignationis suae.* (*Memoriales* 30-31, énfasis mío)

En resumen, el juego analógico aquí identificado, si bien destaca por su fuerza crítica y dramatismo con que describe la conquista y visión castigadora del Dios cristiano, abre una perspectiva de análisis consistente en la identificación de estas "diferencias", a veces, obliteradas por el marco discursivo de una proporción colonizadora. No menos relevante es advertir que esta invocación de la tradición teológica sirve como argumento de *auctoritas* ante los aciagos sucesos de la conquista.[111] Aquí es donde reside uno de los primeros rasgos de la función jurídica de la *Relación* de fray Toribio, garantizar la *intercessio* del Conde de Benavente ante el emperador, implicaba exponer los argumentos de una autoridad de orden eclesiástico, a través de las fuentes Sagradas. La elección de esta voz de autoridad, se expresa dentro de un sistema retórico que a través de la cita (Compagnon 219), apela intertextualmente a una tradición bíblica que instaura la *autoritas* para la validación de su crítica de la conquista española.[112] Dentro de la diversidad de estas plagas queremos destacar algunas de ellas, las que de manera directa están en relación con el pensamiento lascasiano y las *Leyes Nuevas*.

---

[111] Según la retórica la *auctoritas* puede ser considerada uno de los aspectos de relevancia dentro de las virtudes retóricas del plano elocutivo. Una de las normas de la *consuetudo* que se aparta del uso oral del lenguaje es la *auctoritas* que designa "el uso del lenguaje de autores reconocidos (clásicos) considerados como norma, por tanto un establecimiento, orientado históricamente a la tradición literaria de la consuetudo". Ver Lausberg 426 y Ueding (sub voce).

[112] "Notar que aunque parece que las autoridades que van en latín no va dando romance al pie de la letra, todas van declaradas si bien estuviere advertido el lector cerca de la materia de que se habla, y aun muchas veces sería superfluo dar romance a la autoridad que no hace más de confirmar lo que va dicho en romance". Ver *Memoriales* 30.

5.3 Los signos de la pobreza indiana

La pobreza material de los indios será uno de los aspectos que sobresale en el discurso evangelizador de los franciscanos. Afectados por la pestilencia de las viruelas (primera plaga), víctimas de la conquista bélicas (segunda plaga) y del hambre (tercera plaga), como también por la explotación que padecen mediante el tributo y trabajo en las encomiendas, debemos prestar atención a la relación bíblica sobre este último elemento, que fuera central dentro de las demandas de restitución lascasianas. Refiere el texto de Motolinía:

> La cuarta plaga fue de los calpixques, o estancieros, y negros, que luego que la tierra se repartió, los conquistadores pusieron en sus repartimientos y pueblos a ellos encomendados, criados o sus negros para cobrar los tributos y para entender en sus granjerías. Estos residían y residen en los pueblos, y aunque por la mayor parte son labradores de España, hanse enseñoreado de esta tierra y mandan a los señores principales y naturales de ella como si fuesen esclavos; y porque no querría descubrir sus defectos, callaré lo que ciento con decir, que se hacen servir y temer como si fuesen señores absolutos y naturales, y nunca otra cosa hacen sino demandar, y por muchos que les den nunca están contentos [...] (*Relación* 15-16)

Tanto el agravio que estos calpixques imponen a los señores naturales, como también los tributos y servicios que denuncia el texto, plantean la necesidad de una reforma que estuviera en concordancia con los idearios de un humanismo cristiano. Uno de sus primeros elementos consistía en demostrar la condición espiritual del indio, así como de qué manera era posible llevar a cabo el proyecto evangelizador. La comparación de los calpixques como "zánganos que comen la miel que labran las pobres abejas, que son los indios" (16), refuerza la significación de una condición de dominación y aprovechamiento de las formas de vida indígena. Sin embargo, la refuncionalización de la visión del sujeto colonizado a través del indio, posee connotaciones que han sido de importancia para una lectura franciscana de su situación de pobreza y explotación:

> Estos indios cuasi no tienen estorbo que les impida para ganar el cielo, de los muchos que los españoles tenemos y nos tienen sumidos, porque su vida se contenta con muy poco, y tan poco, que apenas tiene con qué se vestir y alimentar. Su comida es muy paupérrima, y lo mismo es el vestido; para

dormir, la mayor parte de ellos aún no alcanza una estera sana. No se desvelan en adquirir ni guardar riquezas, ni se matan por alcanzar estados ni dignidades. Con su pobre manta se acuestan, y en despertando están aparejados para servir a Dios, y si se quieren disciplinar, no tienen estorbo ni embarazo de vestirse ni desnudarse. Son pacientes, sufridos sobre manera, mansos como ovejas; nunca me acuerdo haberlos visto guardar injuria; humildes, a todos obedientes, ya de necesidad, ya de voluntad, no saben sino servir y trabajar. (*Relación* 58-59)

La pobreza, como ha afirmado Baudot, no es una mera constatación del estado de los amerindios después de la conquista, sino una calificación de importancia, ya que su indigencia es promesa del reino eterno, es decir, "[...] hace pensar en un estado larvario, preparatorio, que sólo ha de conocer el pleno y auténtico desarrollo en un futuro lejano que no es el de este mundo, sino el del reino celestial para el cual están exclusivamente destinados" (Baudot, "Imagen amerindia" 243). De tal forma que la pobreza consustancial del indio se transforma en otro de los elementos caracterizadores del tercer estatus Joaquinista (Espíritu Santo). En resumen, la pobreza material tendría su equivalente en una pobreza espiritual requerida para la contemplación divina del fin de los tiempos, en una continuidad de categorías en que la imagen amerindia a su vez se relaciona con las ideas de "infancia" y "parvulez".[113]

Para fray Toribio –quien, como sabemos, toma su apellido de la voz náhuatl "Motolinía" que significa "pobre"[114]– la identificación de esta condición tiene a su vez un referente social específico, aquel compuesto por la masa de la gente "baja", humilde, de los *macehualtin*. En la *Relación* esta visión se opone a la imagen satanizada de sacerdotes y señores –*pipiltin*– quienes participan de la antropofagia y las antiguas creencias demoníacas. Ello propicia, sobre todo en la primera parte de la obra, el cuestionamiento de su autoridad político-religiosa y función rectora dentro de la sociedad prehispánica. La adecuación de la imagen del indio a la noción de "pobreza" escatológica, como ha sido reconocido por la

---

[113] "[...] y si miran a los indios, verlos han paupérrimamente vestidos y decalzos, las camas y moradas en extremo pobres; pues en la comida a el más estrecho penitente exceden, de manera que no hallarán de qué tener vanagloria ninguna; y si se rigen por razón muy menos tendrán soberbia; porque todas las cosas son de Dios" (*Relación* 135).

[114] Sobre este aspecto de la tradición franciscana véase: Fray Jerónimo de Mendieta. Vol. II. 323.

crítica en base a una analogía de atribución, reclama así la defensa de la competencia y protección eclesiástica sobre este grupo.

Sin embargo, cabe señalar que en la construcción narrativa de este sujeto –desde la lectura milenarista en la historiografía colonial– se privilegian concepciones socio-culturales eurocéntricas sobre las de orden prehispánico. Estrategia que, según Cornejo Polar, nos conduce a reconsiderar su función, que "[…] consiste precisamente en negarle al colonizado su identidad como sujeto, en trozar todos los vínculos que le conferían esa identidad y en imponerles otros que lo disturban y desarticulan […]" (19).

Frente a la continuidad crítica de esta perspectiva colonial, se nos impone como tarea reconsiderar la heterogeneidad de conceptualizaciones (religiosas, económicas, jurídicas, etc.) que entran en relación en su estrategia de representación del indio como "macehual" y "pobre". Sólo así será posible deconstruir la estructura analógica de una cita testamentaria que opera proporcional y jerárquicamente, entablando una relación semántica entre componentes cuya especificidad respondió a contextos enunciativos disímiles, que podríamos distinguir a través de dos expresiones, por un lado, las que designaron la jerarquización social y sus funciones en el seno de las tradiciones y costumbres del imperio azteca (*tolinía*); y, por otro, en el ámbito del derecho castellano (*miserable*).

a) La indigencia de frailes y macehuales

La identificación de la pobreza indígena con la condición del *macehual*,[115] representa para fray Toribio una de las claves del proyecto evangelizador en América. La diferenciación humana que fray Toribio introduce entre la clase dirigente de los *pipiltin* y la subordinación de estos "pobres", los *macehualtin*, opera sobre el trasfondo de una diferenciación económica y de funciones productivas, políticas y religiosas ya preestablecida desde tiempos prehispánicos. Esta concepción de la sociedad, en la que los *macehualtin* eran considerados como criaturas desvalidas, necesitados de la acción protectora de sus progenitores y que

---

[115] Ver Alonso de Molina. Sub voce.

deben ser dirigidos, se consagra en diferentes fuentes de esta cultura como la condición misma del sujeto, y no como un estado temporal. Según Alfredo López Austin, las pláticas antiguas de los nahuas, registradas en sus *huehuetlatolli*, confirman la condición de los *macehualtin*, pues estos registros:

> Dan a conocer lo que se estimaba como condición normal de existencia, ya consagrada por fórmulas retóricas. Entre estas fórmulas destaca una de las que proporciona Molina al traducir "vasallos o gente plebeya": *quilticanemi, cuauhticanemi, in ahualnecini in icocha, in inuehca icemilhuitica, yomilhuitica*. El extenso sintagma, sinónimo de *macehualli*, quere decir a la letra: "el que vive entre yerbas, el que vive entre árboles, el que difícilmente alcanza su sustento nocturno, su sustento matutino por un día, por dos días". La probreza del pueblo caía, en condiciones normales, bajo la responsabilidad de los propios productores. Se concebía al grupo en el poder como un auxiliar, como un benefactor, precisamente el que contribuía a mantener la normalidad de las condiciones, aglutinando y dirigiendo el esfuerzo colectivo y sirviendo de intermediario frente a los dioses que entregaban las aguas, hacían fértiles las tierras y proporcionaban la seguridad de la cosecha y la salud a los agricultores (*Cuerpo humano e ideología* 450)

Con ello la diferenciación de los individuos al interior de la cosmovisión prehispánica establece la superioridad de la nobleza con un fundamento dado por el origen y una adquisición posterior al nacimiento: la que correspondía a la limpieza moral a lo largo de generaciones, la educación adquirida en los calmecac e, incluso, la diferencia corporal consistente en el aumento de la fuerza del corazón debida al ejercicio del gobierno.[116] El innato derecho de los *pipiltin* (nobleza) a ocupar una posición favorecida, se ejerce en el contexto de una concepción social y religiosa que era concebida como una unión normal y definitiva de grupos con funciones específicas y especializadas que derivaba de un orden divino que será intervenido por las creencias cristianas. De tal forma que no es extraña la afirmación de Motolinía al respecto:

> Los ministros principales que en los templos de los ídolos sacrificaban y servían, y los señores viejos, que como todos estaban acostumbrados a ser servidos y gozar de toda la tierra, porque no sólo eran señores de sus mujeres e hijos

---

[116] Ver López Austin, *Cuerpo Humano e ideología* 452-461.

y haciendas, mas de todo lo que ellos querían y pensaban, todo estaba a su voluntad y querer, y los vasallos no tienen otro querer si no el del señor, y si alguna cosa les manden, por grave que sea, no saben responder otra cosa sino *mayny*, que quiere decir "así sea", pues estos señores y ministros principales no consentían la ley que contradice a la carne, lo cual remedió Dios, matando muchos de ellos con las plagas y enfermedades ya dichas. (*Relación* 21)

Cabe señalar que en la concepción prehispánica la condición de pobreza y la función protectora, antes que un estado y una sujeción impuesta, es el resultado de un orden jerárquico y de una ideología en que la función productiva de los *macehualtin* y la dirigente de los *pipiltin* estaba en estrecha relación. Tal como precisa Frances Berdan, "La estructura de las clases sociales no puede investigarse sin referencia al modo de producción económico como base práctica para tal organización, y al ambiente religioso como base ideológica para la perpetuación de la misma"(175).

En la *Relación* dicho componente ideológico no sólo se asume como una estrategia de representación del indio, sino también del fraile, pues "interrogados los indígenas por la razón de su afección a los misioneros", se busca demostrar que el intercambio de los signos de pobreza es también común a la visión que los indígenas tuvieron de los frailes: "porque éstos [frailes] andan pobres y descalzos como nosotros, comen de lo que nosotros, asiéntase entre nosotros mansamente" (134).

La multiplicación de percepciones indígenas o mestizas, como es el caso de Diego Muñoz Camargo,[117] contribuye a demostrar cómo el impacto de la conquista espiritual también hizo eco en anales y otros textos redactados en náhuatl. Dentro de estos registros, los *Coloquios y doctrina Cristiana* (1564), recopilados y dispuestos por fray Bernardino de Sahagún, escenifica el cuestionamiento religioso de los doce franciscanos

---

[117] La *Crónica de Tlaxcala*, del mestizo Diego Muñoz Camargo, advierte sobre componentes distintos en esta representación del fraile. La contemplación de sus rezos y el apartamiento misionero de lo mundano, son interpretados como signos de enfermedad o locura: "Estos pobres deben estar enfermos o estar locos, dejadlos vocear a los miserables; tomadlos ha su mal de locura; dejadles estar, que pasen su enfermedad como pudieren, no les hagáis mal, que al cabo estos y los demás han de morir de esta enfermedad de locura, y mirad, si habéis notado, cómo al mediodía, a media noche y al cuarto del alba, cuando todos se regocijan, estos dan voces y lloran. Sin duda alguna es mal grande el que deben de tener porque son hombres sin sentido pues no buscan placer ni contento sino tristeza y soledad" (Muñoz Camargo en León Portilla 278).

y la respuesta de los señores gobernantes y los sacerdotes mexicas. Ello nos permite comprender en dicho texto franciscano la significación de las voces indígenas *macehualtin* y *tolinía* (estar pobre, triste). Atendamos a dos momentos correspondientes a la respuesta de los señores ante la presencia de los misioneros:

> Pero, nosotros, ¿qué es lo que ahora podremos decir? Puesto que somos los que damos albergue, somos madres y padres de la gente, ¿acaso, aquí, delante de vosotros, debemos destruir la antigua regla de vida? ¿La que en mucho tuvieron, nuestros abuelos, nuestras mujeres, la que mucho ponderaron, la que mantuvieron con admiración, los señores, los gobernantes? [...]
>
> Y, ahora, ¿qué, de qué modo, será lo que diremos, elevaremos a vuestros oídos? ¿Somos acaso algo? Porque sólo somos *macehualuchos* [pobre gente del pueblo], somos terrosos, lodosos, raídos, miserables, enfermos, afligidos. Porque solo nos dio en préstamo el Señor, el Señor nuestro, la punta de su estera, la punta de su sitial, [donde] nos colocó.
>
> Con un labio, dos labios respondemos, devolvemos el aliento, la palabra, del Dueño del cerca y del junto. Con esto, de su cabeza, de su cabellera, salimos, por esto nos arrojamos al río, al barranco. Con ello buscamos, pedimos, su disgusto, su enojo. Tal vez [vamos] a nuestra perdición, a nuestra destrucción, ¿O acaso hemos obrado con pereza? ¿A dónde en verdad iremos? Porque somos macehuales, somos perecederos, somos mortales. Dejadnos, pues ya morir, dejadnos, pues ya perecer, puesto que nuestros dioses han muerto. (León Portilla 288-289)

La dramática tensión que surge de la confrontación de las concepciones cristianas con el antiguo sistema de creencias del mundo prehispánico, permite comprender de qué modo la "destrucción de la antigua regla de vida" es, asimismo, la "destrucción de sus dioses", debido a la implantación del cristianismo. La designación de *macehualuchos* impone en dicho texto una forma de autoconciencia ficcional, una nueva condición espiritual que, si bien ya se reconoce como marginal al interior de su propio sistema de creencias aztecas, dicha posición es reforzada por la interiorización de una existencia perecedera. Con ello debilita el principio de jerarquización del ordenamiento social prehispánico, correspondiente a la superioridad de la clase dirigente. Dicha consecuencia posee una correspondencia narrativa, mediante la escenificación de un "sujeto de conciencia", el indio convertido, quien resulta esencial para la promoción de un cambio del sistema de creencias prehispánicas:

> Un mancebo llamado don Juan, señor principal y natural de un pueblo de la provincia de Michuacán, que en aquella lengua se llama *Turecato*, y en la de México *Tepeoacán*; este mancebo, leyendo en la vida de San Francisco que en su lengua estaba traducida, tomó tanta devoción que prometió de ser fraile, y porque su voto no se le imputase a liviandad, perseverando en su propósito vistióse de sayal grosero, y dio libertad a muchos esclavos que tenía y predicóles y enseñóles los mandamientos y lo que él más sabía, y díjoles, que si él hubiera tenido conocimiento de Dios y de sí mismo, que antes los hubiera dado libertad, y que de allí adelante supiesen que eran libres, y que les rogaba que se amasen unos a otros y que fuesen buenos cristianos, y que si lo hacían así los tendría por hermanos. Y hecho esto, repartió las joyas y muebles que tenía y renunció al señorío y demandó muchas veces el hábito en Michuacán [...] Este mancebo como era señor y muy conocido, ha sido gran ejemplo a toda la provincia de Michuacán [...] (*Relación* 103)

Tal como podemos constatar, la convicción de una vida mortal, que destruye los antiguos lazos temporales y sobrenaturales de que dependían la cohesión y el bienestar social prehispánico, plantea las bases para la introducción de un nuevo sistema. El quiebre de su antigua cosmogonía religiosa, es asimismo una ruptura de la diferenciación humana y de sus funciones al interior de la sociedad náhuatl, lo que permite reinterpretar el rol dirigente y protector de los *pipiltin*. En tal sentido, la condición de *pobre* y *miserable*, desplaza la jerarquía étnica, económica y religiosa de los *macehualtin* en un "estado" temporal y espiritual, que –antes de llamarle milenarista– busca ser asimilado bajo una nueva forma de protección (religiosa y jurídica), esta vez, a cargo de los franciscanos. De este modo, una nueva significación viene a formar parte de este proyecto, pues las connotaciones jurídicas de la categoría de "pobreza", ya preestablecían – desde el punto de vista del derecho castellano durante la colonia– un uso específico para el indio, el *miserable*, según analizaremos en las siguientes páginas.

b) Del tolinía *al* miserable *castellano*

La búsqueda de un concepto jurídico del *miserable* ha sido fruto de diversas teorizaciones. La mayoría de sus autores, basándose en una pluralidad de fuentes de los clásicos greco-latinos y de las *Escrituras*, constantemente tuvieron problemas al momento de dar una definición genérica y precisa de éste. Sin embargo, a juicio de Castañeda Delgado (1971), las diversas teorizaciones en torno al concepto, señalan una cierta coherencia en los siguientes aspectos, pues: "Se trata de personas que: a) inspiran compasión, «propter iniuriam fortunae»; b) precisan una especial protección y c) cuya determinación, en concreto, fuera de los claramente precisados por la ley, se deja al dictamen del juez" (247).[118]

Dicha visión jurídica que presenta como una de sus extensiones la necesidad que tienen de protección y amparo, en su origen posee no sólo un elaboración secular, sino también religiosa. En tal sentido, trataríase de un concepto bíblico con base en el *Antiguo Testamento*.[119] Sin embargo, se observa que la conceptualización del miserable en el campo jurídico tuvo una permanente variabilidad conceptual, lo que transforma este concepto en un elemento de discusión. *Miserable* vendría a ser considerado el pupilo, es decir, el huérfano, los menores de edad, la mujer viuda, las colectividades, los encarcelados, los escolásticos o aprendices de la ciencia, labradores, peregrinos, el siervo y el cautivo, como también los recién convertidos, aspecto de importancia por su vinculación con el indio. Un hecho interesante es el campo de las prerrogativas de que gozaron estas categorías, siendo la más importante la defensa jurídica, en torno a la cual se debatió sobre la competencia de un "juez eclesiástico", de esta forma, el fuero de la iglesia se haría extensivo como uno de los privilegios de los miserables.[120]

---

[118] Ver Castañeda, "La condición miserable del indio y sus privilegios" 245-335.

[119] Según Castañeda, el *Libro de Job*, es el "modelo literario y teológico del pobre", que presenta una forma existencial de la pobreza como un mal social radicalmente condenable. Asimismo, el *Deuteronomio*, entrega una serie de normas sociales para atenuar la situación de los desheredados y librar a los pobres de la indigencia. Mientras los *Salmos*, trae la idea de un hombre manso, sosegado aun en la prueba, lo que traduce algo más que la mera pobreza como signo material. En las *Sagradas Escrituras*, Dios acoge al miserable bajo su protección y amparo, los pecados contra el débil, envolvían un desorden especial, una injusticia que provoca la ira de Dios y exigía un castigo ejemplar."

[120] Cabe señalar que se trató de una materia bastante discutida. Castañeda menciona un conjunto de fuentes en las que se debate sobre la extensión del fuero eclesiástico, en casos tales como, la ausencia del juez, o cuando éste fuese remiso o negligente, o en casos de notoria injusticia. Sin

En el ámbito de la legislación indiana, la condición de miserable para el indio se consolidaría recién en la segunda mitad del siglo XVI,[121] pero se puede considerar que ya desde las primeras instrucciones dadas por los Reyes Católicos a Colón, se les aplicaba el trato de privilegio que en ley se daba a los miserables. Sin embargo, la necesidad de brindar tutoría y amparo especial a estos *menores* o *miserables* contra los abusos de la colonización, determinaría la creación de una institución que en su origen aspiraba a representar los principios de tutoría, protección y amparo, la encomienda.[122] En este sentido, la condena de los españoles en la *Relación* de fray Toribio –respecto a la codicia y negligencia en sus deberes religiosos para con los indios–, contrasta con las ideas que expusiera en su *Carta al Emperador* (1555):

> Tiempo hubo que algunos españoles ni quisieran ver clérigo ni fraile por sus pueblos; más días ha que muchos españoles procuran frailes, y sus indios han hecho monesterios, y los tienen en sus pueblos; y los encomenderos proveen a los frailes de mantenimiento y vestuario y ornamentos [...] (163)

Finalmente, cabe hacer presente que la idea de instrucción cristiana y amparo del indígena a través de un régimen de encomienda, presenta a su vez una competencia eclesiástica, mediante la noción de protección que se proyecta con la constitución de las "repúblicas de indios", aludidas en la carta de fray Toribio al rey Carlos V. Si bien esta categoría pudo estar impregnada de una significación espiritualizante de corte milenarista, esto no excluye la dimensión jurídica que tuvo por finalidad su "protección". Por lo menos, no sistematizada como una *petitio* por los franciscanos. Sería el obispo de Chiapas, fray Bartolomé de Las Casas, uno de los

---

embargo, otras autoridades se referirán a esta competencia religiosa independientemente de su relación con el poder seglar (ver 259-262 y 304-311).

[121] Será una ordenanza de Felipe II de 1563, la que considera los indios "miserables" por el estado de gentilidad en que se encuentran.

[122] Asimismo aparece la figura del "protector de indios" que designa el cumplimiento de una función social que se haría extensiva al resto de la institucionalización monárquica en América, a través de los virreyes, audiencias. Dicho dominio de protección, entendido como una tarea civilizatoria, en teoría, debía resguardar la formación cristiana de los indios "encomendados". Sin embargo, la inspiración feudal de este sistema, a través del vínculo de vasallaje y explotación de la tierra, a cambio de la protección del Señor, terminaría por colapsar dicha función catequizadora, transformándose en explotación y esclavismo. Ver Bayle (1945).

primeros en declarar –a comienzos de 1540– que los indios debían ser considerados como miserables en el sentido jurídico del término, lo que trajo con posterioridad el rechazo de la jurisdicción real ante estos primeros esfuerzos de una suprema jurisdicción de la iglesia.[123]

En el fondo de dicha discusión, se traduce un concepto de gobernabilidad en el que se debaten los intereses de la Corona, de los colonizadores y los de la Iglesia. Una de estas posiciones estaría representada por la idea de las dos repúblicas, la que proponía que tanto españoles como indios fueran organizados separadamente, cada uno con sus propias leyes, costumbres y sistemas. Según Borah, la idea que sobre el indio detentaron los misioneros, aspiró a la separación en sus costumbres de los europeos, ya que sólo así podrían salvarse de la corrupción hispana y de la extinción física (41-42). Pero en la mayoría de los partidarios de las dos repúblicas, la idea de una separación física fue aunada a la petición de una separada y distinta organización jurídica y política de los indios. Allí estriba, a mi modo de entender, el verdadero tenor de las concepciones de Motolinía en relación con la constitución de este sujeto colonial colonizado. Por un lado, los indios representan para éste un "grupo cultural" étnicamente diferenciado y, por otro, se evidencian los signos de una variación conceptual en que la noción de pobre –sea en su acepción prehispánica como aludiendo al "miserable" del derecho indiano– lo individualiza como "estamento", al interior de lo que iba

---

[123] Las Casas a comienzos del decenio de 1540 daría contenido jurídico al término. Recién en Octubre de 1545, en una presentación escrita a la Audiencia –conjuntamente con los obispos de Nicaragua y Guatemala, declararía miserables a los indios en el sentido jurídico y como tales, dentro de la jurisdicción eclesiástica. Tal demanda, como exigencia de una suprema jurisdicción de la Iglesia sería rechazada por la jurisdicción real que representaba la Audiencia. Las discusiones posteriores entre el clero tendieron a asegurar que la jurisdicción de la Iglesia hasta donde lo permitiera la Corona operase con la menor carga posible para los indios. Las discusiones entre juristas y administradores reales siempre se centraron en la naturaleza exacta de las medidas necesarias para facilitar el ingreso de los indios en la vida de los españoles. Sólo hacia fines del siglo XVI la naturaleza de las medidas fue haciéndose más clara: reducción o eliminación de los costos jurídicos, reducción o eliminación de la intervención de la red española de funcionarios, abogados y notarios que cobraban honorarios; acceso más directo a la ayuda judicial y administrativa, radical simplificación del proceso legal a vistas y decisiones sumarias; medios de persuadir a los indios de quedarse en sus pueblos en lugar de entablar pleitos a menudo a grandes distancias, etc. Ver Borah (1985) y Sempat Assadourian (1991).

convirtiéndose en una sociedad colonial, pese a la designación oficial de las dos repúblicas.[124] Las consecuencias de dicho planteamiento quizás nos ayuden a comprender de mejor manera los alcances retóricos de cómo Motolinía concibe la imagen de este cristiano pobre, en oposición a la concepción del "sujeto de conciencia" propuesto por el *Confesionario* de Las Casas. Aspecto que revisaremos más adelante.

Enunciemos nuevamente la hipótesis. La *Relación de los Indios* plantearía la transformación de la condición de los indios como grupo cultural diferenciado hacia una nueva constitución estamental que tiene como base la concepción del indio como un pobre-miserable cristiano. Para fray Toribio, la idea de una jurisdicción o protección sobre los mismos, conlleva la constitución de nuevas formas del derecho no siempre coincidentes con el modelo lascasiano. En tal sentido, las formas del derecho europeo, como era el caso de las *Leyes Nuevas*, para el franciscano debían reconocer la existencia de una estructura cultural que como grupo tenía a su vez sus propias normas. La antiguas leyes y costumbres indígenas, si bien serán motivo de censura –sobre todo en el caso de los sacrificios humanos– también se reinterpretarían acorde con los intereses de la jurisdicción eclesiástica y el principio de adoctrinamiento de la nobleza indígena como vehículo de organización de la nueva república cristiana.

A diferencia del régimen de vasallaje directo de la corona que vendría a imponerse en América con la aplicación de las *Leyes Nuevas*, Motolinía –si bien se manifiesta críticamente frente al régimen de la encomienda y la acción de conquistadores–, creemos que advierte los riesgos del desmantelamiento absoluto de un sistema colonial que afectaría directamente la continuidad del proyecto evangelizador franciscano (e incluso de otras órdenes religiosas) en Nueva España. Tal como lo ratificaremos en su polémica contra Las Casas en la *Carta al Emperador* (1555), la pérdida de la confianza en un régimen de encomienda que

---

[124] Esta puntualización realizada por Borah a propósito de las medidas sobre el concepto jurídico del miserable demuestra cómo el pensamiento español avanzó continuamente a debatir términos de conservación de cultura, a la clase de protección que la teoría jurídica y social prevaleciente ya prescribía para los pobres y miserables de la tierra en Europa (94).

cumpliera con la primigenia tarea de evangelización del indio, da paso en su *Relación* a la solicitud de reafirmación de las prerrogativas de una iglesia mendicante (y no de los obispos como plantearía Las Casas), cuya labor proteccionista hacia el indio (en el marco del derecho eclesiástico y no civil) se sustentara en la analogía del pobre-miserable.

Un ejemplo final en el contexto de su analogía bíblica es la octava plaga de los *esclavos*, la que nos permitirá comprender el alcance de nuestras observaciones, destacando, a diferencia del pensamiento de Las Casas, la significación que para el franciscano tuvo la idea de "restitución" de los bienes mal adquiridos.

c) *La esclavitud del* macehualli *y el* tlacotli *prehispano*

Dentro de la normativa del siglo XVI referida a la condición jurídica del indio, las *Leyes Nuevas* señalan una modificación importante con relación al régimen de esclavitud. En la práctica, su intento de supresión y el tratamiento de los indígenas como vasallos de la corona –lo que no sólo implicaba derechos, sino también deberes, como era el pago de tributos– debía propender a equiparar la condición jurídica del indio y el español. De esta forma, podemos deducir que si la esclavitud, según las *Leyes Nuevas*, era intolerable y estaba prohibida para los colonos peninsulares, por lógica, también lo debía estar para los señores naturales. Sea este nuestro punto de referencia, para la comprensión de fray Toribio en torno a la esclavitud:

> La octava plaga fue los esclavos que se hicieron para echar en las minas; fue tanta la priesa que en los primeros año dieron a hacer esclavos, que de todas partes entraban en México grandes manadas como de ovejas para echarlos el hierro; y **no bastando los que entre los indios llaman esclavos que ya que según su ley cruel y bárbara algunos lo sean, según ley y verdad casi ninguno es esclavo; pero por la priesa que daban a los indios que trajesen [los] que eran esclavos, traían sus hijos y macevales [macehuales]** que es gente baja como vasallos labradores, y cuantos haber y hurtar podían, y traíanlos atemorizados para que dijesen que eran esclavos; y [el] examen [que] no se hacía con mucho escrúpulo, y el hierro que andaba muy barato, dábanles por aquellos rostros tantos letreros demás del principal hierro del rey, porque cada uno que compraba el esclavo le ponía su nombre en el rostro, tanto que toda la faz trían escritas. (*Memoriales* 28, énfasis mío)

Difícilmente estos rostros marcados por el alfabeto del conquistador podrían alcanzar a comprender el sentido de pertenencia que significaba el imperio de la escritura. La plaga de la esclavitud como las "langostas que destruyeron y comieron cuanto verde había" es también una nueva interpretación de la figura del macehual, que impone un nuevo marco de coherencia a los vínculos sociales y productivos de la cultura náhuatl, mediante la coerción y el engaño. La comparación de esta "gente baja como vasallos labradores", probablemente, haya tenido como marco de referencia la conceptualización jurídica del emergente derecho indiano, dentro del cual los labradores "ya por la rudeza del trabajo, ya por la exposición a que siempre estaban sometidas sus cosechas", gozaron de la condición de miserables.[125] La feudalización de este lazo productivo, que bajo la mirada del colonizador es el principio de legitimación de la esclavitud española, para fray Toribio, por el contrario, es el ajuste de una nueva analogía entre prácticas culturales diferenciadoras, pues: "según [su] ley y verdad casi ninguno es esclavo".

Claramente, la comprensión de la esclavitud presenta para el franciscano una perspectiva distinta al momento de referir esta práctica entre los propios indianos. Incluso fray Bartolomé de Las Casas en su *Tratado sobre la esclavitud*, habría de fundamentar de qué modo "este término, esclavo, entre los indios no denota ni significa lo que entre nosotros" (231) con ello la ley del conquistador busca imponerse como la continuidad de un sistema europeo-occidental que desnaturalizaba la condición del *tlacotli*:

> El *tlacotli* era un individuo obligado a prestar servicios personales a otro en virtud de un contrato o de una pena impuesta por la ley, aunque excepcionalmente caían en esta condición los cautivos de guerra, sobre todo los niños tomados en las incursiones militares. Pese a que los cautivos estaban destinados a los dioses, los nobles podían comprar a los más hábiles para hacerlos sus *tlatlacotin*. El estado de *tlacotli* era regularmente transitorio, pues la relación jurídica podía concluir con el pago de la deuda que había dado origen a la sujeción. En este sentido pudiera equipararse la *tlatlacoliztli* –la situación del *tlacotli*– a un estado

---

[125] Ver Castañeda Delgado, 14. El autor comenta que otros teóricos del derecho, en cambio, cantaron las excelencias de la vida del campo. Y si gozaron de privilegios, no fue por su condición de miserables, sino por los grandes beneficios que prestaban a la sociedad.

de prenda personal, por medio del cual el deudor garantizaba consigo mismo la solvencia del crédito, y servía entre tanto al acreedor (López Austin 461-462)

La inclusión de esta peste de la esclavitud y con ello la sujeción semántica del estado del *tlacotli* bajo el logos colonizador, posee un efecto secundario. La simple transformación de un *macehualli* libre en *tlacotli*, o el retorno del *tlacotli* a la *libertad*,[126] queda sometida a una nueva jerarquización, que inmovilizó los cambios del individuo en las relaciones sociales y productivas de origen prehispánico. Sin embargo, la doble dimensión de este sujeto colonial, sea como macehual-tlacotli o pobre-esclavo, experimenta una zona de contacto gracias a los efectos del acto de la predicación y del bautismo de los señores principales, y la consiguiente conversión de sus prácticas idolátricas:

> [...] y luego por escrito y con intérprete los predicaban y bautizaban algunos niños, rogando siempre a nuestro Señor que su santa palabra hiciese fruto en las ánimas de aquellos infieles, y los alumbrase y convirtiese a su santa fe. Y los indios señores y principales delante de los frailes destruían sus ídolos, y levantaban cruces señalando sitios para hacer sus iglesias. Así anduvieron todos aquellos pueblos que son ocho, todos principales y de mucha gente, y pedían ser enseñados, y el bautismo para sí y para sus hijos; lo cual visto por los frailes, daban gracias a Dios con grande alegría, por ver tan buen principio y en ver que tanto habían de salvar, como luego sucedió. (*Relación* 79)

Cabe enfatizar que la individualización del sujeto colonizado a través del bautismo presenta una resignificación onomástica. Ejemplos, como el del indio *Don Francisco*, quien de señor principal se convertirá en colaborador de la acción misionera, demuestra el valor paradigmático de la conversión de estos señores principales o *pipiltin*, bajo el modelo de un *exemplum* persuasivo. Dicho tránsito, posee en el texto una nueva significación, en la medida en que refiere no sólo la condición de superioridad social de una nobleza indígena convertida, sino más bien el

---

[126] Según Alfredo López Austin, las obligaciones de servicio (actividades domésticas, transporte de mercancías, auxilio en labores agrícolas, etc.) del *tlacotli*, no impedía que estos estuvieran protegidos por ley, pues estaban libres de maltratos, conservaban sus derechos de propiedad y de familia, recibían alimentación y su acreedor no podía transmitir sus derechos sin recabar su consentimiento. Los *tlatlacotin* de collera –considerados de nivel inferior a causa de su rebeldía, inhabilidad o incumplimiento de obligaciones– podían ser destinados a la occisión en los templos (462).

sentido de una real pobreza cristiana, como una verdadera "restitución", que –a diferencia del valor judiciario que le asigna Las Casas en la conceptualizacion del sujeto español–, demuestra no los efectos punitivos sino positivos de una nueva conciencia:

> Cuanto a la restitución que estos indios hacen, es muy de notar, porque restituyen los esclavos que tenían antes que fuesen cristianos, y los casan, y ayudan, y dan con qué vivan; pero tampoco se sirven estos indios de sus esclavos con la servidumbre y trabajo que los españoles, porque los tienen casi como libres en sus estancias y heredades, adonde labran cierta parte para sus amos; y parte para sí, y tienen sus casas, y mujeres y hijos, de manera que no tienen tanta servidumbre que por ella se huyan y vayan de sus manos; vendíanse y comprábanse estos esclavos entre ellos, y era costumbre muy usada; ahora como todos son cristianos, apenas se vende indio, antes muchos de los convertidos tronan a buscar a los que vendieron y los rescatan para darles libertad, cuando los pueden haber, y cuando no, hay muchos de ellos que restituyen el precio porque lo vendieron. (*Relación* 94)

Claramente Motolinía advierte que esta "costumbre muy usada" revela una de las prácticas culturales desde tiempos prehispánicos. Su analogía con la octava plaga, demuestra de qué modo la esclavitud española busca fijar a través de la escritura del hierro el registro oral de los nahuas, en una relectura que fuerza la concordancia de los sistemas para imponer una nueva jerarquización de significaciones. Frente a esta interpretación, el ejemplo de la *restitución indiana*, además de singularizar la imagen del *pipiltin* a través del quiebre de la noción de "sujeción", permite comprender el marco ejemplar de las relaciones sociales y económicas que el cronista elabora entre señores y *macehuales*:

> Estando yo escribiendo esto, vino a mí un indio pobre y díjome: "yo soy a cargo de ciertas cosas; ves aquí traigo un tejuelo de oro que valdrá la cantidad; dime cómo y a quien lo tengo de restituir, y también vendí un esclavo días ha, y héle buscado y no le puedo descubrir; aquí tengo el precio de él: ¿bastará darlo a los pobres, o qué me mandas que haga?" Restituyen asimismo las heredades que poseían antes que se convirtiesen, sabiendo que no las pueden tener con buena conciencia, aunque las hayan heredado ni adquirido según sus antiguas costumbres forcibles, y las que no son propias suyas y tienen con buen título, reservan a los macehuales o vasallos de muchas imposiciones y tributos que les solían llevar; y los señores y principales procuran mucho que sus macehuales sean buenos cristianos y vivan en la ley de Jesucristo; cumplen muy bien lo que

les es mandado en penitencia, por cosa grave que sea, y muchos de ellos hay que si cuando se confiesan no les mandan que se azoten, que les pesa, y ellos mismos dicen al confesor [...] (*Relación* 94)

Se nos impone en este sentido, una primera conclusión, la constitución de un cuadro de organización de las relaciones prehispánicas "perfeccionadas" por la fe cristiana, las que serían asoladas por el impacto de las *Leyes Nuevas*. No debemos olvidar que en el marco de la mentalidad jurídica de la época, la separación de repúblicas indias y españolas suponía, en el caso de la primera, la conservación de su organización y usos precortesianos que no repugnaran a la ley natural y moral cristiana, los que sí era posible de perfeccionar. No en vano, el hecho de que los "principales procuran mucho que sus macehuales sean buenos cristianos y vivan en la ley de Jesucristo" aumenta el valor persuasivo de su capacidad como transmisores de la nueva fe (Borah 44-45). El acto del bautismo franciscano, criticado sobre todo por Las Casas, y la confesión, demuestra entre los indios un lento proceso de individualización, como principio de transformación de los antiguos vínculos jerárquicos prehispánicos. El caso de un señor de Michoacán, llamado Juan, quien dijo a sus esclavos "que si él hubiera tenido conocimiento de Dios y de sí mismo, que antes los hubiera dado libertad" (*Relación* 103), ejemplifica con claridad que la emergencia de esta conciencia aún opera entre la dualidad de dos sistemas: las antiguas redes de solidaridad y socialización que formaban parte de la "costumbre" prehispánica y la interiorización de un sujeto sometido al dominio ideológico y sicológico del confesor y convertido en instrumento de propaganda persuasiva. En este sentido, trataríase de una nueva forma de dominio que, frente a la escritura del rostro –como era la usanza para marcar a los esclavos–, opone la escritura de la conciencia, pues "yo no tengo de confesar sino a los que trajeren sus pecados escritos y por figuras, que esto es cosa que ellos [bien] saben [hacer] y entender, porque esta era su escritura"(*Relación* 95).

A nuestro juicio, la perspectiva de Motolinía en su *Relación* (1541) habría de manifestarse críticamente contra el régimen de la encomienda, debido a la pérdida de su función original en la evangelización del indio. Pese a ello, no podríamos afirmar que estamos frente a una posición invariable. Su solicitud de reafirmación de las prerrogativas de los frailes mendicantes (y no de los obispos como plantearía Las Casas), cuya labor proteccionista hacia el indio se sustentó en la analogía del pobre-miserable, es una primera respuesta del franciscano ante la amenaza de las *Leyes Nuevas*.

Una posición distinta ante los encomenderos es la que Motolinía habría de exponer en su célebre *Carta al Emperador* (1555), la que marca un punto relevante en las nuevas fricciones con Las Casas. Se trata de un esfuerzo final del dominico por la búsqueda de la justicia en América, gracias al rol del juez-confesor en la restitución de los bienes de los encomenderos. Aspectos que pasamos a desarrollar en las siguientes páginas.

6. Representaciones fracturadas de un modelo evangelizador: *Carta al Emperador* (1555) de fray Toribio de Benavente

Los *Memoriales, Relaciones y Cartas*, cumplieron una función importante para el conocimiento en ultramar de los sucesos de la conquista. Especialmente en el orden jurídico, la promulgación como el ajuste de diversos cuerpos normativos para las Indias, tuvo como fuente de inspiración el oficio letrado de laicos y sacerdotes. En tal sentido, cabe inscribir el discurso epistolar en una pragmática de circulación cuyo destinatario final –en el mejor de los casos– correspondía a la autoridad real, a la cual se interpeló no pocas veces con la finalidad de promover, refutar o denunciar los intereses individuales o colectivos de la conquista. Sea este el caso de la *Representación al Emperador Carlos V* (Tlaxcala, 2 de Enero de 1555), de fray Toribio de Benavente o Motolinía.[127]

Pese a haber transcurrido trece años desde la promulgación de las *Leyes Nuevas*, a mi juicio, esta fuente representa una de las piezas claves para la comprensión de las desafiliaciones doctrinales e ideológicas existentes

---

[127] Javier O. Aragón incluye esta carta en el *Epistolario* de Fray Toribio Motolinía, 157-178. En adelante todas las citas correspondientes a esta edición se indicarán con número de página al final de la misma.

entre ambos sacerdotes y con ello de sus respectivos modelos pastorales, que nos permite retrospectivamente analizar el impacto de las *Leyes Nuevas* en Nueva España y esclarecer el texto de la *Relación* de Motolinía.

Sabemos que dicha carta es una diatriba y alegato denigratorio de Motolinía, cuya motivación fue "quitar parte de los escrúpulos que el de Las Casas, obispo que fue de Chiapa, pone a Vuestra Majestad y a los de vuestros Consejos, y más con las cosas que agora escribe y haze imprimir" (159).[128] Lo que motivó de modo inmediato su redacción fue la lectura de los tratados impresos por Las Casas en Sevilla en 1552 (llegados a México en 1553), a saber, el *Tratado sobre la esclavitud* y el *Confesionario*, en los cuales Motolinía centra su denuncia, tal como analizaremos en las páginas siguientes.

6.1 "Decir, escribir e imprimir": La refutación del *Confesionario* (1552) de Las Casas

La descalificación del fraile franciscano tiene como objetivo demostrar que "No tiene razón el de Las Casas de dezir lo que dize y escribe y enprime" (160), con lo cual previamente se emplazan los niveles de interacción operantes en el discurso colonizador sobre las Indias. En tal sentido, "decir, escribir e imprimir", señalan el tránsito del logos letrado en el contexto de una pragmática de comunicación en que la oralidad (por ejemplo, de la predicación) y la letra (mediante la escritura de sermonarios, catecismos, confesionarios, gramáticas, etc.) designan una práctica comunicativa que busca perpetuar y legitimar su discurso evangelizador, sea en el contexto peninsular como americano. En otros

---

[128] Según la teoría de Isacio Pérez Fernández, los enfrentamientos entre Motolinía y Las Casas si bien ya se venían sucediendo desde 1539, serían instigados por las presiones del cabildo de la Ciudad de México, que con posterioridad a la recepción del *Confesionario* de Las Casas en 1553, reaccionó contra las acusaciones del fraile dominico. Dirigida al emperador y al Consejo de Indias, este documento habría de ofrecer argumentos ya viejos, referidos a la "leyenda negra" del conquistador y a la necesidad de manifestar su oposición a la acerba retórica lascasiana. Para una profundización de estos aspectos, ver del autor: "Motolinía, O.F.M., versus Las Casas", 69-92; "Estudio y edición crítica de la Carta de Motolinía", 1989. Otro estudio destacado sobre la epístola de Motolinía es el trabajo de Pierluigi Crovetto (1992).

términos, como instrumento de aculturación que precisa ser impreso y "sancionado" dentro del proceso de institucionalización del poder metropolitano en sus colonias. La "funcionalidad" de la palabra, modula no sólo una dinámica de la comunicación con el poder, sino también el esfuerzo de legitimar o refutar la promoción o sanción de un determinado sujeto colonial, en concordancia con determinados intereses reformistas. De ahí que la descalificación del franciscano, pretenda remontar dicha interacción discursiva, apelando directamente a la autoridad monárquica, con el objeto de rebatir las opiniones vertidas sobre conquistadores y encomenderos:

> Dize el de las Casas que todo lo que acá tienen los españoles, todo es mal ganado, aunque lo hayan habido por granjerías; y acá hay muchos labradores y ofiçiales y otros muchos, que por su industria y sudor tienen de comer. Y para que mejor se entienda cómo lo dize e inprime, sepa Vuestra Magestad que puede haber cinco o seis años, que por mandado de Vuestra Magestad y de vuestro Consejo de Indias, me fue mandado que recojiese çiertos confisionarios quel de las Casas dexaba acá en esta Nueva España, escritos de mano, entre los frailes, e yo busqué todos los que había entre los frailes menores y los dí a don Antonio de Mendoça, vuestro visorrey, y él los quemó, porque en ellos se contenían dichos y sentençias falsas y escandalosas. Agora, en los postreros navíos que aportaron a esta Nueva España han venido ya los dichos confisionarios inpresos, que no pequeño alboroto y escándalo han puesto a toda esta tierra, porque a los conquistadores y encomenderos y a los mercaderes los llama, muchas vezes, tiranos, robadores, violentadores, raptores, predones [...] (161)

Escenificar en el espacio de esta carta, la referencia a lo "dicho e impreso" por Las Casas, así como sus respectivos efectos en Nueva España, plantea la problemática de deslindar, en primera instancia, las bases retórico-argumentativas de esta carta de fray Toribio. Su crítica al *Confesionario*, plantea una aproximación a los componentes estructurales y pragmáticos del texto penitencial, con énfasis en las bases doctrinales del mismo. Especialmente referida a la propuesta lascasiana de "restitución" de los bienes, lo que originalmente considera a los confesores como artífices de un "sujeto de conciencia" americano, cuyos alcances judiciales se plantearían en contradicción con la visión de fray Toribio de Benavente.

Por otro lado, la carta es también una crítica al plano retórico-argumentativo del discurso lascasiano, el que se caracterizaría por una situación enunciativa de orden profetológica y la sanción moral sobre el sujeto español americano en las acciones de conquista. Sea éste "tirano", "raptor" o "predón", este marco de representaciones, según el franciscano, no se ajustaría a las reglas del "decoro" estilístico ni sería una representación objetiva de la realidad indiana.

6.2 El juez-confesor y el sujeto de conciencia de la conquista

¿Cuál es la base de la crítica de Motolinía al *Confesionario*? ¿De qué modo en su doctrina es posible reconocer la definición de posturas divergentes frente al proceso de evangelización? ¿Qué relación se puede establecer entre este escrito de 1552 y la promulgación de las *Leyes Nuevas*? Previo a la sistematización de estas interrogantes, conviene destacar que el *Confesionario* de 1552, intitulado, *Avisos y reglas para los confesores que oyeren confesiones de los españoles que son o han sido en cargo a los indios* [...], se inscribe en el campo de la literatura pastoral que pretende –como lo enunciara Las Casas– proveer a los religiosos de "reglas por las cuales se pudiesen guiar en el foro de la conciencia" (369).[129] En el campo de la literatura pastoral del siglo XVI, el *Confesionario* correspondería a un escrito ordenado al modo de la pastoral penitencial, pero –según Antonio Gutiérrez– más bien se lo podría considerar como un fragmento de una «suma» de casos, es decir, de tipologías de conciencias que regulan la práctica de la penitencia americana,[130] pues:

> [...] toca tres géneros de personas que pueden venirse a confesar: o son conquistadores, o pobladores con indios de repartimiento, que por otro nombre se llaman comenderos, o que tienen encomiendas de indios; el tercero

---

[129] Para una ampliación de estas observaciones de Antonio Gutiérrez, ver 252-254.
[130] Según Antonio Gutiérrez, cuando en 1544 regresa Las Casas a América como obispo de Chiapas, tiene muy pronto necesidad de promulgar normas para regular en su diócesis la práctica del sacramento de la penitencia en el marco de toda una programación pastoral, siendo quizá un memorial de casos cuya absolución se reservaba, promulgando entonces el origen o núcleo inicial de las doce reglas de su *Confesionario*. Son conocidas las dificultades que tuvo con sus diocesanos, en las que tuvo principal parte la doctrina penitencial, pero no abandonó sus convicciones y en la junta de prelados celebrada en México, el año 1546, perfeccionó su confesionario y se aceptaron sus ideas (255).

es mercaderes, no todos, sino los que llevaron armas y mercadurías a los que conquistaban y hacían guerra a los indios, estando en aquel acto bélico. (*Confesionario* 369)

Las 12 reglas que Las Casas enunciará en su *Confesionario* rigen el acto de penitencia y se aplican para "restituir todo lo que todos robaron y tan inicuamente adquirieron y los daños que hicieron" a los indios (372). Como tales, éstas son aplicables a una tipología peninsular que ha actuado contra la justicia, movidos por la ambición y la codicia. Para Las Casas, difícilmente los conquistadores podrían tener un comportamiento distinto. Así la naturaleza de dicha restitución variará según la taxonomía social originalmente descrita, tal como la propone en relación con los encomenderos:

> Octava regla: si el penitente comendero que se confesare no estuviese en artículo de la muerte, sino sano, y con esto fuere pobre que no tenga más de lo que le dan los indios de tributo, entretanto que el estado de los indios está como está hoy abatido, que estén tasados los indios en mucho, que estén en poco, el confesor tase el estado y gasto del tal penitente [...] y mándele que no lleve más de solamente aquello, y póngale otras algunas reglas que cerca de esto le pareciere, así como que en cuanto pudiere trabaje de hacer enseñar y doctrinar por los religiosos a los indios, y él por su persona, conforme a su posibilidad, los enseñe y defienda y procure por ellos, y les ayude y favorezca ante las justicias y otras personas, y finalmente, les socorra e ayude en sus necesidades. (*Confesionario* 375)

Las medidas que Las Casas propuso para los penitentes, que llegaron a incluir para el caso del conquistador la elaboración de "una escritura pública por la cual se obligue a estar por la determinación de lo que el confesor de su hacienda toda ordenare y viere que conviene a su conciencia", demuestran que su interés se centra no tanto en una teología del sacramento de la penitencia, sino más bien en casos concretos de restitución.[131]

---

[131] El esfuerzo lascasiano por abolir las encomiendas, si bien no fructificaría con las *Leyes Nuevas*, mantendría su objetivo: "Y si ya no parecía posible aspirar a obtener una decisión real para lograr el remedio de las Indias con leyes radicales de reforma que suprimieran las encomiendas y prohibieran toda entrada en tierra de indios como empresa armada –aunque tuviera el carácter de «pacificación»–, podía en cambio sustituir la antigua táctica promotora para seguir otra senda, que a partir de este momento emprenderá con toda decisión. **El objetivo será el mismo, aunque no el procedimiento: obtener la extinción práctica de las encomiendas no por imposición,**

Esta doctrina, sistematizada en el *Confesionario* –fruto de la última etapa de su actividad evangelizadora en América– ofrece una variedad de soluciones controvertidas, que indudablemente estuvieron reñidas con los intereses de conquistadores y encomenderos. La inacabable contienda entre los ideales lascasianos, que plantean la crítica acerba y reformista de la realidad americana, y los intereses materiales de estos grupos, hacen que la demanda del obispo de Chiapas adquiera un alcance utópico.[132] Sin embargo, este ideario ya se había hecho presente en tiempos de las *Leyes Nuevas,* tal como podríamos constatarlo en su *Representación al Emperador Carlos V* (1542), en donde no sólo se traducen los alcances teológico-pastorales de la restitución, sino que también los efectos políticos y económicos que reconoceríamos en contraste con la postura de Motolinía.[133]

6.3 La justicia conmutativa de la "restitución" y la jurisdicción sobre el indio

En 1542, fray Bartolomé de Las Casas habría de escribir una epístola para denunciar los atropellos cometidos por los españoles en América. Dicho texto es considerado uno de los ejemplos relevantes de la producción lascasiana, en que se apela al Emperador Carlos V, para denunciar "los delictos e insultos inexpiables que los españoles a Dios, nuestro Señor, han hecho en las Indias, e deservicios incomparables de daños a V. M., destruyendo e matando aquellas tantas y tan innumerables mansas y

---

sino por renuncia voluntaria de sus poseedores –o al menos disminuir las existentes– ante la efectiva negación de los sacramentos a quienes no se desprendieran de sus indios y llevaran a cabo la restitución de bienes adquiridos. Al fin y al cabo contaba ya con la experiencia de los intentos aislados que él mismo había protagonizado en Puerto de Plata y en Chiapas" (Demetrio Ramos 871-872, énfasis mío).

[132] Para un desarrollo mayor de este alcance utópico ver el estudio de José Antonio Maravall.

[133] Será el tratado latino de Las Casas, *De unico vocationis modo omnium gentium ad veram religionem* (1536-1537 ?), en el que se da la primera sistematización teórica del principio de "restitución". Debemos señalar que tal principio ya se encontraba vigente en la legislación indiana, gracias a las exigencias de Las Casas en su Carta al Consejo del 20 de enero de 1531. Medida adoptada como regla general en la Junta de teólogos en México, año de 1546. Sobre este punto ver Juan Friede (1952).

domésticas gentes"(101).¹³⁴ Su exordio anticipa el empleo de una *probatio* que pretende demostrar que dichas posesiones americanas "las han robado a los Vasallos [indios] de V.M., y por consiguiente, a su real patrimonio" (101). De esta forma, Las Casas entabla una causal deliberativa que pretende debatir sobre la *justicia* o *injusticia* de estos sucesos americanos, y de su grado de lealtad a la monarquía, lo que bajo su perspectiva debe tener una urgente enmienda. Dentro de las cuatro razones de esta *argumentatio*, – que pretenden demostrar el que "sea católica y justa esta tal ordenación y constitución"– la noción de "restitución" semantiza la conquista española como un acto de usurpación.¹³⁵ De ahí que la exhortación al monarca se plantea como una demanda de restauración judiciaria, la que tiene para Las Casas una triple fundamentación: teológica, moral y jurídica:

> Y porque ninguna restitución puede ser más conveniente y favorable como es la población de aquellas tierras: lo uno, por ser en favor de la fe que en ellas se ha de plantar en las gentes que han quedado y quedaren de las muertes que aquellos delincuentes hacen y han hecho, y en las que hay en otras tierras donde aún la pestilencia de su sangriento cuchillo no ha llegado; lo otro, porque convenga o corresponda la *restitución de sus delitos*, conviene a saber, que pues destruyeron y despoblaron provincias, matando y talando los hombres y pobladores dellas,

---

[134] Todas las referencias a la "Representación al Emperador Carlos V (1542)", se harán según la edición de Paulino Castañeda. Probablemente, trátase de una carta que refiere la situación acontecida en la isla Española, sin embargo las comparaciones y proyecciones de esta situación con el resto de las colonias hispanas no le son ajenas al dominico, lo que permite justificar el carácter paradigmático de sus demandas a la corona, tal como lo entendió Motolinía.

[135] La explicación lascasiana expuesta en la misiva es como sigue: "Que sea católica e justa tal ordenación y constitución probámoslo por las siguientes razones: la primera, porque todos los bienes que todos los conquistadores en todas las Indias tienen, todos son robados y por violencias enormísimas y gravísimas habidos, y tomados a sus propios dueños y naturales propietarios y poseedores que eran los indios [...]" (102). La 2ª. razón que hace justa la tal ordenación es, porque si V.M. no los constriñe a hacer esta restitución y contribución, sería causa que delictos tan nefandos y cosas tan enormes y malas y tan dignas de detestación y abominación de todo último suplicio, no se tuviesen por los delincuentes pecadores y obradores dellas y destruidores de tantas gentes por malas, no cognoscisen sus grandes pecados [...] La 3ª. razón es, porque, ya que fueran los dichos bienes propios, V.M., pudiera justamente pedirles cierta parte dellos y ellos fueran obligados y darla, de Derecho natural y divino, como sea para efectuar la predicación y dilatación de la fe y propagación de la religión cristiana y salvación de tan infinitos próximos [...]" (103). La 4ª. razón es, porque como todos los sobredichos conquistadores y los que después se han aprovechado de los indios, y los han oprimido, y fatigado, y muerto por les robar, o por coger con ellos oro, en ninguna manera se puedan salvar, si no restituyen todo lo que así han robado, adquirido y tan mal ganado [...]" (103-104).

> por ende, justísima y muy razonable cosa es, que con los dineros que de aquellos insultos y pecados grandes hobieron, se tornen a *reformar y poblar de otros hombres*, llevados destos reinos, las dichas despobladas y destruídas tierras y provincias. Y en esto, V.M. no puede dispensarse, con todo su poder, como la restitución de lo robado y tiranizado, y satisfacción de las injusticias, daños y agravios hechos a los inocentes, sea mandada de ley natural y Derecho divino, cualquiera de los cuales V.M. no puede relajar, ni aflojar, ni dispensar en ellos. (102-103, énfasis mío)

El eje conceptual que organiza esta misiva se complementa con otras demandas al Emperador, que coordinadamente jerarquizan su función política, mediante la sanción (revocación) de la impunidad española. De esta forma, *restitución-población y reformación*, circunscriben una triada conceptual que terminan por ser legitimadas al interior de un pensamiento humanista cristiano que, regido por dos formas de ley, la natural y divina, culmina dando respuesta (*refutatio*)[136] a los juicios adversos que pudieran elevarse, argumentando de modo categórico, la falta de legalidad en las acciones de conquista:

> Y de todas las provisiones e instrucciones que les fueron dadas [gobernadores y capitanes] que contenían la justa y recta y cristiana voluntad de vuestra Majestad y de los susodichos señores reyes pasados, una ni ninguna jamás nunca guardaron, antes las hicieron todas frustratorias y defraudaron la intinción real y de V.M., haciendo siempre al contrario dellas; por manera que, no solamente todas las guerras que hicieron fueron hechas sin autoridad y licencia y sin poder de Vuestra Majestad y de los reyes pasados, pero todos los actos y obras que hicieron cerca y contra los indios fueron carecientes de la dicha real licencia y poder y autoridad, como estamos aparejados a probar cada y cuando que Vuestra Majestad fuese servido que lo hagamos. (107)

Dicha falta de autoridad de los conquistadores que metonímicamente también reprueba la posesión de sus dominios –tanto en el "foro de Dios y de la conciencia, pero también en el foro judicial"– es el resultado del robo y la injusticia. La denuncia de Las Casas es que, en última

---

[136] "No ignoramos que habrá quien diga a V.M. que tomar así estos dineros a los cristianos y compelellos a que restituyan lo que a los indios han robado y tiranizado, ya que la razón los convenza a confesar que todo lo que en las Indias se ha hecho haya sido muy malo, y que sean por ello obligados los delincuentes a restitución, pero no embargante esto, dirán que V. M. no lo debe hacer porque dello se seguirán grandes inconvenientes [...] En particular, respondemos a cada argumento o inconveniente"(Las Casas 105-106).

instancia, se ha procedido contra el patronato indiano, lo que de por sí justifica la restitución de los bienes indígenas y la revocación de mercedes y encomiendas. Beneficios que deberían ser útiles para la "población y reformación de las tierras y reinos que ellos han destruido", a fin de que sobrevenga, como señalara el fraile dominico, "el tiempo felice de justicia, y reformación, y orden, y paz".[137]

Cabe enfatizar en este contexto que la revocación del sistema de encomiendas y la restitución de los bienes, representa para Las Casas un mecanismo de corrección de los inicuos hechos de la conquista. Como observamos, ya en las *Leyes Nuevas* la abolición de las encomiendas será uno de los temas claves que habría de causar tal revuelta en las colonias, que conllevaría su revocación. Pero, asimismo, destaca la apelación a la autoridad monárquica, con el objeto de que éste logre remediar a tiempo la destrucción material y espiritual de las Indias. ¿Sería acaso la supresión de las encomiendas y el rol del juez confesor un nuevo intento del dominico por intervenir un régimen colonial caracterizado por la "leyenda negra"? Y, en caso de que se lograse suprimir este régimen, cuáles serían sus efectos y en manos de quién descansaría el derecho de jurisdicción sobre el indio: en los frailes franciscanos, dominicos, corregidores, obispos o en el propio rey?

Por ahora, los alcances ideológicos de la teorización aquí expuesta demuestran la aplicación de la doctrina tomista en la etapa lascasiana de la llamada "presión de conciencias".[138] El desasosiego que dicha concepción

---

[137] "Como Vuestra Majestad sea justísimo rey y haya y deba reformar aquellas tan grandes quiebras y roturas y perdiciones, al menos en cuanto le fuere posible, porque tantas gentes no podrá resucitar ni sacar las ánimas que arden en los infiernos, ni mandalles satisfacer los grandes agravios temporales y corporales que han rescibido; y quiera Vuestra Majestad poner orden y justicia en aquellas tierras, donde nunca la ha habido, y, por consiguiente, sobrevenga tiempo felice de justicia, y reformación, y orden, y paz, entre las cosas que V.M. ha y debe de hacer, lo principal es declarar por injustas y tiránicas y malas y nefandas e inválidas de derecho cuantas cosas en las Indias se han hecho y cometido, y mandar restituir y satisfacer y tornar en su pristino estado a todos los agraviados, en cuanto fuere posible [...]" (109-110).

[138] Una precisión que conviene realizar en este sentido es la diferenciación al menos de tres etapas en el desarrollo de la figura y el ideario lascasiano. Según Demetrio Ramos: "[...] estos tres Las Casas que dibujamos –el de la primera época, como gestor de empresas directas; el de la segunda, como impulsor de soluciones impositivas– como las Leyes Nuevas, –y el de la tercera, como motor activo de los confesionarios–, no están radicalmente individualizados, puesto que sus tres tipos de acción se imbrican más de una vez. De ello es buen ejemplo la empresa de la Verapaz,

produjo en Motolinía, lo registra claramente este escrito al emperador *Carlos V*, en el que solicitaría se sometieran al dictamen incluso del Sumo Pontífice, las reglas de este escrito penitencial de 1552:

> La tercera cosa es rogar por amor de Dios a Vuestra Magestad que mande ver y mirar a los letrados, así de vuestros Consejos como a los de las universidades, si los conquistadores, encomenderos y mercaderes desta Nueva España están en estado de resçebir el sacramento de la penitençia y los otros sacramentos, sin hazer instrumento público por escribano y dar cauçión juratoria; porque afirma el de las Casas que sin éstas y otras diligencias no pueden ser absueltos; y a los confesores pone tantos escrúpulos, que no falta sino ponellos en el infierno. Y así [?] es menester esto se consulte con el Sumo Pontífice, porque qué nos aprovecharía a algunos que hemos bautizado más de cada [uno] trezientas mill ánimas, y desposado y velado otras tantas, y confesado otra grandísima multitud, si por haber confesado diez o doze conquistadores, ellos y nos nos hemos de ir al infierno. (161)

Delimitado este campo de redes textuales entre las misivas de fray Bartolomé (1542) y fray Toribio (1555) al Emperador, nuestra interrogante apunta, por un lado, a reconocer cuáles son los alcances teológicos, morales y políticos de este sujeto de conciencia –especialmente referido a la representación lascasiana del conquistador-encomendero–, que despertara los recelos del franciscano. Cabe señalar que la clarificación de esta interrogante requiere adentrarse en la dimensión teológica y antropológica de la restitución, entendida como un acto de justicia conmutativa de raíz teológica, según la define Cantú:

> Según la teología moral de Santo Tomás de Aquino, la restitución es un acto que pertenece a la justicia conmutativa: "restituere est iterato statuere aliquem in suae rei possessionem".
> Cuando el cristiano, en su relación con el prójimo o con la comunidad ha realizado un acto de fraude, es decir, se ha apropiado con la violencia, con el engaño o con la malicia de uno o más bienes que no le pertenecen, él está obligado a restituir la entidad del daño patrimonial producido. Además, si con su apropiación indebida o por las modalidades puestas en acto para conseguir su fin ha causado también daños morales (angustias de vida, sufrimientos, opresiones, de la justicia o la libertad) está obligado a ofrecerles satisfacción, es

---

que incluso parece una reviviscencia de la primera época. Pero, con todo, no es menos evidente que en cada una de estas etapas de su vida carga su acento en las soluciones y métodos indicados, ante las posibilidades de la respectiva circunstancia". Ramos 862-863.

decir, debe retribuir, hasta el límite de sus posibilidades: "nec obstat si damnum de remissione patitur, quia ipse sibi causa fuit iniuste auferendo".
La búsqueda de quien ha sufrido la expoliación y daños y, los daños morales concomitantes o consiguientes va a ser realizada con diligencia. En el caso que no pueda identificarse la suma de la compensación tiene que ser entregada en las manos del obispo o del regidor de la comunidad ciudadana o del Estado que ha sufrido indirectamente el prejuicio. Por su mediación, ésta será distribuida a los pobres, sucesores en el título de propiedad al patrón desconocido. De tal modo vendrá de cualquier manera salvaguardada la *aequalitas iustitiae* (235-236, mi traducción).

Las consecuencias de esta doctrina cabe examinarlas en diversos ámbitos de reflexión, pues no sólo la doctrina lascasiana vería en la teoría de la restitución el fundamento de la obligación moral de los españoles de reparar integralmente el daño acarreado a la población india en la guerra de invasión, sino que además conlleva una significación judiciaria y económica:

> La cláusula particular, en significativa unión con el contexto general nos da una interesante indicación de cómo la restitución no sea considerada más bajo la connotación exclusiva de la sanción y condonación moral o del medio principal para el autofinanciamiento del proyecto de reforma –y ni se le ocurra al soberano, sobre todo, pensarlo como posible enriquecimiento de su disponibilidad económica para satisfacer *las necesidades que Vuestra Majestad padece acá*. Se presenta en vez como una suerte de justa desapropiación de una riqueza adquirida de manera engañosa. Y eso para conseguir un doble objetivo. En primer lugar, de hecho, provoca el restablecimiento de una condición de justicia en la comparación de los Indios saqueados y oprimidos, sin la cual la toma de posesión de los españoles en América está desprovista de cualquier título de legitimación [...]. En segundo lugar, la restitución permite desviar la cantidad de riqueza acumulada en las Indias, de las manos de pocos, que se la gozan parasitariamente, para restituirla al goce de muchos, a través de su reinversión en nuevas actividades económicas, como capital de empresa o como remuneración de aquellos que deben ser los verdaderos protagonistas de la *población* española de las Indias, es decir, los trabajadores y en particular los campesinos. (254-255, mi traducción)

De esta forma el proyecto de restitución, a través de su dimensión económica, se transforma en "capital" para una nueva distribución de las riquezas, que racionaliza las bases para un proyecto de repoblación, predicación e instrucción de los indios americanos. Tal hecho descubre los alcances pragmáticos de los denodados esfuerzos lascasianos por resolver las inmediatas necesidades pastorales de su tiempo, en contradicción incluso con los intereses laicos y religiosos en América. La epístola de Motolinía y, más tempranamente, su *Relación de los Indios* (1541), ejemplifican claramente dicho acto de resistencia, pues contradice el modelo lascasiano para reafirmar la función del encomendero y el proyecto de cristianización de los gentiles:

> Dize en aquél su confisionario que los encomenderos son obligados a enseñar a los indios que le son encargados, y así es la verdad; mas dezir adelante que nunca, ni por entre sueños, lo han hecho, en esto no tiene razón, porque muchos españoles, por sí y por sus criados, los han enseñado según su posibilidad; y otros muchos, a do no alcançan frailes, han puesto clérigos en sus pueblos; y casi todos los encomenderos han procurado frailes, así para los llevar a sus pueblos como para que los vayan a enseñar y a les administrar los santos sacramentos. Tiempo hubo que algunos españoles ni quisieran ver clérigo ni fraile por sus pueblos; más días ha que muchos españoles procuran frailes, y sus indios han hecho monesterios, y los tienen en sus pueblos; y los encomenderos proveen a los frailes de matenimiento y vestuario y ornamentos, y no es maravilla quel de las Casas no lo sepa, porqué no procuró de saber sino lo malo y no lo bueno, ni tuvo sosiego en esta Nueva España, ni deprendió lengua de indios, ni se humilló ni aplicó a les enseñar. Su ofiçio fue escribir proçesos y pecados que por todas partes han hecho los españoles, y esto es lo que mucho encareçe y çiertamente sólo este ofiçio no le llevará al çielo [...](Fray Toribio de Benavente, *Carta al Emperador* 163)

Esta clara defensa de la función de la encomienda, que debía resguardar la formación cristiana de los indios, asume para Motolinía una significación moral y económica positiva. Sin embargo, hay un elemento que implícitamente se hace presente en esta etapa del pensamiento lascasiano y corresponde a un posicionamiento político de aspiraciones reformistas, que trasciende las demandas morales y económicas de su *Carta al Emperador* (1542), para transformarse, según Cantú, en un problema de gravitante relevancia en el contexto colonial, la jurisdicción sobre el indígena:

> Efectivamente, con la nueva instalación de la entera cuestión "Conquista-restitución" en el *Confesionario*, los problemas de la protección del indio prácticamente cambian de jurisdicción, pasando de aquella civil –que habría manifestado hasta la saciedad su propia ineficacia– a aquella eclesiástica. El

regreso a la confrontación directa con la realidad indiana a finales de 1544, después del paréntesis español, y a más razón en una diócesis que incorpora, en su jurisdicción, el territorio de Vera Paz [...]; este fracaso se reconoce en aquel período turbulento con la aplicación de las *Leyes Nuevas*, sustancialmente revocadas por Carlos V entre 1545 y 1546 en las partes más calificadas referidas a la abolición de la *encomienda* bajo circunstancias históricas importantes para explicar por qué el protagonista del escrito lascasiano no sea más el rey, como en el texto de 1542, sino el obispo. (264, mi traducción)[139]

Este planteamiento final nos lleva a algunas conclusiones que desde este marco de redes textuales referidas a las concepciones lascasianas, podríamos enunciar en los siguientes términos. En primer lugar, la coincidencia programática que la voz *restitución* posee en la *Representación al Emperador* (1542) y el *Confesionario* (1552), evidenciaría imbricaciones de diverso alcance teórico. Por un lado, a través de las connotaciones judiciales del término como "sanción" y "redención moral"; por otro lado, como principio económico para el autofinanciamiento del proyecto de reforma americana. Con ello la doctrina tomista adquiere una clara dimensión en lo que Lewis Hanke (1949) ha llamado, la lucha por la justicia en la conquista de América, revelando zonas de contacto con la percepción humanista-cristiana del sujeto, a través de una doble función: sea ésta *correctora* de las "malas conciencias" colonizadoras (conquistadores, encomenderos, etc.), como también *productiva* en el proceso de reforma espiritual y población americana.

En segundo lugar, el acento apelativo a la autoridad monárquica en demanda de justicia, tal como se identifica en su *Representación al Emperador*, en el transcurso de una década ha dado paso a la llamada

---

[139] Juan Friede a este respecto señala: "Pero hacia el año 1540, se produce en el movimiento lascasiano un significativo viraje que los distancia completamente de los otros movimientos indigenistas. Este cambio no es de orden ideológico, sino político. Las Casas abandona una práctica que se contentaba con sólo 'convencer' a los españoles de que su actitud frente a la población indígena era digna de condenación, y comienza a 'imponer' al español americano el cumplimiento de aquellos postulados ideológicos, por los cuales su partido –el indigenista– luchó casi desde el Descubrimiento: la libertad del indio frente a su conquistador, principio consagrado ya por aquel entonces –aunque con algunas reservas– en muchas cédulas reales y bulas papales, y propugnado por muchos teólogos y juristas. Este nuevo viraje cambia totalmente el aspecto del movimiento lascasiano, que pierde su carácter hasta entonces esencialmente doctrinario y moralista, y se sitúa en un campo estrictamente americano" (Ver Friede, "Las Casas y el movimiento" 384-385).

interior del *Confesionario*, lo que señala de manera clara el tránsito desde la justicia civil a la eclesiástica, mediante la presión de las conciencias.[140] No en vano, en este nuevo foro, "los confesores son obligados de precepto natural y divino a constreñir a los que confiesan que hagan la dicha caución antes que los absuelvan" (*Confesionario* 369). Dicha etapa despliega el itinerario de una relación con la autoridad civil (representada por el monarca y el cuerpo jurídico-legislativo colonial), caracterizada por la búsqueda de nuevos recursos coactivos para el cumplimiento del ideario de protección del indígena que no lograra cristalizar con las revocadas *Leyes Nuevas*.[141]

En otros términos, la práctica judiciaria del siglo XVI, exhibe el tránsito desde la competencia de las autoridades administrativas a la obligación que impone la presión de las conciencias sobre el sujeto colonial ejercida por el juez-confesor. Dicha transformación plantea la necesidad de una revisión en torno a las diferentes perspectivas con que las Órdenes interpretaron la originaria idea de "protección" sobre el indígena a través de la encomienda. En tal sentido, la representación del sujeto

---

[140] "Pero, del mismo modo que en los Avisos y reglas para los confesores se preveía un arrepentimiento de los penitentes con la disposición a aceptar las leyes que diera el rey contra la encomienda, como si pensara que su empresa de presión sobre las conciencias permitiría la reimplantación de las Leyes Nuevas, también establece un procedimiento que permite el sostenimiento de su campaña compulsiva. La obligación a recibir esas leyes, por imperativo de confesión, se establecía en estos términos: «Item, que esté aparejado para recibir lo que del rey viniere ordenado, y en ninguna manera suplique no de otra manera direte ni indirete resista a ley ni provisión, ni mandado que el rey proveyere en este caso [sobre restitución y libertad para los indios]», antes induzca a los demás que lo obedezcan y cumplan.» Así, los que se sometían a la confesión no sólo restituirían sino que, automáticamente, habían de convertirse en quinta columna activa contra el mantenimiento de las encomiendas" (Ramos 893).

[141] "A la oposición de las autoridades coloniales, el obispo y sus acompañantes con el empleo general y riguroso de las penas eclesiásticas de que dispone Las Casas como religioso (excomunión, señalamiento de confesores especiales, entredichos, etc.), tratando así de obligar a los encomenderos y autoridades al cumplimiento de las 'Nuevas Leyes', a pesar de que se ha apelado legalmente contra ellas, lo que en la práctica colonial implicaba su tácita suspensión. La innovación que introdujo Las Casas con esta política de utilizar generalmente las penas eclesiásticas contra los españoles negligentes en la observancia de las leyes protectoras de los indios es trascendental. Anteriormente, tal negligencia hubiera implicado la intervención de la jurisdiscdicción civil (Cabildo, Audiencia, Consejo) –con sus dilaciones e incumplimientos– mientras que ahora pasa a la directa competencia de la justicia eclesiástica cuyos exponentes son el confesor, el obispo, el arzobispo y el papa". Friede 398-399.

colonial (colonizador o colonizado), se escenifica sobre el trasfondo de una problemática de "potestad" o "autoridad" sobre el indio, sea civil o eclesiástica, la que sería ratificada mediante el escrito jurídico. Fenómeno ante el cual la práctica del conquistador o colono encomendero, no hacía sino interpretar las leyes conforme a sus intereses o privilegios, siguiendo la fórmula de la época, para "acatarlas, pero no obedecerlas". Sin embargo, no se trata de un cuestionamiento –según el concepto jurídico de la época– a la "obediencia" real, sino más bien trataríase de una defensa de los intereses personales adquiridos durante la conquista. Probablemente, el esfuerzo lascasiano de abolir las encomiendas, ya no por la imposición de leyes radicales de reforma como lo pretendieron ser las *Leyes Nuevas*, sino por la renuncia voluntaria ante la efectiva negación de los sacramentos por el juez-confesor, pudo alertar a fray Toribio de Benavente sobre las consecuencias que dicho principio podría tener para la estabilidad del régimen colonial y el proyecto de sustentación de un *estado indocristiano* de la iglesia mendicante en América. Aspecto que finalmente se integra en la exposición denigratoria del franciscano, a la cual aludiremos para completar la caracterización de este plano del enunciado en su *Carta al Emperador* (1555).

6.4 Gobernación y república de la sociedad novohispana

La construcción del sujeto español en el *Confesionario*, pone en circulación para fray Toribio uno de los principios caracterizadores del discurso lascasiano, la generalización de su amoralidad e iniquidad frente al indígena, lo que motiva su inmediata reacción, ya que: "todos los conquistadores han sido robadores, r[a]ptores, y los más calificados en mal y crueldad que nunca jamás fueron, como es [a] todo el mundo ya manifiesto". Todos los conquistadores, dize, [Las Casas] sin sacar ninguno" (161). Frente a este planteamiento es interesante destacar que la fracturación de las representaciones en el discurso de fray Toribio recurre de igual modo a la práctica de la confesión-restitución, para exponer epidícticamente la imagen cortesiana como modelo del conquistador cristiano:

> [...] Y algunos que murmuran del marqués del Valle, que Dios tiene, y quieren ennegrecer y escurecer sus obras, yo creo que delante de Dios no son sus obras tan acetas como lo fueron las del marques. [...] Confesábase con muchas lágrimas y comulgaba devotamente, y ponía a su ánima y hazienda en manos del confesor para que mandase y dispusiese della todo lo que convenía a su conciencia. Y así, buscó en España muy grandes confesores letrados con los cuales ordenó su ánima e hizo grandes restituciones y grandes limosmas. Y Dios le visitó con grandes afliciones, trabajos y enfermedades para purgar sus culpas y alinpiar su ánima. Y creo ques hijo de salvación y que tiene mayor corona que otros que lo menosprecian. Desde que entró en esta Nueva España trabajó mucho de dar a los indios conoscimiento de un Dios verdadero y de les hazer predicar el Santo Evangelio [...] (*Carta al Emperador* 173)

En este ámbito, la crítica de fray Toribio se hace extensible no sólo a la representación lascasiana del hombre de armas, sino también al de letras, pues "también injuria y condena a todos los letrados que hay y ha habido en toda esta Nueva España, así eclesiásticos como seculares, y a los presidentes y audiencias de Vuestra Magestad" (161). Con ello Motolinía evidencia los alcances de la "leyenda negra" lascasiana a todo el proceso de institucionalización de la autoridad virreinal en América, lo que permite denunciar sus efectos negativos para la expansión y trascendencia de la nación, sea en el Viejo como en el Nuevo Mundo:

> También diz[e] que todo cuanto los españoles tienen, cosa ninguna hay que no fuese robada. Y en est[o] injuria a Vuestra Magestad y a todos los que acá pasaron, así a los que truxeron haziendas como[o] a otros muchos que las han conprado y adquerido justamente. Y el de las Casas los deshonra por escripto y por carta inpresa. Pues ¿cómo? ¿así se ha de infamar por un atrevido una nación española con su príncipe, que mañana lo leherán los indios y las otras nasciones? (165)

> Y Dios perdone al de Las Casas, que tan gravísima[mente] deshonra y disfama, y tan terriblemente injuria y afrenta una y m[uchas] comunidades, y una nasción española y a su príncipe y consejos, con todo[s los] que en nombre de Vuestra Magestad administran justicia en estos reinos. (168)

En otros términos, el estado monárquico como máxima autoridad de este cuerpo institucional americano –de acuerdo a la denuncia de fray Toribio– se transforma metonímicamente en centro de las acusaciones lascasianas. La crítica al sujeto letrado, se proyecta en el ordenamiento colonial como una amenaza a la estabilidad de lo que él considera las dos repúblicas americanas: la de españoles y de indios. De ahí que sea posible desprender que para Motolinía –quien todavía se inscribe en tiempos de un optimismo apostólico mediante la conversión de los indios– el equilibrio entre ambos sistemas jurisdiccionales sería la base para la fundación de una efectiva sociedad "novohispana":

> [Y] así se hace, y con todo esto el de las Casas dize lo ya dicho y más, de manera que la principal injuria o injurias haze a Vuestra Magestad, y condena a los letrados de vuestros Consejos llamándo los muchas vezes injustos y tiranos. Y tanbién injuria y condena a todos los letrados que hay y ha habido en toda esta Nueva España, así eclesiásticos como seculares, y a los presidentes y audiençias de Vuestra Magestad; porque çiertamente el Marqués del Valle, y don Sebastián Ramírez, obispo, y don Antonio de Mendoça, y don Luis de Velasco, que agora gobierna con los oidores, han regido y gobernado muy bien anbas repúb[li]cas de españoles e indios. Por çierto, para con unos poquillos cánones quel de l[as] Casas oyó, él se atreve a mucho, y muy grande pareçe su devergüenza y poc[a] su humildad. (161)

Desde esta perspectiva, la conquista del espacio americano se inscribe en la epístola de Motolinía en una dimensión no sólo espiritual, sino también geopolítica. En contraposición a la denuncia lascasiana, es decir, frente a sus modelos de representación del sujeto colonial americano, la perspectiva del franciscano más bien propende a la legitimación de la institucionalidad colonial, a fin de garantizar la sobrevivencia de dichos sistemas, ya que la acción de Las Casas "turba y destruye acá la gobernación y la república" (163).

"Gobernación" y "república" afirman, en definitiva, una de las problemáticas que, a mi modo de entender, señalan los cauces de la presente reflexión de fray Toribio de Benavente. Frente a la lucha por la justicia lascasiana, que mediante ciertos modelos de representación, pretendió –ya con las *Leyes Nuevas*– buscar soluciones impositivas como la intervención de la jurisdicción civil; o bien, en esta nueva etapa, instrumentalizar la práctica confesional como herramienta de restitución judiciaria de la iglesia; para fray Toribio de Benavente, su problemática deriva de otra perspectiva frente al proceso de institucionalización de la iglesia en América. La suya surge de la idea *jurisdicción*, no como juez en el sentido lascasiano aquí expuesto, sino más bien como protección del *territorio* conquistado.[142] Según el término de Clavero, el "*status de etnia*" (Cit. en Cuena Boy 111) de los indios "miserables", les granjeaba privilegios en el terreno de la administración de justicia, lo que ya prefigura un conflicto de envergadura entre la jurisdicción eclesiástica y civil.

A primera vista no podríamos distinguir discrepancias de fondo sobre la defensa del régimen tutelar sobre el indio por parte de ambos eclesiásticos, más aún si recordamos que en 1528 un protector de indios como el franciscano Zumárraga debió velar por la "defensa, instrucción, conservación y aumento de los nativos" (Cuena Boy 114), con el natural rechazo de la Primera Audiencia y la desconfianza de colonos y encomenderos. En este marco de contraposiciones, la perspectiva jurídica lascasiana buscó extremar las medidas de presión sobre autoridades y encomenderos en el cumplimiento de sus derogadas *Leyes Nuevas* (1542-1543), poniendo bajo la esfera de la justicia eclesiástica aquello que debió ser materia de la autoridad civil en América. Recordemos que en octubre de 1545, en pleno debate sobre la aplicación de las *Leyes Nuevas*, los obispos de Chiapas (Las Casas) Nicaragua y Guatemala, presentarán a la Audiencia una petición de reconocimiento de la condición miserable del indio y, con pena de excomunión, del absoluto privilegio de la jurisdicción eclesiástica en sus materias. Resulta claro que esta medida planteaba la pérdida de la jurisdicción real sobre sus vasallos indígenas, la que sería progresivamente revertida desde mediados del siglo XVI con la tendencia a nombrar protectores laicos, reafirmando la potestad del rey y sus ministros en la protección del indio.[143]

---

[142] Según Manuel Josef de Ayala, en las *Partidas* se define a los jueces como: "Los juzgadores, que fazen sus oficios, como deven, como omes buenos, que son puestos para mandar, e fazer derecho" (133). Esta definición genérica que engloba a todos aquellos que administran justicia, admite una separación, dependiendo de las potestades: sean eclesiásticas y seculares. Distinta es la "potestad" que tienen los jueces de juzgar y hacer ejecución de los juzgado, es decir, la llamada jurisdicción. Recuérdese que la palabra jurisdicción se deriva de la expresión latina *ius dicere*, o *jurisdictione*, es decir, la potestad de declararlo o aplicarlo a los casos particulares, de ahí que se la vincule a la primera noción descrita (jueces), pero asimismo se toma la palabra como el distrito o territorio a que se extiende el poder de un juez; y por el término de algún lugar o provincia. En relación con las categorías de "Jueces" y "Jurisdicción" en Indias, consultar en el *Diccionario* (Vol. VIII) de Josef de Ayala las páginas 133-171 y 204-220, respectivamente.

[143] Finalmente el cargo sería suprimido en 1582 por Felipe II.

En este contexto, concluimos que la postura de Motolinía, menos radical e influyente en sus concepciones, no se opondría a la jurisdicción regalista y la condición del indio como vasallo directo del rey, cosa diferente son las instituciones indianas. Al amparo del ideario de las Bulas *Omnímoda* (1535) y *Sublimis Deus* (1537) que afirmasen la autoridad del religioso frente al obispo, la condición libre del indio y el derecho a sus bienes, así como el que debían ser llamados a la fe por la predicación y el buen ejemplo, advertimos en los escritos franciscanos la legitimación de la acción y defensa de la misión. De la mano de una adoctrinada aristocracia indígena, en asentamientos exclusivos bajo la protección de la orden, y la corrección de un sistema de encomienda que había perdido su primigenia tarea de cristianización. La aplicación de las leyes lascasianas era una amenaza omnipresente para este proyecto espiritual en tierras novohispanas y el permanente esfuerzo de la Orden por fortalecer la esfera de influencia entre los circuitos letrados y de poder metropolitanos, así como en sus propios asentamientos y conquistas territoriales del Nuevo Mundo.

Capítulo V

El comentario de la historia profana y divina en la Carta de 1562 *y la* Historia eclesiástica indiana *(1596) de fray Jerónimo de Mendieta*

1. Introducción

Con la publicación de la obra de John Leddy Phelan *The Millenial Kingdom of the Franciscans in the New World* (1956),[144] la interpretación "mística" de la conquista de América vendría a encontrar una rápida acogida entre los estudiosos de las fuentes franciscanas del período colonial. El significado del ideal apostólico de los primeros evangelizadores será comprendido desde el esquema de la civilización medieval, especialmente considerando patrones místicos y mesiánicos, tales como, la esperanza del retorno a la Edad Dorada de Augusto, el ideal de regreso a los votos de pobreza –tal como había sido practicado en la iglesia primitiva antes del emperador Constantino–, y los anhelos de perfección joaquinita durante la edad tercera, la del Espíritu Santo.[145]

Los anuncios del fin del milenio que habrían de identificarse a partir de tres acontecimientos principales, como eran el descubrimiento de las Indias, la conversión de todos los gentiles y la liberación del Santo Sepulcro, habrían de revivir el ideal de cruzada espiritual con una visión apocalíptica, que ya estaría presente en el misticismo de Cristóbal Colón, identificable en su *Libro de las Profecías*. El convencimiento de Colón, de que el mundo estaba llegando con rapidez a su fin y de que las profecías bíblicas debían cumplirse, planteaban con ello la necesidad de que el Evangelio tenía que predicarse a toda la gente, a todas las razas y en todas las lenguas. Dicho universalismo apocalíptico, según Phelan, permite entender el significado del descubrimiento como la apertura de las puertas del mar occidental, por donde "los misioneros podían apresurarse

---

[144] La traducción al español aparecería en 1972 bajo el título de *El reino milenario de los franciscanos en el Nuevo Mundo*. [Traducción de Josefina Vázquez de Knauth]. Todas nuestras citas se realizarán según esta edición.

[145] Revisar el Cap. V. "Las iglesia indiana y la iglesia apostólica primitiva" de la obra de Phelan.

a llegar a todos los gentiles del mundo"(36). El pensamiento de Colón situado en la tradición espiritual franciscana, sería uno de los primeros ejemplos para la identificación de las concepciones del abad Joaquín de Flora. De esta forma, con anterioridad a la interpretación apocalíptica del descubrimiento por fray Jerónimo de Mendieta, la exploración geográfica de Colón ya era el vehículo del cumplimiento de las profecías del Apocalipsis, gracias a la conversión de los gentiles. Cabe mencionar que ya dicha visión del almirante se inscribe en un importante aspecto de la teoría del reino cristiano, como fue la idea apostólica, es decir, que una de las tareas de los reyes era extender el Evangelio entre los infieles.

Según la teoría mística de Phelan, a partir de la influencia de los espirituales del siglo XIII, el modelo de comprensión joaquinita ha considerado como elemento importante su lucha por preservar el "octavo sacramento", la pobreza. Concepción que Phelan sintetiza en los siguientes términos:

> Una comunidad de intereses trajo a los místicos y a los seguidores de Joaquín de Flora a una alianza. El abad Joaquín, muerto en 1202, era un profeta místico que dividía la historia humana en tres grandes épocas. La edad que iba de Adán a Cristo correspondía a Dios Padre. Ésta era la iglesia seglar. La Edad de Cristo, hasta 1260, correspondía a Dios Hijo. Ésta era la Iglesia de los sacerdotes. Joaquín profetizaba que la tercera edad, la del Espíritu Santo, empezaría en 1260. Ésta sería la Iglesia de los monjes. Él llegó a esta predicción al combinar dos cantidades conocidas (la correspondencia de eventos en el Viejo y el Nuevo Testamentos) con una cantidad desconocida (los eventos de la edad futura del Espíritu Santo). Según Joaquín, la tercera edad que era realmente su versión del reino milenario del Apocalipsis, iba a ser inaugurada por un nuevo Adán o un nuevo Cristo, que sería el fundador de una orden monástica. La transición entre la iglesia Papal de la segunda edad y la iglesia espiritual de la tercera abarcaría una gran etapa de males, durante la cual la iglesia Papal soportaría todos los sufrimientos que correspondían a la pasión de Cristo. La iglesia Papal resucitaría como la iglesia espiritual, en la cual todos los hombres llevarían una vida contemplativa, practicarían la pobreza apostólica y gozarían de naturalezas angélicas. En este nivel las ideas de Joaquín fueron falsificadas y popularizadas durante el siglo XIII por una serie de escritos seudojoaquinitas que tal vez se originaron entre los mismos místicos franciscanos. San Francisco fue identificado con el Mesías que Joaquín de Flora había profetizado. En las épocas tardías del Medievo, joaquinismo y Apocalipsis preservaron su unión ideológica. (27)

Una de las fuentes claves para la comprensión de esta interpretación mística de la conquista es la *Historia eclesiástica indiana* de fray Jerónimo de Mendieta. Su presunto "misticismo apocalíptico", "mesiánico" y "profético", tendría sus raíces en la vida de San Francisco y en los movimientos de espirituales y observantes de la Edad Media, destacando especialmente el culto evangélico de la pobreza entre los espirituales franciscanos impregnados de creencias joaquinitas.[146] Para Phelan, la interpretación que llevaría a cabo este franciscano de la historia del Nuevo Mundo, se desarrollaba alrededor de tres concepciones centrales:

> Una, que el significado profundo de la historia del Nuevo Mundo era escatológico. La segunda, que el periodo entre la llegada de los doce franciscanos "apóstoles" en 1524 y la muerte del virrey don Luis de Velasco, padre, en 1564, era la edad dorada de la iglesia indiana. Su tercera idea era que las décadas que mediaban entre 1564 y 1596 (cuando dejó de escribir) fueron tiempos de grandes calamidades para la nueva iglesia. La periodización hecha por Mendieta de la historia del Nuevo Mundo estaba inspirada por imágenes derivadas del Viejo Testamento y del Apocalipsis de San Juan. La era precortesiana correspondía a la esclavitud egipcia de los indios, es decir, la servidumbre de la idolatría. Cortés era el nuevo Moisés que había liberado a los nativos de la esclavitud de Egipto y los había conducido a la tierra prometida de la Iglesia. El periodo 1524-1564 fue la edad dorada de la iglesia indiana, al igual que el tiempo que medió entre Moisés y la destrucción de Jerusalén por los babilonios fue la edad dorada de la monarquía judaica. La tercera edad, después de 1564, era el gran tiempo de calamidades del Apocalipsis. En términos del Viejo Testamento esta era de la iglesia indiana correspondería al cautiverio de los babilonios. (65)

En síntesis, tal sería la formula interpretativa que hace décadas se ha considerado como modelo de la acción franciscana en la conquista espiritual del Nuevo Mundo. Las proyecciones de dichos planteamientos habrían de tener una rápida acogida, sirvan como ejemplo, los estudios

---

[146] Para Phelan, "La historia de los franciscanos fue una lucha prolongada y amarga entre los espirituales —que pugnaban por la aplicación rigurosa del voto de pobreza franciscano— y los conventuales —que no la aplicaban. Para los espirituales la consagración a la pobreza apostólica llegó a ser el 'octavo sacramento'. El conflicto se agravó por el apoyo de la Santa Sede a los conventuales y la alianza entre espirituales y joaquinitas, ambos dedicados al culto evangélico de la pobreza, compendiado en la imagen de la iglesia apostólica primitiva. Durante la tercera edad, del Espíritu Santo de los joaquinitas, la iglesia 'espiritual' de los frailes reemplazaría a la iglesia 'carnal' de los Papas y todos los hombres vivirían en pobreza apostólica" (70).

de Baudot (1977), Maravall (1982), Milhou (1983). Sin embargo, las refutaciones a las tesis de Phelan sobre el joaquinismo milenarista de Mendieta y fray Toribio de Benavente, se han sumado en los últimos años. Los estudios de Elsa Cecilia Frost (1989, 1990), Pier Luigi Crovetto (1992), Lino Gómez Canedo (1993), Marco Cipolloni (1994), Rubial García (1996), Josep I. Saranyana et al. (1995, 1999), y Ana de Zaballa Beascoechea (2002), entre otros, permiten fundamentar esta observación. No es el objeto del presente capítulo dar cuenta pormenorizada de cada una de estas revisiones críticas, sino evidenciar de qué modo en el campo de los estudios histórico-teológicos de las últimas décadas, la interpretación mística de la conquista nos plantearía a lo menos tres problemas que cabría enunciar. Por un lado, el cuestionamiento del paradigma místico de la conquista ha conllevado una perentoria investigación sobre las fuentes teológicas (*De conformitate beati Francisci ad vitam Domini Jesu* de Bartolomé de Pisa) y las corrientes franciscanas (espirituales, reformados, observantes y conventuales) en España, que influyeron en el movimiento seráfico novohispano de la primera mitad del siglo XVI. No en vano, la tradición crítica precedente ha enunciado con claridad la necesidad del estudio histórico-filológico de las fuentes europeas que hubiesen sido portadoras de los ideales espirituales de Joaquín de Fiore en América. Por otro lado, la necesidad de una revisión terminológica de categorías, tales como, "milenarismo", "apocaliptismo" y otras, cuya laxitud conceptual las ha vaciado de contenido teológico, impregnando su uso de connotaciones antropológicas y sociológicas en los estudios latinoamericanos del período colonial (Beascoechea 78-79). Finalmente, la identificación de una reflexión crítico-literaria que, hasta la fecha, ha sido mero apéndice de las tesis historiográficas de corte joaquinitas, desconociendo aspectos tales como la complejidad retórico-discursiva de las fuentes franciscanas.

Resulta claro que el campo de investigación de la historia eclesiástica no sólo se ve enfrentado a un esfuerzo de reconceptualización teórica y a la revisión filológica de su respectivo archivo colonial, sino también a la necesidad de hacerse cargo de afirmaciones críticas como la de Antonio Rubial García, para el cual "[...] nuestro cronista [Mendieta] es más un historiador que un profeta; su pensamiento, a diferencia del de los

Crónicas franciscanas de Nueva España (Siglo XVI)

milenaristas, está puesto en el pasado y no en el futuro" (*Hermana pobreza* 40). Coincidimos con el estudioso en que la concepción de la historia que permite caracterizar esta obra se desarrollaría en el marco de una visión no estrictamente milenarista del fin de los tiempos. Desde el punto de vista de su narrativa histórica, la *Historia eclesiástica indiana* se caracterizaría por una específica perspectiva organizativa e interpretativa del acervo textual de la tradición religiosa y secular del siglo XVI, con un claro uso retórico del "comentario" humanista. Sin embargo, antes de avanzar en la revisión de esta hipótesis, nos parece pertinente contextualizar el pensamiento de fray Jerónimo de Mendieta hacia fines del siglo XVI, con el objeto de advertir las transformaciones político-religiosas que determinaron el proceso de formación textual de la cronística franciscana en tiempos de Felipe II.

2. El anhelo del "franciscanismo primitivo" en la *Carta de 1562* de fray Jerónimo de Mendieta

Una de las fuentes de relevancia de fray Jerónimo de Mendieta es la *Carta de 1562*, dirigida al comisario general de la orden, fray Francisco de Bustamante.[147] Dicho texto ha permitido llevar a cabo la caracterización del "programa político" del franciscano, que, según González Cárdenas, podría sintetizarse en los siguientes términos:

> [...] siguiendo, pues, el Doctor Sutil y a las ideas de la época, enemigas del feudalismo y partidarias de la unificación centralista, sin olvidar la índole temperamental del indio y sus instituciones precortesianas, y a las doctrinas semi-teocráticas de los frailes, expone un proyecto de gobierno para la Nueva España cuyos principales postulados son: robustecimiento de la autoridad del

---

[147] En adelante citaremos según la edición de Joaquín García Icazbalceta: "Carta del Padre Fray Jerónimo de Mendieta al Padre Comisario General Fray Francisco de Bustamante. 1º de Enero de 1562" (1-34). Fray Francisco de Bustamante había de comenzar su labor espiritual en América en 1541 como integrante del Colegio de Santa Cruz de Tlatelolco, donde enseñó retórica y filosofía a los estudiantes laicos, y teología a los coristas de su orden y clérigos seculares. Posteriormente se le reconoce como prior en Tecamachalco y al ser electo provincial pasó a México. Luego de ser procesado –debido a un sermón en el que atacó la autoridad episcopal en presencia del Virrey y la Audiencia– por el arzobispo Montúfar y sobreseído, sería reelecto Provincial en 1560 y al terminar su período, Comisario General. Para mayores antecedentes, recomendamos ver el Vol I. del *Diccionario Porrúa* (1976). Sub Voce.

representante real, centralización de las leyes, libertad de acción para los frailes, limitación de las funciones de la audiencia, conservación de los caciques indios en sus señoríos, restricciones a la inmigración de españoles seglares, reducción de los naturales a pueblos, etc. (339-340)

El contenido de esta misiva hubo de señalar un cambio importante en la actitud de los seráficos, en la medida en que, a juicio de Assadourian, durante la década de 1560 fray Jerónimo de Mendieta participó en un movimiento de oposición a las demandas reales de aplicar la política de *utilidad* económica, lo que rompía la alianza establecida entre el emperador y los frailes misioneros.[148] Hemos de señalar que los componentes históricos de la carta de fray Jerónimo de Mendieta habrían de ofrecer no sólo un nuevo "programa político", sino además un contexto de representación en que la visión del sujeto colonial (indio, misionero, español) presenta continuidades y transformaciones de las que identificáramos en el texto de Motolinía.

El carácter "utópico" con que la crítica ha distinguido a los textos que plantean reformar el orden colonial, sirvan como ejemplo los *Remedios* de Las Casas,[149] en primera instancia, nos ofrece un marco de comprensión jurídica, en el cual debemos inscribir las demandas de esta epístola de 1562. Desde un punto de vista narrativo, en la construcción de su destinatario se advierte un proceso comunicativo que a través del Comisario General de la Orden, fray Francisco de Bustamante, pretende requerir al poder monárquico. Trataríase de la constitución de un doble destinatario intratextual, al cual se apela como un "sujeto de conciencia",[150] haciéndole presente sus obligaciones con los asuntos americanos:

---

[148] Ver la exposición de sus argumentos en la página 376 de la *Carta*.

[149] Especial mención cabe hacer del *Octavo Remedio* de Las Casas, "[…] donde se asignan veinte razones, por las cuales prueba no deberse dar los indios a los españoles en encomienda, ni en feudo, ni en vasallaje, ni de otra manera alguna, si Su Majestad, como desea, quiere librarlos de la tiranía y perdición, que padecen, como de la boca de los dragones, y que totalmente no los consuman y maten, y quede vacío todo aquel orbe de sus tan infinitos naturales habitadores, como estaba y lo vimos poblado". Ver Las Casas, *Obras Completas* 287-360. Vol 10.

[150] "Mendieta conocía el temperamento y las convicciones del soberano. Felipe II estaba convencido de que era responsable por el bienestar de sus nuevos vasallos y consideraba a los indios como pupilos que le había confiado la Providencia. Por tanto, el enfatizar las obligaciones de la real conciencia hacia los indios, Mendieta invocaba un principio con el que Felipe II se sentía obligado" (Phelan 121).

Crónicas franciscanas de Nueva España (Siglo XVI)

> Muy Reverendo Padre nuestro: Algunos días há (y aún años) que viendo y tratando las cosas deste nuevo mundo me vino en espíritu, como á otros ha venido [...] de escribir á S. M. del Rey nuestro señor, y dalle aviso de lo que en estos su reinos sentía cumplir muy mucho á la honra y servicio de nuestro Dios, y á la salvación destos naturales sus vasallos, y finalmente **al descargo de su real conciencia**; las cuales tres cosas y el celo dellas (por ser tan importantes) han compelido y compelen á los religiosos y siervos de Dios que en estas partes residen á que dejada su inquietud y sosiego, y poniéndose en odio y aborrecimiento de todo el mundo (que son los hombres mundanos que van por muy diverso camino) sean importunos y molestos con cartas y palabras á S.M. y á los de su Real Consejo, de donde, después de Dios, depende totalmente la ejecución y efectos de las tres cosas sobredichas, y el remedio de lo que en contrario y en destrucción dellas por la astucia y diligencia del enemigo se trata. (1, énfasis mío)

Tal aspecto nos permite conjeturar que habría de darse la intermediación como una estrategia que apela a una dualidad de poderes en el marco del patronato indiano: al eclesiástico, a través del Comisario General de la Orden; y, por otro, al monarca Felipe II en España, en tiempos de la llamada "edad de plata".[151] El tema de la salvación de las almas de los indígenas como también el deseo de que el sistema de conversión de los indígenas "vuelva al prístino fervor y calor con que se comenzó y sustentó en vida del cristianísimo y muy católico nuestro Emperador Don Carlos"(3), demuestran el esfuerzo de volver al cultivo de un cristianismo primitivo y la restauración de la "edad dorada" de la iglesia indiana.

2.1 El sujeto letrado y la "muerte del espíritu primitivo"

El reclamo que Mendieta realiza a fray Francisco de Bustamante, a causa del "poco crédito y reputación que de algunos días á esta parte

---

[151] Con esta expresión Phelan habría de caracterizar el preludio apocalíptico, luego de la pérdida de la "edad de oro" de la iglesia indiana: "Las dos conclusiones finales de Mendieta sobre la era de Felipe II no eran precisamente halagadoras para el monarca. Su apología del reinado de Carlos V como tiempo dorado contenía la implicación [...] de que el de Felipe II era la "edad de plata". Subrayaba la pérdida del "prístino fervor y calor" del periodo anterior. Mendieta era muy explícito en su convicción de que mientras la explotación de las transitorias minas de plata indianas se hacía con ahínco, se notaba una negligencia total en lo que tocaba a las minas espirituales, las almas de los indios. El reinado de Felipe II no sólo era una "edad de plata", significaba también una catástrofe apocalíptica" (150).

de los religiosos desta Nueva España se ha tenido" (*Carta de 1562* 2), como también por la escasa atención que han tenido sus demandas en la Audiencia y el Consejo, nos ofrece un ejemplo de las nuevas dinámicas de la palabra misionera frente al poder. En la concepción de Mendieta, si bien coexisten las representaciones demoníacas como artífices finales de la crisis espiritual de su tiempo, no es menos significativo su rechazo a la cultura letrada y el proceso de burocratización vivido en América.

Cabe destacar que la autoridad narrativa del misionero se basa en dos elementos: la experiencia evangelizadora en Nueva España y el conocimiento de las lenguas indígenas. Ambos poseen singular relieve, pues a través de éstos es posible la comprensión del indígena, es decir, de su "ser" y "quilates", de sus "faltas" y "necesidades", así como del "remedio" para ellas. El carácter autobiográfico le otorga a la narración una veracidad experiencial, que además conlleva una demanda de orden judiciario, como resultado del cumplimiento y celo demostrado por la empresa franciscana en esta triple tarea, el "negocio de la honra divina, y del descargo de la conciencia real, y de la salud destas ánimas" (8).

Esta formulación en que "honra divina" y "descargo de conciencia" se enlazan copulativamente, demuestra la estrategia argumentativa de Mendieta, quien recurre al método de la "presión de las conciencias", cuyas características ya advirtiésemos a propósito de la significación judiciaria en Las Casas.[152] Por lo tanto, apela no sólo para resguardar los intereses individuales de la Orden –como sería la protección de los indios por los misioneros seráficos–, sino también como reclamación al rey por la sobrevivencia de toda la empresa de evangelización desarrollada en América. Ello debido a una alarmante "muerte del primitivo espíritu":

---

[152] La imagen de un rey cristiano instruido en los principios del *regimine principum*, fortalece la legitimidad de las demandas seráficas encabezadas por Mendieta, pues "[...] paréceme que no es yerro, sino acertamiento muy grande y obra de piedad y caridad del cristianísimo príncipe, poner absolutamente en paz y en orden y policía lo que dejado al beneplácito de sus vasallos ha de estar en perpetua guerra y discordia, en especial con gente que no se sufre dalles libertad y querer, sino que visto lo que según Dios y razón les cumple, absolutamente se lo manden hacer" (Phelan 24). Con relación a la imagen del rey cristiano en los tiempos de Felipe II, véase el estudio de Ronald W. Truman (1999).

> [...] el fervor y ejercicio en la obra de la salvación de las ánimas ya parece que del todo ha cesado: ya murió el primitivo espíritu; ya de los naturales recién conversos no hay el concurso que solía á la Iglesia de Dios para oír su palabra, para confesar su fe y doctrina, y para recibir sus santos sacramentos; porque para evadirse deste cuidado y trabajo los que por su ruindad lo tienen por penoso, han hallado adonde acudir muy á su propósito, que es á los escribanos, procuradores y letrados, y á las Audiencias, adonde se arman pleitos sin fundamento, y se da lugar para seguir pasiones y bandos, alborotar los pueblos y revolver las repúblicas, y sosacar dineros de los pobres que no entienden lo que se hacen. (4)

A través de esta cita reconocemos las circunstancias de una profunda crisis al interior del ideario espiritual desarrollado por los franciscanos durante la primera mitad del siglo XVI.[153] El retorno al ideal evangélico primitivo corresponde a una de sus mayores aspiraciones, inspiradas en su fundador San Francisco: la imitación de Cristo, sus apóstoles y santos, la búsqueda de un cristianismo más interior y puro, la insistencia en la vida contemplativa y las prácticas ascéticas, traducción de los Evangelios y Epístolas, así como la comparación de la iglesia indiana con la primitiva, son algunas de las formas mediante las cuales se expresó este deseo de restauración.[154]

Sin embargo, en este escenario de aspiraciones de los frailes menores en Nueva España, la "conversión del espíritu" ha cedido ante la "conversión por la letra", de manera tal que, como ha observado Magdalena Chocano, el papel rector que tuvo la iglesia misional ha sido obliterado por la institucionalización político-administrativa de la corona en América. La presencia de estos nuevos agentes de la ciudad letrada (escribanos, procuradores y letrados), nos plantea las coordenadas de una nueva estratificación social al interior del orden colonial novohispano. En la medida en que los esfuerzos primigenios por "evangelizar" han dado lugar a la influencia de estos agentes letrados, se refuerza una visión secularizante que responde a un doble ideario: "jerarquizar" y "centralizar".

---

[153] Para una comprensión más acotada de este aspecto, véase: Rubial García, "Evangelismo y evangelización" 95-124.

[154] En la presente caracterización de los ideales de los frailes menores en Nueva España, seguimos los planteamientos de Rubial García, *La hermana pobreza* 101-133.

2.2 El proceso de diferenciación de la ciudad letrada y la ciudad real

Ángel Rama, ya ha explicado con agudeza de qué modo la constitución de esta ciudad letrada –consolidada hacia el último tercio del siglo XVI–, conllevó la conformación de una nueva clase sacerdotal:

> La hazaña educativa de la Orden, que se abre al declinar el milenarismo de los evangelizadores (sobre todo franciscanos), es paralela a la estructuración administrativa y eclesiástica de las colonias y por lo tanto una pequeña aunque no desdeñable parte de la poderosa articulación letrada que rodea al poder, manejando los lenguajes simbólicos en directa subordinación de las metrópolis.
>
> La ciudad bastión, la ciudad puerto, la ciudad pionera de las fronteras civilizadoras, pero sobre todo la ciudad sede administrativa que fue la que fijó la norma de la ciudad barroca, constituyeron la parte material, visible y sensible, del orden colonizador, dentro de las cuales se encuadraba la vida de la comunidad. Pero dentro de ellas siempre hubo otra ciudad, no menos amurallada ni menos sino más agresiva y redentorista, que la rigió y condujo. Es la que debemos llamar la *ciudad letrada*, porque su acción se cumplió en el prioritario orden de los signos y porque su implícita calidad sacerdotal, contribuyó a dotarlos de un aspecto sagrado, liberándolos de cualquier servidumbre con las circunstancias. Los signos aparecían como obra del Espíritu y los espíritus se hablaban entre sí gracias a ellos. (25)

Tal como identifica Rama, esta ciudad letrada vendrá a componer el anillo protector del poder y ejecutor de sus órdenes. Allí se identificarían los religiosos, administradores, educadores, profesionales, escritores y múltiples servidores intelectuales. Sin embargo, la probable diferenciación de los religiosos franciscanos en este proceso de estructuración administrativa y eclesiástica novohispano, nos permite cuestionar las causales de dicha marginación. Sobre este punto, la epístola de Mendieta expone inquisitivamente ante las acusaciones del poder temporal: "Y ¿cuál es y en qué consiste el imperio franciscano tan nombrado y murmurado por este mal mundo? con qué ciudades ó villas nos hemos alzado?"(13).

Si bien no es el momento para pronunciarnos sobre el alcance de este hipotético "imperio franciscano" –lo que muchos autores han llamado la "utopía franciscana" en América–, su mera formulación ya nos advierte

Crónicas franciscanas de Nueva España (Siglo XVI)

sobre las tensiones que hacia fines del siglo XVI se reconocen en el proceso de diferenciación de la *ciudad letrada* de Rama. A la preeminencia de las funciones sociales y recursos de que dispuso este cuerpo letrado, vendrá a sumarse la "[...] capacidad para institucionalizarse a partir de sus funciones específicas (dueños de la letra) procurando volverse un poder autónomo, dentro de las instituciones del poder a que pertenecieron: Audiencias, Capítulos, Seminarios, Colegios, Universidades"(Rama 30). Creo observar que allí radica uno de los planteamientos centrales de la carta de Mendieta, demostrar que estos grupos intelectuales e instituciones no sólo son meros ejecutantes de la potestad imperial, es decir, no sólo sirven a un poder, sino además son dueños de un poder. En una *Carta al rey Felipe II* (8 de octubre de 1565)[155] se habría de formular esta idea en términos de una advertencia a la conciencia monárquica, pues la "sustitución" de su poder en América exige el control centralizador del Rey:

> V.M. no descarga vuestra real conciencia remitiendo todos los negocios de acá á vuestro Real Consejo de Indias, si no se informa personalmente y se satisface, á lo menos de lo esencial de la gobernación destos reinos, y en especial de lo que es avisado y advertido que no se remedia por vuesto Real Consejo.
>
> La razón de esta verdad es porque ningún obligado en cura de ánimas ni en régimen de la república queda *omnino* libre de todo cuidado de aquello en que le incumbe la tal obligación, por tener puestos sus sustitutos, sino que todavía le queda algún cuidado, y éste ha de ser en las cosas esenciales, y más donde hay particular necesidad, como se ha dicho que la hay en esta tierra; y especialmente cuando el tal principal obligado es avisado que no suplen suficientemente por él sus sustitutos. (37)

A juicio de Ángel Rama, el servicio original que habrían de poseer como ejecutantes de los lenguajes simbólicos de la cultura imperial (edictos, leyes, reglamentos, etc.) y de su norma lingüística (castellano), les provee de una condición fija e intemporal, la que viene a contradecirse con su capacidad de adaptación a la *ciudad real*, la que "sólo existe en la historia y se pliega a las transformaciones de la sociedad"(55). Si volvemos al texto de Mendieta, la situación colonial determina al

---

[155] En adelante citaremos según la edición de Joaquín García Icazbalceta para la "Carta al rey Felipe II. 8 de Octubre de 1565". 35-51.

interior de la epístola la confluencia de tres dimensiones cronotópicas en tensión. La primera, representada por la *ciudad real* que coincide con el presente de la enunciación, equivale a la crisis espiritual y la perdida de las prerrogativas de la Orden denunciadas en la epístola. La segunda, a la que denominaremos la *ciudad espiritual*, correspondería al ámbito de las realizaciones del cristianismo primitivo, aquella Edad Dorada de la conquista seráfica del Nuevo Mundo, que Mendieta replica como un llamado "imperio franciscano". Finalmente, la correspondiente a las formas de vida prehispánica, es decir, al *altepetl*,[156] pueblo o villa de los nahuas, que fuera incorporada (con sus macehuales y nobleza indígena) al proyecto fundacional de las órdenes religiosas.

En definitiva, estaríamos ante la confluencia de tres ordenamientos, los que se contraponen argumentativamente desde una específica perspectiva de enunciación, aquella que persigue el afán de reforma y el regreso a los tiempos de un cristianismo primitivo a partir de la conversión de los indios americanos. Veamos un breve ejemplo, referido a las transformaciones operadas en estos niveles en relación con el poder:

> Si preguntais al indio cacique, ó alcalde, ó principal, ó viejo del pueblo, que cómo en los tiempos de ahora debajo de la ley de Dios hay más borracheras y otros vicios que en su infidelidad, y más desvergüenza en los mozos, diráos muy lindamente: *achquenin?* como quien dice y lo declara después: de eso me espanto, y si lo quieres saber, no es otra cosa sino que en tiempo de la infidelidad nadie hacía su voluntad, sino lo que le era mandado, y ahora la mucha libertad nos hace mal, porque no estamos forzados á tener á nadie temor ni respeto. Si hablais con los corregidores sobre los males que pasan y no se remedian, dicen que no se dan medio ni remedio, porque en la Real Audiencia ya no se da crédito á los religiosos, ni aun á los jueces ordinarios que están de asiento en los pueblos y ven lo que pasa por vista de ojos, sino á dos ó cuatro revoltosos que van allí con mil mentiras y ficciones. (4-5)

La distancia entre los tiempos prehispánicos y el presente de enunciación de una espiritualidad americana intervenida por la

---

[156] Según Fray Alonso de Molina, la voz *altepetl* se emplearía no sólo para denominar al pueblo, sino también al rey. Asimismo cabe inscribir esta palabra en el contexto de otras expresiones para denominar el carácter urbano, verbigracia: *Altepenayotl*, ciudad principal o cabeza del reino; Altepepan, por las villas, y ciudades, o de pueblo en pueblo; *Altepetlalilli*, pueblo ya fundado. Véase el *Vocabulario en lengua castellana y mexicana* (1977) y el aporte de Remi Simeon (1963).

administración colonial, ilustra los conflictivos cruces de estos tres ordenamientos. En definitiva, Mendieta critica las divisiones entre los componentes letrados del poder colonial (corregidores, religiosos), lo que ha dado lugar a que "los religiosos no tengan mano ni autoridad para castigar ni corregir a los indios, ni se entremetan en sus negocios"(6). Aquellos son los primeros juicios en relación con un proceso de crisis en que la voz enunciativa reconoce un solo culpable: el demonio, quien ha puesto "en confusión y Babilonia el gobierno de la Nueva España".

2.3 Los signos de la evangelización franciscana frente al poder

Resulta interesante constatar que los mecanismos de representación ya identificados a propósito de la visión del indígena, presentan modificaciones hacia las postrimerías del siglo XVI, lo que determina una relectura de los signos de la evangelización franciscana y su ideal de cristianismo primitivo. Así, por ejemplo, dentro del ideal de regresar al evangelismo primitivo, y más particularmente como imitación de Cristo y sus apóstoles, el afán de pobreza llevó a estos frailes a ver en los indios "[...] los seres apostólicos por excelencia, su desapego total a la riqueza, su simplicidad y humildad eran elementos que los hacían propicios para recibir el Evangelio y para crear entre ellos una iglesia semejante a la primitiva"(Rubial García, *Hermana pobreza* 139). Ejemplo claro de esta idea es la concepción del indio desarrollada por fray Toribio de Benavente, sin embargo, en tiempos de una restricción de sus prerrogativas por el clero secular en América y los impedimentos para llevar a cabo la creación de una iglesia indiana evangélica, los signos de la precariedad material de los seráficos se proyectan sobre la ciudad real como un cuestionamiento a la potestad secular y civil.

El tránsito desde el ejemplo de vida en la pobreza material, que tantas veces ha servido para ilustrar la condición superior de los frailes frente a los indígenas,[157] a la condición de autoridad de "rectores" o "gobernadores", claramente será impugnada en tiempos de Mendieta:

> [...] en especial como al mundo sea muy odioso y duro de tragar que la vileza de los pobres frailes de S. Francisco, que en otras partes son tan despreciados, tenga en estos reinos autoridad de rectores, ó, como los llaman, gobernadores, no es de maravillar que teniendo tal solicitador como es el enemigo del linaje humano, y no conociendo distintamente ni contemplando por cosas vistas el ser y necesidad de los indios, que es gente por sí, e incitándolos por otra parte la opinión e importunación del mundo, se hayan convencido poco á poco á juzgar *bonum malum et malum bonum* [...]. (7)

Tras este cuestionamiento a la autoridad espiritual de los frailes, su potestad "pues, los llaman gobernadores" hace uso de un recurso metonímico (causa por el efecto) para resignificar un campo de relaciones en que los signos de la evangelización americana como la pobreza, comienzan a ser leídos en el contexto de un nuevo desplazamiento semántico, el cual –en sus formas más radicales–, puede llegar a la visión oximorónica (antítesis) de juzgar *bonum malum et malum bonum*. El esfuerzo de esta réplica que busca descubrir lo que efectivamente hay de verdadero en las acusaciones contra los franciscanos, afecta diferentes niveles de esta ciudad real y espiritual. En el contexto espiritual, la tarea misional de los franciscanos evidencia los claros signos de transformación de una iglesia misional en una iglesia diocesana. Con ello la pérdida de las prerrogativas apostólicas de los seráficos y el cuestionamiento de su autoridad en la administración de la doctrina y los sacramentos, corresponde a uno de los signos más claros de los cambios finiseculares en Nueva España:

> Pues de haber á tiempo diferencias entre los obispos y religiosos, ó los religiosos entre sí mismos, sobre la administración de la doctrina y los sacramentos, ninguno se debe espantar, ni menos escandalizar, que no son cosas nuevas entre siervos de Dios y muy perfectos, ni se fundan en malicia, sino en toda sinceridad de conciencia, porque grandes varones y prelados santos de la Iglesia tuvieron entre sí estas discordias, movidos cada uno de ellos por santísimo celo. Y así ha acaecido en esta Nueva España sin falta ninguna. (8)

---

[157] Recuérdese la exclamación de la voz "Motolinía" en el famoso encuentro de Fray Toribio con los indios mexicas.

Pese al intento de armonizar estas discordias en el marco de una fraternidad espiritual que buscaría el logro de un interés común, la conversión de los infieles, la visión franciscana incorpora dos nuevos principios en este cuadro de representaciones del sujeto evangelizador en América, su jerarquización dentro de la ciudad letrada y el valor de la etnicidad como principio de autoridad religiosa. En relación con este primer aspecto, claramente la carta dirigida a fray Francisco de Bustamante, aboga por la "libertad evangélica y apostólica" de las funciones temporales, las que han sido interpretadas erróneamente como la búsqueda de "intereses propios de mando y señorío" (10). En esta perspectiva, la vinculación entre esta ciudad real y la ciudad celestial, pretende validarse en el marco histórico de un pacto, el que argumentativamente recurre a la autoridad de una tradición que afecta directamente al linaje real de Felipe II:

> Esta es la llave de todo el bien ó perdición desta nueva Iglesia: quererse confiar S.M. ó no confiarse de los religiosos que el felicísimo Emperador su padre envió por ministros della, y en quienes tuvo tanta confianza, que por ella y por quererse regir por el parecer de los siervos de Dios en los negocios desta tierra, cobraron los religiosos el nombre tan odioso de gobernadores; [...] por sí mismo impuesto á los frailes menores y á los otros mendicantes, se deje la verdad de la vida, y no se admita la razón muy clara, y se ponga en confusión y en camino de perdición toda una república cristiana. (10-11)

Tal como habríamos identificado en la carta de fray Toribio de Motolinía al conde de Benavente, en esta misiva se apela argumentativamente a la continuidad genealógica, a fin de pactar un compromiso que asegure la sobrevivencia del proyecto seráfico en América. Sin embargo, en dicho empeño habría de distinguirse con claridad el marco general de una reforma, es decir, de una tensión utópica que, en primer lugar, se sintetiza en el examen de "lo que había de ser y no es" (Mendieta, *Carta de 1562* 13); y, en segundo lugar, en el marco propositivo de la transformación de los actuales signos de la decadencia político-espiritual, con el objeto de concluir:

> [...] si no es por medio de los frailes no puede por vía ninguna descargar en esta tierra su real conciencia. El cómo ello debiera ser, para bien ser y para ser la Nueva España la más quieta república del orbe (espiritualmente hablando),

> estase de molde que es con tener por maestrescuelas destos niños á los religiosos [...], y por padre supremo de todos ellos a su Visorrey, para que favoreciera y sustentara en todo lo bueno el trabajo de los religiosos, y los advirtiera y fuera á la mano en lo que no fuera tal, y sus oficiales para recoger y expender sus rentas reales, y no curara de otras audiencias ni justicias para con los indios, sino que el mismo señor ó cacique ó principal tuviera cargo de regir y gobernar sus macehuales en paz. (13)

Un aspecto relevante, dentro de esta jerarquización en el contexto de la ciudad letrada, es de qué modo los significantes "emperador" y "gobernador" son resemantizados a fin de recuperar la valoración de la noción de "pobreza" en el contexto de una trascendencia ética. De esta forma, pese a la libertad con que evangelizaron en los primeros tiempos de la conquista, su humildad y pobreza no se ha relajado, su vestuario sigue siendo el sayal áspero, comen lo mínimo y andan descalzos, arriesgan su vida en la predicación. Dicho cuadro encomiástico de la visión seráfica de la pobreza, opera como una ratificación del verdadero significado que para el misionero poseen los atributos de "emperador" y "gobernador":

> Emperadores en hollar y pisar el imperio y la gloria y el fausto mundo, humillándose y abatiéndose y despeciándose voluntariamente adonde han tenido mano y poder y se ha hecho cuenta dellos, más que adonde ese mismo mundo por estar corruptos y por tenellos por gente de poco provecho los huella y abate y trae debajo de los piés [...] Gobernadores que han sido, porque sin mentir podemos decir lo que al mundo le pesa y ha cobrado envidia, que por su buena industria y consejo se ha gobernado y sustentado en paz y en cristiandad y en obediencia de su príncipe todo este reino. Porque pregunto, si los religiosos no hubieran tenido aquí de su rey tanta libertad y crédito, ¿qué hubiera sido de la Nueva España, sino los que del Pirú é islas de Santo Domingo? (14-15)

El discurso de Mendieta que como resultante del empleo retórico del género epidíctico habría de alabar las "virtudes" de los frailes, se vincula íntimamente con el destino de Nueva España, como resultado de la libertad y elevación moral de sus acciones. Frente a la visión de fray Toribio en que la pobreza era signo de una autoridad espiritual entre los indianos, ahora nos hallamos confrontados a dicha pobreza como principio de legitimación frente al poder imperial. Su misiva aspira a la continuidad de una función apostólica en un plano no sólo espiritual, sino también en la realización fundacional de una nueva cartografía del espacio americano:

> Y si no díganme, qué ciudad se ha fundado, qué pueblo se ha juntado, qué república se ha ordenado, que traza se ha dado, qué iglesia ó hospital se ha edificado, qué paces ó conciertos se han hecho, qué dificultades se han allanado, que todo ello no haya sido con piés y manos de religiosos? (16)

Esta clara representación en que la labor misionera ha de ser elogiada no sólo por sus virtudes, sino también por sus logros temporales, enfatiza la dimensión fundacional que para la empresa de conquista significó esta "libre pobreza franciscana". Sin embargo, los alcances de esta caracterización epidíctica no estaría completa, sino se contrapusiera a ella, el vituperio de la conquista española. Sus enérgicas críticas contra la Real Audiencia, pues "no parece otra cosa el ejercicio y tráfago de la Audiencia de la Nueva España, sino imagen y figura del mismo infierno"(21); como asimismo contra los españoles "ingratos" e "inconsiderados"(15), contrapone a esta decadencia de la ciudad real, la visión del *altepetl* prehispánico, en el que el impacto de la letra ha conllevado la introducción de la pendencia:

> Porque en tiempo de su infidelidad ni supieron qué cosa era letrado, ni escribano, ni procurador, ni qué cosa eran pleitos, ni gastar en ellos sus haciendas y ánimas; y ahora con darles la ocasión en las manos, y ser ellos de su natural bulliciosos, amigos de novedades y de hacerse mal uno á otros, hánse regostado tanto á los pleitos, que no se hallan sin ellos, antes sin ninguna ocasión ni fundamento los mueven, y siempre los más perdidos y bellacos del pueblo. Y á esta causa no hay cuasi república ni comunidad en la Nueva España que no esté turbada y revuelta, y que no gaste tanto ó poco menos en pleitos entre año como en tributar á S.M. ó a su encomendero [...] (20-21)

¿Cuál sería, entonces, la solución que Mendieta pretende forjar en torno a la visión de un mundo indígena envilecido por el impacto de la letra institucional? En primer lugar, la centralización del poder colonial, volverá a ser ratificada en su carta de 1565 a Felipe II, pues "el ser natural de los indios requiere una sola cabeza y no muchas para su gobierno", de forma tal que la prudencia y el buen juicio del Virrey,

193

deberían ser suficientes para el gobierno de los naturales.[158] En segundo lugar, la centralización del poder espiritual a través de la jurisdicción de las órdenes en sus respectivos territorios de evangelización, el rechazo ante la formación de clérigos criollos y mestizos;[159] y, por sobre todo, la tutela espiritual de los indígenas:

> Y que si desta manera se quisiere servir S. M. de nosotros para que Dios nuestro Señor se sirva, haciéndonos padres desta mísera nación y encomendándonoslos como á hijos y niños chiquitos para que como á tales (que lo son) los criemos y doctrinemos y amparemos y corrijamos, y los conservemos y aprovechemos en la fe y policía cristiana, como los primeros que al principio vinieron lo hicieron, que nunca cesaremos ni nos cansaremos de entender y ocuparnos en tan singular y celestial obra, antes con nuevo espíritu y fervor comenzaremos á trabajar en ella con toda fidelidad y pureza. (9-10)

3. La *Historia eclesiástica indiana* de fray Jerónimo de Mendieta y la conciencia histórica de la conquista

Probablemente, la fecha de inicio de la *Historia eclesiástica indiana*,[160] pueda ser datada en 1573. Su labor cronística se vería interrumpida por la

---

[158] "La razón por que no basta tener Audiencia con su Presidente, sino que es menester que haya Virrey, es porque el tal, buscándose para este propósito, no puede dejar de ser escogido en cristiandad y prudencia, y juntamente con esto por ser ilustre de casta, no se dejará vencer fácilmente de la cobdicia en tierra tan ocasionada, antes estimará en más que otro la honra y el dar buena cuenta de su persona. Item, porque en un mundo como éste es necesario que haya quien represente de veras la real persona de V. M., la cual no puede bien representar si no es persona ilustre. Item, **porque el ser natural de los indios requiere una sola cabeza y no muchas para su gobierno, y que esta cabeza tenga más de prudencia y buen juicio, que no de ciencia de Digesto ni código, los cuales han hecho más daño que provecho; y á esta causa del dicho Virrey sendo persona tal, había de tener poder absoluto para en cuanto al gobierno de los naturales, sin que los Oidores les pudiesen ir á la mano** [...]"(41, énfasis mío).

[159] "En cuanto á poner en alguna parte de nuevo clérigos ó religiosos, y para que no se estorben ni embaracen unos á otros, ninguna cosa pudo ser más acertada que la que S.M., mandó proveer por una su cédula, conviene á saber, que adonde ya hay frailes ó clérigos en un pueblo no se puedan poner ministros de otra Orden en él ni en todo su subjeto [...]" (32). / "[...] no pongan en uso de admitir ni ordenar para clérigos comunmente los en esta tierra nacidos, sino muy raros, aprobados y conocidos, y en ninguna manera mestizos" (33).

[160] En nuestro estudio empleamos la edición del año 1997 para la *Historia eclesiástica indiana*.

elaboración de la *Relación de la provincia del Santo Evangelio* (1585), fuente de la cual se ha sostenido que Mendieta habría de tomar importantes aspectos para la composición de su *Historia*, concluida recién en 1597.

Estructurada en un total de cinco libros, la *Historia eclesiástica indiana* aborda la conquista espiritual americana de acuerdo a la siguiente distribución: el libro primero, relata el descubrimiento de las Antillas y el aniquilamiento de los indios como resultado de la ocupación colonizante. El segundo, se ocupa de los "ritos y costumbres de los indios de la Nueva España en su infidelidad". El tercero, se refiere a los trabajos llevados a cabo por los franciscanos en la primera mitad del siglo XVI. El cuarto, aporta la fundación de las provincias franciscanas de Michoacán, Yucatán, Guatemala y las de dominicos como agustinos, y sobre todo, la vida de los recién cristianizados indios. Finalmente, el libro quinto, representa la contribución hagiográfica, con las vidas de los numerosos frailes de la Orden Seráfica que trabajaron y murieron en México durante el siglo XVI. A partir de esta descripción se nos impone una preliminar constatación, contenida en las "Advertencias preámbulas" al texto de Mendieta:

> Lo primero advierto al lector, que se intitula este libro *Historia eclesiástica* por que el principal fin y materia de ella es tratar de la conversión de las almas, por ministerio de personas eclesiásticas: e *Indiana*, con vocablo general, aunque no trata cosa alguna del Perú ni de sus provincias, sino sólo de la Nueva España, por haber sido la primera que se pobló de españoles, después de las islas, y haber sido el principio de tanta felicidad como fue el descubrir otro nuevo mundo, y la puerta por donde se dio entrada a la conversión de tantos infieles que en las regiones índicas occidentales estuvieron ocultos tanto tiempo. (99)

Tal como ha observado González Cárdenas, "[...] el contenido no corresponde al título de la obra ni abarca todo lo histórico eclesiástico, ni se refiere a las Indias en su totalidad. Pero, por otra parte, entrega más de lo que promete al darnos cuadros de la vida indígena precortesiana, con lo cual esta obra rompe los moldes clásicos de la historia [...]" (355). En definitiva, ni completamente eclesiástica, ni geográficamente representativa de la conquista espiritual de todas las Indias occidentales. Esta doble contradicción tensiona la construcción del texto, en la medida que su lectura desestructura la expectativas propuestas por el título en relación con los modelos preceptivos de la antigüedad. Tal rasgo nos lleva a reconocer la complejidad estructural de una obra que, a mi modo de entender, requiere ser contextualizada desde una perspectiva de orden extra e intra-textual, con el objeto de considerar algunos aspectos narratológicos.

Por un lado, de qué manera esta obra se vincula a la tradición preceptiva de la "historia" que, según Cárdenas, fray Jerónimo de Mendieta desestructura; y, por otro, cuáles son las marcas textuales que vinculan la fuente de Mendieta con la tradición histórica europea y americana precedente, otorgándole una específica función narrativa a nivel de un nuevo ordenamiento textual. Sólo a partir de estas dos interrogantes, considero se nos pueden hacer más inteligibles algunos problemas de orden general ya advertidos. ¿Cuáles son los principios constructivos que –a nivel textual– permiten la elaboración no tanto de una perspectiva mística de la conquista (en el sentido de Phelan), sino más bien de una "historia eclesiástica" de las Indias occidentales con una visión providencialista de la historia? ¿De qué manera a fray Jerónimo de Mendieta, antes que profeta milenarista, cabe reconocerlo como historiador, lo que supone una comprensión específica de la historia profana y sagrada? Intentemos dar algunas respuestas a estas interrogantes.

3.1 La *Obediencia* del cronista: "in lingua castellana *commentarios* conficiendos".

Uno de los primeros elementos que hemos de considerar corresponde al contexto de producción de la obra. El elemento que sirve de principio para la crónica de Mendieta ha sido identificado en la *Obediencia* del Ministro General de la Orden (1571), fray Cristóbal de Cheffontaines, quien durante la permanencia de Mendieta en España, le insta a regresar a México con un objetivo específico: "en los años pasados han obrado los santos religiosos de nuestra Orden en la conversión de los gentiles, muchas cosas dignas de memoria, os mandamos que hagáis una *historia* en lengua española".¹⁶¹ Según reconocemos en la presente traducción de Joaquín García Icazbalceta, trataríase de la creación de una "historia" de la evangelización franciscana en América.¹⁶² Sin embargo, hemos de realizar una puntualización, pues más bien el texto latino de la *Obediencia* declara la explícita intención de que el franciscano pusiera en lengua castellana sus "comentarios" (*in lingua castellana commentarios conficiendos*) referidos a la conquista espiritual americana.

En primer lugar, si atendemos al concepto de "comentario", hemos de distinguir dos componentes claves. Por un lado, el carácter breve de su narración, como "Historia o cosa escrita con brevedad: lo mismo que Epítome"; y, por otro, su función hermenéutica como "escrito que explica o critica una obra".¹⁶³ Ya Corominas ha señalado que la acepción española del vocablo comentar, proviene del latín *commentari*, "meditar", "ejercitarse". El uso latino de la expresión *commentarium* o *commentarius*, "memorial", "cuaderno de notas", "diario", habría de señalar la diferencia entre el proceso de elaboración y la resultante de dicho acto. A primera vista, dicha caracterización nos ofrece la posibilidad de considerar la *Historia eclesiástica indiana* como un relato que desde el punto de vista textual, habría de diferenciarse del texto que le serviría de base, la *Descripción de la relación de la provincia del Santo Evangelio* (1585), atribuida a Mendieta y a los frailes Pedro de Oroz y Francisco Suárez. Dicha fuente constituye una respuesta oficial a un requerimiento emanado del aquel entonces electo ministro general de la Orden, fray Francisco Gonzaga, quien sería el encargado de la composición de una crónica general con la historia y situación de todas las provincias franciscanas del mundo. En 1583, se

---

[161] El texto de la "Obediencia del General de la orden para el autor" de Fray Cristóbal de Cheffontaines puede ser encontrado en la *Historia eclesiástica indiana*. Madrid: Ediciones Atlas, 1973. Vol II. (Biblioteca de autores españoles, Vol. 261): 1.

[162] Con relación a este párrafo del texto de la Obediencia del General de la Orden, Icazbalceta traduce: "[...] tomad de cualquiera de las provincias de España un compañero a vuestro gusto, pero que vaya de su voluntad...volváis a la dicha provincia del Santo Evangelio. Y porque en los años pasados han obrado los santos religiosos de nuestra Orden en la conversión de los gentiles, muchas cosas dignas de memoria, os mandamos que hagáis una historia en lengua española" (Mendieta, 1973, 260-262. Vol. I).

[163] En la discusión de estas acepciones seguimos el *Diccionario de Autoridades*, Gómez De Silva y Joan Corominas.

despacha a las provincias una *obedientia* conjuntamente a una *alenitio*,[164] para recoger las informaciones que integrarán *De origine Seraphicae Religionis Franciscanae* (Roma, 1587).

Cabe destacar que en el caso de la obra de Mendieta, el "Prólogo al devoto lector" de Fr. Joan de Domayquia, ya explicita otro de los factores que caracterizan este proceso de configuración textual:

> Y no es de perder, para mayor autoridad de lo que en ella escribe, lo que dijo poco tiempo antes que diese el alma á su Autor [...], y es que no dice cosa en esta historia que no la hubiese visto por sus propios ojos, y las que no vió las supo de personas fidedignas que las vieron, y de relaciones y testimonios autorizados de escribanos, y de papeles que halló en los archivos de los conventos: y las más memorables que sucedieron á los doce primeros religiosos hijos de nuestro seráfico Padre (que como otros doce apóstoles obraron la conversión de aquellas naciones bárbaras), esas casi las dejaron escritas dos de ellos, que fueron el santo padre Fr. Francisco Jiménez en la vida que escribió del santo Fr. Martín de Valencia, y el santo padre Fr. Toribio de Motolinía en un borrador que dejó escrito de su mano, y en él todo lo que sucedió a los doce santos en la dicha conquista, como lo vio por sus ojos [...] (97-98)

El tópico de la "auctoritas" (a través del conocimiento experiencial fruto de la acción misionera y la referencia a fuentes documentales) se inscribe claramente en un proceso de formación textual en que el cronista debía "ajustarse" a las pautas de una codificación, la *alenitio*.[165] Sin embargo, la *Historia eclesiástica indiana* rompe con el esquematismo formal de las pautas metropolitanas que le inspiraron. A nuestro juicio,

---

[164] La *Relación* de Oroz, encargada por el Ministro General, Fray Francisco de Gonzaga, ha sido atribuida también a Fr. Jerónimo de Mendieta y Francisco Suárez. Cabe señalar que la *Obedientia* fue una forma de carta en el que se insertaban los nombres de las personas y lugares a quienes iba remitido el mandato del ministro general; mientras la *Alenitio*, consistía en un conjunto de instrucciones que –al igual que las 50 preguntas que integran la *Instrucción y Memoria* que regularon la naturaleza compositiva de *las Relaciones de Indias* (Paso y Troncoso 1905. Vol. IV:1-7.)–, debían servir como código de producción textual para la elaboración de los relatos de la conquista espiritual. Los seis puntos que caracterizan la *alenitio* pueden verse en *Historia eclesiastica Indiana* (1973): 254-255.

[165] Ver en nuestro capítulo I: "El código de la *Alenitio* las bases de un marco discursivo". En este proceso discursivo no sólo cabe mencionar el texto de fray Pedro Oroz, fray Jerónimo de Mendieta y fray Francisco Suárez, sino también la *Descripción de la Provincia de los Apóstoles de San Pedro y San Pablo en las Indias de la Nueva España* (1581) de fray Diego Muñoz. Texto publicado en Atanasio López (1922): 383-402.

su intento de "sacar lo que está contenido en los libros"[166] de los autores franciscanos, traduce una metodología histórica que constituye la base para una nueva *dispositio* narrativa, basada en la ampliación de los núcleos temáticos prescritos por el marco de la *alenitio*: informaciones relativas a la fundación de la provincia, descripción de los conventos, nombre de frailes y milagros ocurridos, documentos de canonización, reliquias, etc. A partir de estos rasgos, advertimos que la *Historia eclesiástica indiana* se enmarca a su vez en un proceso de gestación y circulación textual de doble orden. Por un lado, asumiendo la tradición oral de sus compañeros y feligreses, como la herencia letrada de misioneros y cronistas franciscanos en América: Olmos, Sahagún, Jiménez, Motolinía, Rodrigo de Bienvenida (González Cárdenas 355-356) para llevar a cabo la elaboración de un relato referido a la acción del poder espiritual en América. Por otro, debemos recordar su inserción en un contexto de circulación textual que muchas veces sometió la letra sagrada a instancias de censura por parte del control temporal derivadas del patronato indiano.[167]

3.2 El "proemio" de la *Historia eclesiástica indiana*

El concepto de historia y su vinculación con los relatos eclesiásticos hacia mediados del siglo XVI, no es menos relevante para la comprensión del concepto de verdad que se persigue en la obra de Mendieta. Así por ejemplo, la Historia Sagrada, en la que hemos de identificar las *Escrituras*, se basa en el principio de autoridad divina como criterio de infalibilidad histórica. Pese a esto, las críticas de la tradición humanista-cristiana, habrían de señalar que incluso los relatos eclesiásticos abundan en errores y falsedades que conviene despejar. Sirva como ejemplo el planteamiento de Juan Luis Vives, en cuyo modelo gnoseológico textual, la reflexión poetológica e historiográfica se subordinan al campo de la retórica. De esta forma la dimensión preceptiva del lenguaje encuentra su real comprensión

---

[166] Ver su prólogo al Libro II. Mendieta alude a los diversos tratados elaborados por Andrés de Olmos y Fray Toribio de Benavente o Motolinía, los que han sido analizados por Baudot (1983) en los Caps. IV y VI de su obra.

[167] Ver en nuestro capítulo I: "El patronato indiano y la pragmática de circulación textual".

en la medida en que las creaciones del lenguaje tienen a su vez un valor formativo, la búsqueda de la verdad y el provecho moral (Buck 11-21).

La historia eclesiástica, especialmente a través del discurso hagiográfico, también formó parte de las reflexiones humanistas, como fuera *De Disciplinis* de Juan Luis Vives. Frente al conocimiento de las fuentes grecolatinas y la concepción de la historia como "maestra de la verdad" (*magistra vitae*) e "imagen de la verdad" (*imago veritatis*), la historia espiritual universal es de suma importancia para el conocimiento humanista. Según Vives, desde Eusebio de Cesarea (260-341?) considerado el padre de la historia eclesiástica, el enquiridión o manual de los tiempos (*brevis annotatio temporum*) de la historia eclesiástica tampoco ha sido ajeno a la ficción. De esta forma, plantea la advertencia al lector humanista de su tiempo, profundizar en la verdad y dudar de la mentira:

> [...] historias éstas [Alejandro, Aníbal, Escipión, Pompeyo, etc.] incorporadas en el imperecedero recuerdo de los siglos, sin riesgo de que los olviden jamás, y que, en cambio, se ignoren y se mantengan encubiertos y sumidos en una noche sin memoria, los hechos de los Apóstoles, de los mártires, de los santos de nuestra religión, y aun de la misma Iglesia, en el crecimiento de su infancia, en la plenitud de su edad adulta, que, así para la noticia como para la imitación, reportarían harto más fruto que los de los capitanes o de los filósofos. Los que de ellos han escrito, con harto pocas excepciones, están afeados por muchas fábulas, porque **el que los escribe lo hace al dictado de su pasión y expone no lo que hizo el santo, sino lo que él quisiera que hubiese hecho y es el antojo y no la verdad la que dicta la vida.** Los ha habido que tuvieron por un meritorio acto de piedad fingir a favor de la religión mentirijillas. Procedimiento es éste muy peligroso, puesto que la falsedad, la baldía por otra parte, puede destruir el crédito de la verdad. **Son tantas las verdades que militan a favor de nuestra religión, que las ficciones vienen a desempeñar el mismo papel que los soldados cobardes e inútiles, que son más impedimenta que ayuda.**
> (*De las Disciplinas* 657, énfasis mío)

Como observamos, para Vives, la historia eclesiástica tampoco excluye la utilización de representaciones alejadas de la verdad, sea por el carácter subjetivo o acentuado nacionalismo de sus autores, siendo esta premisa aplicable incluso a uno de los principales textos hagiográficos de la Edad

Media, la *Leyenda Aurea*.[168] Durante el siglo XVI no sólo el valenciano Juan Luis Vives contribuyó a fijar las pautas para la comprensión del carácter y función de la historia, sino también el dominico Melchor Cano con su modelo teológico-positivo que propuso una importante reelaboración de la doctrina de los *topoi* (*Loci Theologici*, 1563) que posibilitan el conocimiento de las verdades teológicas.[169]

Si retornamos a la *Historia eclesiástica indiana*, el "prólogo al devoto lector", escrito por fray Joan de Domayquía, habría de insistir sobre este debate en torno a la narración histórica y la autoridad sagrada:

> La Sagrada Escritura historia es, y la razón por que es cierta y de verdad incontrastable es porque su autor Dios tiene ciencia infalible, con la cual no puede ser engañado, ni puede persuadirse á cosas que no llevan camino. Es también santo, la primera Verdad, la misma rectitud y santidad, y así no puede engañar á nadie, porque ya no sería Dios si eso hiciese, pues le faltaría ese blasón de santidad y rectitud tan glorioso. Muchos de los que han escrito historias, si son hombres doctos que alcanzan lo que es verdad y tiene apariencia de ella y la podrían escribir, fáltales lo segundo, que es la santidad y rectitud de voluntad, y así se arrojan á escribir falsedades, malicias, sátiras y otras bellaquerías; y si son santos, que cuanto es de su parte tienen oposición y repugnancia á todo eso, son idiotas y sin letras, que no saben discernir lo verdadero de lo falso, y así con facilidad dan crédito á disparates, y los escriben y afirman, y es lástima ver muchas historias llenas de ellos. (97)

---

[168] "Y ni aun en escribir la vida de los santos es más esmerada la observancia de la verdad, aquí donde debería ser más puntual y absoluta. Cada hagiógrafo escribía al dictado de su devoción ciega, por manera que era la pasión la que dictaba la historia, no la verdad inexplorable. **¡Cuan indigna es de sus propios protagonistas, los santos, y aun de los simples cristianos, la historia que se llama Aurea Leyenda! Yo no alcanzo como pueden llamarla de oro, siendo así que la escribió un hombre de boca de hierro y de corazón de plomo. ¿Qué cosa puede decirse más fea que aquel libro?** ¡Oh, qué gran vergüenza es para nosotros, cristianos, que los hechos esclarecidos de nuestros santos no hayan sido encomendados a la posteridad con más verdad y mayor lima, así para su noticia como para la imitación de tan soberanas virtudes, cuando de sus capitanes, de sus filósofos, de sus sabios escribieron con tanto esmero los biógrafos griegos y romanos!" (*De las Disciplinas* 423, énfasis mío).

[169] Dejamos al lector la revisión de las concepciones del dominico Melchor Cano (1509-1560). Hemos de destacar la figura del teólogo que, junto a los dominicos Domingo de Soto y Bartolomé de Carranza, participó en la primera Junta de Valladolid (1550), en que Fray Bartolomé de Las Casas y Juan Ginés de Sepúlveda debatieron sobre la naturaleza del indio y la teoría de la "guerra justa". Revisar los estudios de Caballero (1871), Popán (1957), Biondi (1973) y Lang (1974).

Podemos considerar que esta cita abre un singular debate entre la autoridad de la tradición doctrinal, la libre interpretación y la formación del letrado humanista en Europa y América. Tales relaciones se articulan en el Viejo Mundo a un movimiento general que enfatiza la reivindicación filológica de la gnoseología humanista, tal como propone Karl Hölz:

> La autoridad de la tradición doctrinal sufre un deterioro bajo la influencia del humanismo [...]. En España, el individualismo de la erudición se articula principalmente dentro de la tradición bíblica, pero teniendo en cuenta que la "diversitas" medieval ahora ya no encuentra su origen sólo en el principio de la incomprensibilidad racional de Dios, sino que se manifiesta como perteneciente al proceso filológico. La crítica a la autoridad de la Vulgata es sólo un indicio de que una nueva conciencia de un método crítico está formándose. La vuelta a los textos originales de la Sagrada Escritura responde especialmente al deseo de un acceso directo a las fuentes de la revelación. En vez de ser transmitidas a través de fuentes de segunda mano, las ediciones críticas se convierten en base de un estudio individual de la Biblia, en el que la erudición humanista en cierto modo se ensaya. (83)

Los alcances del método filológico y el conocimiento del griego y el latín, poseen especial relevancia para el cuestionamiento del principio de autoridad dentro de los marcos de una justificación ante la doctrina contrarreformista. En términos de Hölz, el postulado del Concilio de Trento de que nadie puede ir contra el *consensus patrum*, se alinea en la separación de las ciencias humanas (que se abren a todos los doctos) y las ciencias teológicas (reservada a los representantes de la iglesia). Frente a la Contrarreforma, los representantes del humanismo defendieron un concepto de verdad que resulta de una actividad filológica basada en los estudios de eruditos individuales (87).

Junto a la exégesis bíblica y el diálogo, el comentario se inscribe en el contexto de las tipologías discursivas que encontraron amplio desarrollo en la prosa político-filosófica, pedagógica y religiosa del humanismo renacentista italiano y peninsular.[170] Con esta preeminencia del texto en el siglo XVI y XVII se fundaría, en palabras de Foucault, un juego de relaciones entre el comentario y la crítica en que "[...] para

---

[170] En relación con las concepciones retórico-filosóficas del humanismo renacentista y las tipologías discursivas señaladas, véase: Jesús Gómez (2000); Struever (1970) y Seigel (1968).

comentar, es necesario el antecedente absoluto del texto; y a la inversa, si el mundo es un entrelazamiento de marcas y palabras, ¿cómo hablar a no ser en la forma de un comentario?" (*Las palabras y las cosas* 87). Será la pregunta por la relación con dichos textos la que sancione su valor en términos de sacralización (comentario) o de profanación (crítica)[171] y que, teóricamente, nos permitirá caracterizar la narrativa evangelizadora de Mendieta.

El encargo a fray Jerónimo de Mendieta de que "escribiese las cosas dignas de memoria que sucedieron en la conquista de dichas naciones", se presenta como encomio a su vida franciscana de hombre docto y ejemplar, quien habría de recabar las informaciones americanas de fuentes múltiples, sin embargo lo que destaca Domayquía es, al final de cuentas, el modelo humanista cristiano del historiador, correspondiente al juicio individual formado en la prudencia para saber juzgar lo falso de lo verdadero, pues "[...] nuestro autor tiene de docto el ser constante en no creer con facilidad, sino sólo lo que evidentemente es creíble, y de santo el no poner de su casa cosa que no sea la misma verdad, y eso es lo que hace sumamente gustosa y provechosa esta lección de las Indias" (98).

Finalmente, la dimensión ética que trasluce el relato histórico, de acuerdo a las concepciones antes analizadas, representa uno de los elementos de mayor singularidad en el prólogo a la *Historia eclesiástica indiana*. La instrucción y formación del lector mediante la narración

---

[171] "Por último, la crítica, frente al lenguaje existente y ya escrito, se pone la tarea de definir la relación que tiene con lo que representa: de esta manera, la exégesis de los textos religiosos se ha cargado, a partir del siglo XVII, de métodos críticos: en efecto, ya no se trataba de repetir lo que ya se decía en ellos, sino de definir a través de qué figuras e imágenes, en qué orden, con qué fines expresivos y para decir qué verdad, tal discurso había sido dado por Dios o por los profetas en la forma en que nos ha sido transmitido. Tal es, en su diversidad, la dimensión crítica que se instaura necesariamente cuando el lenguaje se interroga sobre sí mismo a partir de su función. Desde la época clásica, el comentario y la crítica se oponen profundamente. Al hablar del lenguaje en términos de representación y de verdad, la crítica lo juzga y lo profana. Manteniendo el lenguaje en la irrupción de su ser y preguntándole por lo que respecta a su secreto, el comentario se detiene ante el escarpe del texto anterior y se propone la tarea imposible, siempre renovada, de repetir el nacimiento en sí: lo sacraliza. Estas dos maneras del lenguaje de fundar una relación consigo mismo van a entrar de ahora en adelante en una rivalidad de la que aún no hemos salido" (Foucault, *Las palabras y las cosas* 86).

ejemplar de los sucesos "verdaderos" acontecidos en tiempos de los Reyes Católicos y del Emperador Carlos V, claramente viene a reflejar la finalidad didáctica que representa el relato de las hazañas del pasado:

> [...] y si estando aquí uno en España lee cosas que pasaron y pasan en las Indias, lo mismo tiene que si estando aquí estuviese justamente presente en aquellas partes, que es un modo de inmensidad: y si en la historia se ven las hazañas heroicas y vidas inculpables de nuestros antepasados, y con su ejemplo nos incitan a imitarlas, no se puede decir el precio y bondad que tiene tan general y común para toda la república [...]. (98)

La caracterización de estos elementos, que anticipan el carácter y función de la obra de Mendieta, en tanto "historia eclesiástica", quizás ya puedan resultarnos más inteligibles. Sin embargo la naturaleza de sus informaciones –aquellas referidas a la acción misionera de la orden franciscana en las Indias occidentales– bien pudiera perder de vista nuestra hipótesis general de ser un "comentario" de la historia profana y espiritual de la conquista americana. En tal sentido, conviene precisar que la obra de Mendieta si bien abandona los modelos de composición textual propios de la historiografía profana (relación, anales, crónica, etc.), asume el comentario como función textual integrada al relato de la historia eclesiástica. A diferencia de los tratados de Erasmo y de Vives –que compusieron "comentarios" bíblicos en un sentido estricto–, en Mendieta se presenta más bien como un recurso de orden textual, mediante el cual se pretende llevar a cabo una correcta interpretación de las fuentes del pasado. Allí radicaría, a nuestro entender, la complejidad retórico-argumentativa de la obra del franciscano, la elaboración de una historia que se configura como alteridad de textos anteriores que implícita o explícitamente la motivan.[172]

---

[172] Cabe destacar que dicha función también podemos identificarla en los *Comentarios Reales* (Lisboa, 1608) del mestizo cusqueño Garcilaso de la Vega, quien elabora una historia de la civilización incaica desde sus orígenes hasta la llegada de los conquistadores. A partir de la utilización de un conjunto de fuentes correspondientes a la historia profana (crónicas, relaciones de conquistadores) o espiritual (bulas pontificas, concilios de la iglesia, etc.), que conforman un marco discursivo, el historiador laico o seglar se enfrenta a la tarea de "corregir", "precisar", "desmentir" o, simplemente, "adscribir" el orden narrativo que se comenta. En el desarrollo de estos planteamientos seguiremos algunos aspectos teóricos de Lilián Uribe (1999) referidos a las funciones narrativas del comentario: 1) instancias paratextuales, 2) subtextos, 3) metatextos, 4) los privilegios del narrador, 5) paréntesis; 6) digresiones.

Crónicas franciscanas de Nueva España (Siglo XVI)

El análisis de este marco textual en la obra de Mendieta se ha realizado sobre la base de las fuentes que la crítica histórica ha identificado como influencias o correspondencias con otros textos de la tradición secular o sagrada. Así por ejemplo, en un estudio comparativo de amplitud, Johanna Broda (1975), ha abordado la vinculación de la obra franciscana en el contexto general de las fuentes del México antiguo. Mientras tanto, Joaquín García Icazbalceta, en 1945 ya habría señalado de igual manera cuál fue la utilización que la magna obra del franciscano Juan de Torquemada, *Monarquía Indiana* (1615), realizó de la propia *Historia eclesiástica*.[173] Sin embargo, frente a estos planteamientos, deseo contraponer una nueva orientación crítica, aquella que desde la identificación de las filiaciones textuales con la obra de Mendieta, busca comprender su inscripción en un nuevo contexto de enunciación, es decir, desplazar la interrogante desde las fuentes que utilizó el cronista a la pregunta por la función que éstas poseen mediante el "comentario" y la "crítica" histórica.

3.3 LA CRISIS DE LA ARGUMENTACIÓN ÉPICA

Según ha planteado John Leddy Phelan, en la *Historia eclesiástica indiana* hemos de distinguir dos etapas de la colonización americana, correspondientes a la historia de la iglesia indiana: una "edad dorada", coincidente con el proceso de la conquista de Hernán Cortés y la llegada de los primeros misioneros a Nueva España; y un presente degradado, cuyos inicios coincidirían con la muerte del gobernador Luis de Velasco, el espíritu antifranciscano del Consejo de Indias, las innumerables epidemias y la explotación mediante el trabajo indígena.[174]

---

[173] Revisar García Icazbalceta, "Tabla de correspondencias" 76-91; y Johanna Broda (1975).

[174] "La interpretación que hacía Mendieta del Nuevo Mundo se desarrollaba alrededor de tres concepciones. La primera era que la historia de las Indias tenía una escatología. La segunda, que el periodo de 1524-1564 constituía la edad de oro de la iglesia indiana. La tercera, que el periodo 1564-1596 representaba una terrible decadencia en el destino de la iglesia indiana. El espíritu antifranciscano que animaba al Consejo de Indias, la política de la Corona de hispanización de los indios, las innumerables epidemias y la explotación del trabajo de los indios, mediante el sistema de repartimiento, eran considerados por Mendieta factores decisivos en el desencadenamiento de los grandes males que aquejaban a la iglesia indiana" (Phelan 117).

Para Mendieta como para los mendicantes, el reinado de Carlos V parecía una edad dorada, en la que fue practicada la pobreza evangélica de la primitiva iglesia apostólica, como asimismo los indígenas estaban gobernados por virreyes (Mendoza y Velasco) que eran "verdaderos padres de los indios"(95). Mientras tanto los tiempos de Felipe II, habrían de corresponder a la "edad de plata", que rápidamente se identificaría con el "relato de la destrucción de la ciudad de Dios de los frailes y de los indios por la ciudad terrena"(122). El paso del "optimismo" al "pesimismo" apocalíptico" de Mendieta,[175] según la comprensión mística de Phelan, plantea una visión interpretativa que, a mi modo de entender, resulta insuficiente al momento de interrogarnos por las modalidades discursivas que en ella interfieren. A este respecto, cabe llamar la atención sobre la observación de Mario Cesáreo en relación con la estructura de la obra:

> El diseño de la HEI [*Historia eclesiástica indiana*] es el resultado de una meditación sobre la historia pasada y presente que intenta restituir organicidad y continuidad de sentido a la experiencia colonial. Acorde con esto, se trata de un texto donde se entrecruzan modalidades discursivas altamente contradictorias, que son erigidas y desmanteladas a medida que se avanza en el discurso de la historia colonial. (443)

Cesáreo ya ha advertido de qué modo el entrecruzamiento de modalidades discursivas diversas que se integran en esta composición histórica, son el resultado de un proceso de secularización de la institucionalidad colonial hacia fines del siglo XVI. Tal como lo enunciáramos con Ángel Rama, las bases del proyecto de evangelización como Reconquista, registra serias transformaciones a causa del monopolio institucional y la entrada al período de la burocratización mercantil en

---

[175] "Durante el período en que Mendieta escribió su *Historia eclesiástica indiana* pasó del optimismo al pesimismo apocalíptico. En el libro I, escrito antes de la crisis de 1595-1596, su visión de la monarquía universal de los Habsburgo españoles estaba permeada de un optimismo apocalíptico. La más importante de la misión positiva de España era la de forjar la unidad espiritual de la humanidad. Mendieta confiaba en que todo el mundo sería refundido en un molde español. No llegó a mencionar siquiera la imagen del tiempo de las calamidades apocalípticas. Mas para las décadas de 1580 y 1590 se insistió cada vez más con el carácter de profeta de la destrucción, hasta que en el invierno de 1595-1596 decayó su estado de ánimo hasta llegar a la total tristeza apocalíptica" (Phelan 153).

la colonia, lo que narrativamente determina una superación del discurso épico de la conquista:

> A diferencia de Europa, en América la expansión mercantilista fue experiencia histórica. El descubrimiento auguró la realización de la Buena Nueva cristiana. Hecho que puso en movimiento una estética de realización utópica, que generó una actitud experimental y atrevida por parte de los primeros misioneros, diseñadores de diversos órdenes institucionales con que intentaban materializar la utopía cristiana (Hanke). Rápidamente, sin embargo, la conquista cedió a la burocratización colonial. La iglesia intentó hacerse orgánica a la objetividad americana (Zubillaga), al tiempo que esa objetividad era sujeta al rediseño mercantilista. El movimiento expansivo del momento colonizador fue reemplazado por un intento de incorporación, etapa de ardua organización política y construcción institucional; momento beatífico, de moroso habitar en la materialidad americana. Con el asentamiento del orden mercantilista, el territorio americano comienza a desnudar sus graves dislocaciones étnicas, culturales, económicas e ideológicas. Las nuevas relaciones sociales, captadas desde el cara a cara de la experiencia misionera, hicieron posibles y necesarias formas inéditas de plasmación estética que resultarían en la crisis de la alegoría cruzada. (Cesáreo, "Jerónimo de Mendieta" 441-442)

Esta llamada crisis de la argumentación épica propondría en tiempos de Felipe II la transformación del modelo religioso y militar de la Cruzada por el de la burocracia institucional. Incluso al interior de la orden franciscana, este tránsito se evidenciaría a través de dos fases que coexisten en la obra de Mendieta. La primera de ellas correspondiente a la iglesia misional, con numerosos privilegios pontificios a los franciscanos y las otras órdenes. La segunda, sobre la base de una dirección episcopal y la consiguiente pérdida de los privilegios misionales, lo que habría de generar una resistencia por parte de los religiosos. Se trataría en esta nueva fase de la conformación de una iglesia diocesana, esencialmente urbana, con un clero predominantemente secular y promotora del cobro de diezmos, que iban en contra del modelo misional del primitivo espíritu franciscano (Pérez-Lila XVII).

Este contexto de transformaciones bien podría explicar históricamente el "pesimismo apocalíptico" de Mendieta, como le ha denominado Phelan, sin embargo buscamos interrogarnos por las estrategias discursivas que conforman la narrativa del franciscano en sustitución del modelo religioso de la Cruzada. A modo de hipótesis, podemos sostener que en dicho proceso de transformación hemos de tener presente que la *Historia eclesiástica indiana* es el resultado no sólo de una particular visión evangelizadora de la conquista, sino en términos inmediatos, de una percepción jurídica y crítica de la misma. A juicio de Carlos Sempat Assadourian, la contraposición que Phelan realiza de la figura de Mendieta como un hombre de mentalidad mística y del dominico Las Casas como un abogado canónico "–con la evidente intención de separarlos en la vida del mundo– puede originar errores en el análisis histórico"(Assadourian, *Memoriales* 381). En razón de esta perspectiva, lo que podríamos considerar el "programa de salvación" de la mentalidad apocalíptica de Mendieta, cabe articularlo con su "programa político", a fin de comprender la profunda interrelación de dichas perspectivas en el desarrollo de las transformaciones finiseculares del siglo XVI que expone su labor cronística, considerando la idea del reino cristiano universal y su extensión en América.

3.4 La dimensión profetológica del "negocio humano" y "divino"

La extensión del Evangelio entre los infieles habría de ser uno de los principios apostólicos que modeló el presupuesto ideológico que, según Antonio de Egaña, servirá de base al regalismo vicarial. De esta manera, los reyes, como patronos de la Iglesia de Indias, habían de resguardar la conversión de las nuevas masas de infieles recién descubiertas.[176] En la obra de Mendieta, el origen y descubrimiento de las Islas Occidentales habría de asumir esta visión como uno de los principios caracterizadores de la representación de las figuras de Cristóbal Colón y de los Reyes Católicos.

En el orden narrativo, la extensión del cristianismo hacia tierras de ultramar, encontrará su coincidencia histórica con dos hechos de relevancia: la derrota de los moros y la toma de Granada. La dimensión

---

[176] Sobre las características del Patronato Real de las Indias ya hemos aportado antecedentes importantes a los que remitimos en el capítulo I.

profetológica de que "escogió Dios por medio e instrumento a Colón para comenzar a descubrir y abrir el camino de este nuevo mundo", no excluye la intervención franciscana; por el contrario, la colaboración de fray Juan Pérez de Marchena en la empresa del descubrimiento, confiere a la acción colombina una significación profetológica:

> Harto más camino lleva decir que este fraile pobre y penitente fuese hombre espiritual y devoto, más que cosmógrafo, y que alcanzase á saber de estas nuevas tierras y gentes á los nuestro ocultas, no por ciencia humana, sino por alguna revelación divina [...] (105)

Dicho acto de revelación divina, impregna la figura de Colón de una nueva percepción en torno a la significación del descubrimiento. La alianza entre el saber humanista cristiano del fraile y la ciencia náutica del almirante, se elevan a la condición de medios de una revelación que resignifica en el plano terrenal las "escrituras de las carabelas [cartas de navegación]" y, en el plano espiritual, las almas de los infieles de un nuevo mundo recién descubierto. En otros términos, la concepción de una historia humana bajo la dirección de Dios, ya anuncia los primeros signos de una comprensión providencialista de la conquista americana, gracias a la visión del franciscanismo colombino.[177]

El celo demostrado por los Reyes Católicos en extender la religión cristiana y con ello derrotar a los llamados "escuadrones diabólicos" (la "perfidia judaica", "falsedad mahometana", "ceguera idolátrica" y la "herejía"[178]), tendrá como resultante el consiguiente premio divino a sus gloriosos esfuerzos, pues "se esmeró Dios en darles singular remuneración en el suelo, después de hacerlos gloriosos reyes en el cielo"(108), lo que para el cronista equivale a la transformación de dicho "negocio humano" en "negocio divino". A los Reyes Católicos les habría de corresponder, no sólo la destrucción de las "malas sectas" en España, sino también –acorde

---

[177] Para un desarrollo de estas concepciones, véase Milhou (1983).
[178] Para Mendieta serían tres los llamados "escuadrones diabólicos" los que han sido combatidos por los Reyes Católicos. A la "perfidia judaica" se ha contrapuesto la extirpación de los ritos y ceremonias de la ley vieja; a la "falsedad mahometana", la conquista de la ciudad y reino de Granada ocupada por los moros; a la "ceguera idolátrica", la conquista y conversión de infinidad de gentes idolátricas en América; y, a los herejes, la Inquisición (*Historia eclesiástica indiana* 108).

con el mito del Mesías-Emperador estudiado por Phelan– su "universal destrucción y conversión final de todas las gentes al gremio de la iglesia" (*Historia Eclesiástica* 109).[179] En otros términos, la creación de un llamado *orbis christianus*, que argumentativamente poseerá un rol de importancia en la construcción narrativa de la *Historia eclesiástica indiana*.

La introducción de los postulados del patronato indiano en el desarrollo de la presente crónica, no sólo actualiza las bases jurídicas y eclesiásticas de esta primera etapa de la iglesia misional, sino que asimismo refuerza argumentativamente la función que corresponde a los Reyes como "padres espirituales de los indios" (Cap. III). Así por ejemplo, la intercalación de tipos discursivos como la *Bula de Alejandro VI* a favor de los Reyes de España –en que la concesión geográfica para sujetar las tierras y sus gentes recién descubiertas es uno de los aspectos relevantes de dicha formulación canónica–, refuerza en el contexto de la obra dos aspectos relevantes: la potestad real en América y la intervención mendicante:

> Y se las concede [islas y tierras descubiertas] con todos sus señoríos, ciudades, castillos, lugares, villas, torres y jurisdicciones, con todas sus pertenencias. Y demás de esto les manda en virtud de santa obediencia, que (así como ellos lo habían prometido) envíen á las dichas islas y tierras varones buenos, temerosos de Dios, doctos, sabios y experimentados para enseñar e instruir á los moradores de ellas en las cosas de nuestra santa fe católica, y en buenas costumbres. Y so pena de excomunión *latae sententiae ipso facto incurrenda*, manda y prohíbe á todas y cualesquier personas de cualquier dignidad (aunque sea de estado imperial ó real) y de cualquier grado, orden y condición que sean, no presuman de llegar á las dichas islas ó tierras firmes con título de comprar mercaderías, ni por otra cualquier causa, sin licencia especial de los susodichos Reyes Católicos, ó de sus herederos y sucesores. (116-117)

La historización de la misión apostólica en América se inscribe narrativamente mediante este intertexto, señalando las bases de la autoridad documental y moral de los reyes de España. Desde el punto de vista del análisis tipológico, el intertexto aquí mencionado (bula pontificia) cumple una doble función: constituye una referencia modélica para la

---

[179] En relación con el mito del Mesías-Emperador, revisar el Capítulo I del texto de Phelan. "La monarquía universal de los Habsburgos españoles" (9-30).

jerarquía política peninsular incluso en tiempos de Mendieta y, además, para la constitución y defensa de la iglesia misionera en América. En definitiva, trataríase de un recurso de *apropiación subtextual*, entendido como el procedimiento mediante la cual el narrador toma literalmente un fragmento discursivo para adscribirse a su contenido. De manera tal que no necesita agregar ni quitar nada, sino citarlo como una forma de comentario (Uribe 18-19). Desde esta perspectiva, la referencia a los intereses misioneros y mercantiles, vendría a representar uno de los primeros problemas de la conquista del Nuevo Mundo. No en vano, la referencia a los Reyes Católicos, como a sus herederos y sucesores –lo que habría de incluir evidentemente los reinados de Carlos V y Felipe II– apela a la conformación de una primigenia alianza entre el modelo del rey cristiano y su obediencia a la Iglesia. Recordemos que igual estrategia habríamos de encontrar en la obra de Motolinía, en que la representación modélica del rey cristiano (*regimine principum*) es interpelada por su función político-espiritual como soldado de Dios y defensor de la primera iglesia americana.

3.4.1 La alegoría de la conquista espiritual: la dualidad concesión/misión

El fenómeno de apropiación textual antes descrito constituye un procedimiento retórico cuya significación jurídica en el plano histórico será interpretada desde el punto de vista del tratamiento alegórico. La parábola de Cristo Salvador (según el *Evangelio de San Lucas*) es un ejemplo de gran relevancia para la clarificación del implícito principio de jerarquización en que debemos inscribir las fuentes pertenecientes a la *Historia Eclesiástica* (bulas) como a la *Historia Sagrada* (Escrituras). Trataríase de la copresencia de referencias textuales cuya vinculación establece un nuevo orden interpretativo de la conquista, basado en la verdad que estaba más allá de la razón natural, contenida en las *Sagradas Escrituras*. La exégesis que el narrador deriva de la parábola 14 de San Lucas, resulta clara en la confirmación de la misión apostólica de los misioneros:

> Y aunque por el siervo de la parábola que es enviado á llamar los convidados y á convidar á otros nuevos, se entiendan en alguna manera de más propiedad los mismos predicadores que anuncian la palabra de Dios y publican el santo Evangelio; pero por respeto de la autoridad y oficio, y por razón de ser uno y no muchos, podríamos decir que más propiamente se entiende el Vicario de Cristo, Pontífice Romano, Pastor de la Universal Iglesia, ó quien tuviese sus veces para enviar los tales predicadores, como agora vemos que las tienen nuestros Reyes de Castilla por la bula citada y poder cometido por divina ordenación, para estas Indias Occidentales, donde tienen la persona y oficio de aquel siervo evangélico, y así está á su cargo enviar los ministros que conviene para su conversión y manutenencia de los naturales de esta tierra. (119)

Ya Phelan ha comentado que la interpretación de Mendieta representa una visión de la monarquía universal de los Habsburgo y de su misión de conversión de las tres principales religiones que aún están al margen de la cristiandad.[180] Judíos, musulmanes y gentiles, al momento de adoptar el cristianismo, anticiparían el cumplimiento apocalíptico del Juicio Final:

> [...] pues de aquí, que la parábola propuesta en el Santo Evangelio, del siervo enviado a llamar gente para la cena del Señor, á la letra se verifica en el rey de España, que á la hora de la cena, conviene a saber, en estos últimos tiempos, muy cercanos al fin del mundo, se les ha dado especialmente el cargo de hacer este llamamiento de todas gentes, según parece en los judíos, moros y gentiles, que por su industria y cuidado se han venido y vienen en conocimiento de nuestra santa fe católica, y á la obediencia de la santa Iglesia romana, desde el tiempo de los Reyes Católicos, que (como dicen) fue ayer, hasta el día de hoy. (119)

Desde el punto de vista de la disposición del relato, se hace presente la jerarquización textual de componentes de la historia eclesiástica y sagrada, los que en el marco de una hermenéutica apocalíptica semantizan el descubrimiento y conquista de América mediante la relación concesión (bula)/misión (parábola). De esta manera, la empresa americana que se orienta en la tradición bíblica del Viejo Testamento, es una constatación que trasciende hacia el orden extratextual del presente de enunciación del relato, es decir, la idea de una "concesión-misión" se proyecta más allá de la función monárquica de los Reyes Católicos y del Emperador

---

[180] Con relación a la interpretación de la parábola 14 de San Lucas en la historia ideológica del imperio español, mediante los escritos de Las Casas, Sepúlveda y Mendieta, revisar Phelan (17-23).

Crónicas franciscanas de Nueva España (Siglo XVI)

Carlos V, apelando al cumplimiento de esta primigenia misión vicarial en el contexto de una visión genealógica de la monarquía española que se extiende hasta los tiempos de Felipe II.[181]

La perspectiva evangelizadora que se formula ya en estas referencias, permite asimismo identificar los primeros rasgos caracterizadores de la misión franciscana entre los indígenas, "guiándolos con autoridad y poder de padres".[182] Pero este celo espiritual también presenta en tiempos de Mendieta una clara tensión utópica. Según expresara en su carta al Comisario General de la orden, se califica la evangelización americana como "lo que había de ser y no es", para así referirse de paso a la codicia del conquistador y su nefasta influencia en la ocupación de la Isla de Santo Domingo, pues:

> no dejaron los buenos reyes de dar el orden y medios que para ello les pareció convenir. Y si algún descuido de su parte hobo, no sería otro sino hacer entera confianza de las personas que á las Indias enviaban, y de los consejeros que andaban á su lado; no creyendo que los que ellos tenían probados por hombres de sana intención, la nueva ocasión del oro y el tratar con gente simple los mudaría. (128)

Esta caracterización colectiva, para aludir a los que habrían de constituir el anillo protector del poder y ejecutor de las órdenes reales, refuerza la "leyenda negra" de la conquista. Visión que encuentra su reprobación no sólo desde la perspectiva religiosa del cronista-evangelizador, sino también en los oráculos indígenas de los que "guardaban la memoria de sus antiguos". Incluso los llamados *bohíques o sacerdotes*, vendrían a

---

[181] Desde esta perspectiva también puede considerarse la intercalación de la "Cláusula del testamento de la Católica Reina doña Isabel", texto que corrobora la continuidad de la tarea misional: "Por ende suplico al Rey mi Señor muy afectuosamente, y encargo y mando a la Princesa mi hija y al dicho Príncipe su marido, que así lo hagan cumplir, y que éste sea su principal, fin [...]" (126-127).

[182] "Pues para con estos indios gentílicos, que además de la ignorancia del camino de la Verdad, están ocasionados y dispuestos para caer, así en las cosas de la fe como en la guarda de los mandamientos de Dios, de pura flaqueza, por ser la gente más débil que se ha visto, no bastará la simple predicación del Evangelio, ni la comprobación de la doctrina por el buen ejemplo de los ministros, ni el buen tratamiento de parte de los españoles, si juntamente con el amor de sus padres espirituales, y el celo que en ellos vieren de su salvación, no tuvieren también entendido que los han de temer y tener respeto, como hijos a sus padres, y como los niños que se enseñan en la escuela a sus maestros" (Mendieta 120).

contraponer desde la visión religiosa del mundo prehispánico, su propia percepción de la conquista como una catástrofe:

> [...] finalmente, les fue respondido, que aunque los dioses esconden las cosas venideras a los hombres por su mejoría, agora las querían manifestar a ellos por ser buenos religiosos, y que supiesen cómo antes de muchos años vendrían en aquella isla unos hombre barbudos y vestidos todo el cuerpo, que hendiesen de un golpe un hombre por medio de las espadas relucientes que traerían ceñidas, los cuales hollarían los antiguos dioses de la tierra, destruyendo sus acostumbrados ritos, y derramarían la sangre de sus hijos o los llevarían captivos, haciéndose señores de ellos y de su tierra; [...]. Todas esas cosas pasaron sin faltar como aquellos sacerdotes contaron y cantaban. (134)

Debemos considerar que la instrumentalización narrativa de esta profecía en la que además, menciona el cronista, "bien pudo sacar años antes el demonio por conjeturas", por un lado, viene a reforzar la significación del vaticinio sobre la crueldad de los españoles y, por otro, la caracterización de la pusilanimidad de los indios y de su disposición a aceptar la fe cristiana bajo la autoridad de los misioneros, pues "viendo a los cristianos adorar la cruz, la adoraban ellos" (134).

3.4.2 El paratexto lascasiano: la retextualización de la conquista armada

La incorporación del relato lascasiano representa uno de los principales ejemplos de la denuncia de los frailes ante los atropellos del conquistador. De esta forma, la *Historia eclesiástica indiana*, integra un nuevo subtexto, la narración del desastre de Cumaná y Maracapana, con el objeto de refrendar la denuncia del obispo de Chiapas sobre las vejaciones españolas a los indios caribes:

> Pero que no hay agora quién le eche la culpa, contando la verdad de cómo ello pasó, si no es el obispo de Chiapa, Fr. Bartolomé de Las Casas, en una apología que escribió en defensión de los indios, á quien por la autoridad de su persona, religión y dignidad, y por el cristianísimo celo que en sus obras y escritos mostró de la honra de Dios, es razón de darle todo crédito, mayormente en este caso, que resultó en daño de su propia orden y religiosos de ella. Y porque ninguna palabra ponga yo de mi casa, pues aquella apología no está impresa

ni se imprimirá (a lo que creo), referiré aquí al pie de la letra todo el capítulo que sobre esta materia escribe [...] (139)

La función que presenta el subtexto lascasiano, referido literalmente, pretende saber "quién tuvo la culpa, y fueron reos de aquel desastre", con lo cual inscribe este relato en el marco de una retórica de orden forense, en que además de la denuncia se plantea una consideración sobre el papel del religioso como agente de la dominación española y del imperio de la letra:

> Ahora juzguen los prudentes, que fueren verdaderos cristianos, si tuvieron justicia y derecho indudable de matar [los indios] al Ojeda y a su compañía, y ocasión de sospecha que los frailes les eran espías y enemigos, viéndoles dar papel y escribanía para el título de hacer esclavos y otros actos de amistad con los españoles, siendo de su nación y aun asegurándoles los religiosos muchas veces que de los españoles no habían de recibir, mientras ellos allí estuviesen, algún mal o daño: y aunque aquellos inocentes siervos de Dios padecieron injustamente (y sin duda podemos tener que fueron mártires), pero creo yo que no les pedirá Dios la muerte de ellos por las ya dichas causas; solamente, ¡ay de aquellos que fueron y fueren causa de escándalo! (145)

La referencia al desastre de Cumaná, que habría de culminar con la muerte de Alonso de Ojeda y las tropas españolas, plantea, entre otros aspectos, la adscripción del narrador a la perspectiva de enunciación lascasiana y el rescate de la función del lector como "juez" de los abusos del conquistador. Cabe señalar que no menos importante es la manera cómo la incorporación de este testimonio del obispo de Chiapas, por un lado, viene a denunciar la corrección de un juicio histórico sobre la "feroz" e "indomable" idolatría de los caribes; y, por otro, da lugar a una nueva función retórica, la *función paratextual*[183] mediante la cual se privilegia la retextualización, es decir, la digresión correctiva de la misión franciscana y el carácter martirológico de uno de sus frailes, fray Dionisio, quien finalmente es muerto por los indios:

> Todo lo arriba dicho es del buen obispo de Chiapa[sic]; mas por que no cuenta aquí lo sucedido de los frailes franciscos de Cumaná, es de saber que allí no

---

[183] "Por instancias paratextuales entendemos aquellas digresiones que se configuran como retextualizaciones correctivas, es decir, el texto utiliza de otro la posibilidad que le brinda de poder manifestarse como alteridad, como discurso alterno, otro, y en todo caso más perfecto, privilegiado por uno y otro aspecto que en cada ejemplo se evidencia" (Uribe 17).

> los mataron todos porque tuvieron aviso de lo que pasaba a tiempo que hobo lugar de sacar el Santísimo Sacramento, y metidos con él en una barca se fueron huyendo a la isla de Cubagua: sólo un Fr. Dionisio, que no se hobo de hallar tan a mano, o de turbado no pudo o no supo seguir a sus compañeros, quedó escondido en un carrizal, y en él estuvo seis días sin comer, aguardando que viniesen por allí españoles [...]. Debatieron mucho sobre su muerte, queriéndolos unos matar y otros salvar; pero al fin, por consejo de un indio baptizado llamado Ortega, le ataron una soga al pescuezo y lo arrastraron y acocearon, y hicieron en él otros vituperios [...]. (146-147)

A mi modo de entender, el paratexto aquí incluido, presenta una importante función dentro del marco narrativo, pues no solo permite la incorporación de digresiones que representan expresiones privilegiadas de la conciencia perfectiva del sujeto de enunciación frente a los relatos de la conquista; sino también nos permite abrir interrogantes diversas sobre la posible continuidad de las desaveniencias político-religiosas que identificáramos en la relación de Motolinía y Las Casas. ¿Trataríase acaso de posturas individuales que no necesariamente perduraron en la visión de la orden hacia fines del siglo XVI? ¿Podríamos reconocer nuevas desafiliaciones doctrinales entre Mendieta y el obispo de Chiapas que en parte ayudasen a la comprensión del proceso de formación textual de la narrativa franciscana? Como señala Assadourian, pese a disponer de un "archivo con zonas vacías o vaciadas" que impide reconstruir todos los contactos entre dominicos y franciscanos, hay dos puntos de clara disidencia entre Mendieta y Las Casas: "la destrucción de la idolatría nativa y el método de castigo para evangelizar a los indios", a lo que se sumaría la devoción de la orden franciscana por Cortés (Assadourian, *Memoriales* 385). Sin embargo se hace evidente el cambio que desde la retórica de Motolinía hasta Mendieta, muestra una conciencia escritural que transita entre el comentario y la crítica de la tradición jurídico-teológica sobre América.

Otro ejemplo de ello es el Capítulo XI *De la consideración que se debe tener acerca de este desastroso acaecimiento y de otros semejantes, si ha acontecido o acontecieren en Indias,*[184] en el cual podemos distinguir cómo la valoración crítica del cronista se da en tres niveles discursivos: a) en

---

[184] Revisar páginas 148 a 152 del texto de Mendieta Vol. I.

relación con su acto de escritura, b) el discurso de la diferencia étnica y, finalmente, c) la identificación nacional. En relación con los dos primeros aspectos, hemos de considerar que la función de su acto de escritura pretende reprobar el exterminio de los indios americanos, asumiendo una conciencia cristiano-social basada en el discurso de la diferencia:

> [...] quiero desde ahora hacer mi debida salva, para que lo tocante a este artículo dijere, sea recibido de los que lo oyeren con la sana intención con que yo lo escribo: es a saber, para que nos preciemos de cristianos, como tales nos humillemos y reconozcamos nuestros propios defectos y perversas inclinaciones, y nos vamos en ellas á la mano, escarmentando en los excesos de los pasados y en el justo castigo que por mano de Dios por ello recibieron, y no queramos echar nuestras culpas o de los de nuestra nación á los de otra por ser diferente, si bien considerado el negocio no se les debe con razón imputar, pues no la tienen. (148-149)

Esta visión de la alteridad que busca destacar la presunción y ambición de "todas las naciones del mundo (excepto la indiana)", contrasta con la humildad de los indios, los que después de haber conocido el cristianismo a ninguna otra nación resisten, sino que "a todos se subjetan". Dicha condición en sí demuestra la injustificación de la esclavitud y los atropellos españoles al momento de la conquista. La retórica forense aquí presente, no sólo se transforma en una defensa del indio, sino también incorpora la referencialidad autobiográfica del cronista para cuestionar la idea de una traición a la patria:

> Y por estas verdades que aquí digo, ó por que adelante en esta materia dijere, **no consiento que alguno me tenga por enemigo de mi nación y patria, como acaece que muchos inconsideradamente lo echan por esta calle**; porque puestos en mediana consideración, ¿en qué juicio cabe juzgar, que yo, siendo como soy, español, pretenda por los extraños infamar a mis naturales, levantándoles el mal que no hicieron? (151, énfasis mío)

¿No sería tildado como "enemigo de la nación y patria" el mismo Las Casas? Ciertamente una eventual alusión al dominico no puede ser obviada en este comentario, pero también destaca la distinción que elabora el cronista entre los "verdaderos españoles" y los enemigos de la ley; o, según les llama, "degéneres". Sujetos que sumados a los españoles "eclesiásticos" o "seglares", representan en su conjunto la heterogeneidad de los agentes hispánicos de la conquista. Frente a ellos, la valoración étnica de los pueblos prehispánicos, pese al desastre de Cumaná, no mermará su condición de merecedores del reino cristiano.

El ejemplo del alzamiento del cacique Enrique, nuevamente enfatizará el uso del paratexto y la retextualización correctiva, a fin de introducir su crítica a la visión oficial que el cronista español Gonzalo Fernández de Oviedo elaboró sobre la insubordinación de los indios de la isla Española:

> Y porque este caso fue notable, y en la relación de él se conoce claramente la ciega pasión con que algunos historiadores condenan injustamente á los indios, echándoles culpa y acriminándosela con cuanto encarecimiento pueden, habiéndola de echar y cargar totalmente á sus naturales y compañeros los españoles, que con sus inicuas obras daban forzosa acción para que los nuevos en la fe no sólo se huyesen a los montes, mas aun tuviesen por enemigos capitales a todos los cristianos y por odioso el tal nombre; recitaré aquí lo que un cronista cuenta cerca de cómo pasó este negocio, y el fundamento que tuvo. (153)

Esta vez, el sometimiento del cacique Enrique se consigue mediante la intercesión del Emperador, quien en una muestra de su irenismo cristiano hace envío de una carta en que le concedía el nombre de Don Enrique. Siguiendo a Mignolo (1992), advertimos la imposición de la letra sobre la potestad de una aristocracia indígena, quien luego de haberla leído "besaba la carta y puesta sobre su cabeza, la obedeció, y prometió de guardar siempre inviolablemente la paz" (159). Pese al ejemplo de obediencia del cacique, la codicia habría de exterminar a los indios de la Española, con lo cual sería equivocado –señala el cronista– imputar a los Reyes Católicos la responsabilidad del asunto.[185] Mas bien, su visión crítica recae sobre los subterfugios del cuerpo letrado, la institucionalización de la codicia del papel, puesto que "[...] parece que muchos de los que

---

[185] "Así fue lo de la isla Española, que como se acorralaron los indios en poder de los españoles, sin que alguna provincia o pueblo de ellos se pudiese escapar de sus manos, en breve tiempo dieron cabo de todos, sin que quedase alguno por quien se pudiese conocer la figura de los pasados [...]. Porque esto es tenerlos acorralados y atados en su poder y manos; y porque esta terrible inhumanidad que pasó en la Española y en sus comarcanas islas, en los futuros años del siglo, la podrían algunos ignorantemente imputar a los Católicos Reyes, dignos de eterna y loable memoria, en cuyo tiempo y reinando, ello sucedió, será justo que con verdad y justicia los excusemos, echando la culpa a los que la tuvieron" (164-165). Para una confirmación de esta idea, véase el epílogo al Libro Primero (174).

han gobernado en Indias no han querido otra cosa, sino una cédula, una cláusula, una palabra, una letra del rey", la que pudiese aplicarse según el provecho personal (168).

Como vemos, los tiempos de la conquista armada han dado paso a un nuevo momento histórico. Mendieta habría de transitar entre ambas coordenadas, la crisis de la argumentación épica y el entramado de la institucionalización del orden colonial. Ambas, al final de cuentas, nefastas para la sobrevivencia del espíritu primitivo de una cristiandad americana que éste defendía.

3.4.3 Las concordancias de la "iglesia satánica" y la "iglesia cristiana"

Según enuncia el cronista en el prólogo del Libro Segundo, la materia referida a los ritos y costumbres de los indios en tiempos de su infidelidad, esboza un cuadro general de la experiencia misionera de fray Andrés de Olmos[186] y fray Toribio de Benavente o Motolinía en relación con su conocimiento de la cultura prehispánica.[187] Es importante destacar que el marco textual identificado en este proemio, hará uso de la tradición franciscana para documentar el conocimiento de la cultura prehispánica. En tal sentido, el cronista afirma:

---

[186] Con relación a Fray Andrés de Olmos, se ha fijado su paso a Nueva España en 1528, como socio del Obispo Zumárraga. Su labor filológica se ha destacado por su importante conocimiento de la lengua náhuatl y la preparación de la primera gramática. Por mandato de Ramírez de Fuenleal redactó la primera historia del México antiguo, a base de documentos prehispánicos. También se conserva un tratado elaborado por el seráfico sobre los pecados capitales y otros sobre las artes de adivinar y magia, ambos en lengua náhuatl. Su principal mérito corresponde a la recopilación de los discursos de educación de los jóvenes nahuas, llamados *Huehuetlatolli*, es decir, *Pláticas de los viejos*. Revisar *Diccionario Porrúa* (1976). Sub voce y García Icazbalceta (1981).

[187] En el prólogo a la obra enuncia: "Y yo, que esto escribo, teniendo algún deseo de saber estas antiguallas, ha muchos años que acudí al mismo padre Fr. Andrés, como a fuente de donde todos los arroyos que de esta materia han tratado emanaban, y él me dijo en cuyo poder hallaría esta su última recopilación escrita de su propia mano, y la hube y tuve en mi poder; y de ella y de otros escritos del padre Fr. Toribio, uno de los primeros doce, saqué lo que en este libro de los antiguos ritos e los indios escribo, siguiendo su brevedad y repartiendo la materia por compendiosos capítulos en la forma que se sigue" (180).

> Pues es de saber, que en el año de mil y quinientos y treinta y tres, siendo presidente de la Real Audiencia de México D. Sebastián Ramírez de Fuenleal (obispo que á la sazón era de la isla Española), y siendo custodio de la orden de nuestro padre S. Francisco en esta Nueva España el santo varón Fr. Martín de Valencia, por ambos a dos fue encargado el padre Fr. Andrés de Olmos de la dicha orden (por ser la mejor lengua mexicana que entonces había en esta tierra, y hombre docto y discreto), que sacase en un libro las antigüedades de estos naturales indios, en especial de México y Tezcuco, y Tlaxcala, para que de ello hubiese alguna memoria, y lo malo y fuera de tino se pudiese mejor refutar, y si algo bueno se hallase, se pudiese notar, como se notan y tienen en memoria muchas cosas de otros gentiles. Y el dicho padre lo hizo así, que habiendo visto todas la pinturas que los caciques y principales de estas provincias tenían de sus antiguallas, y habiéndole dado los más ancianos respuesta a todo lo que les quiso preguntar, hizo de todo ello un libro muy copioso [...]. (179-180)

El marco paratextual que se identifica en relación con la utilización de la fuente de Olmos y su rol de "nahuatlato" o traductor, cabría inscribirlo en el contexto de una función que integra la información americana, con el objeto de dar a conocer uno de los aspectos distintivos de la obra de Mendieta, el hecho de definirse como una *Historia eclesiástica "indiana"*. Ello conllevaba la descripción de las creencias idolátricas y las concepciones cosmogónicas de tiempos prehispánicos, como también la conversión de los gentiles.

Pese a la "ficción" y "mentira" con que el cronista concibe relatos como el mito de la creación por los indígenas de Tezcuco,[188] se identifica un recurso narrativo a lo largo de este Libro, la intención de establecer vínculos comparativos entre las creencias indígenas y aquellas que forman parte de la tradición cultural clásica o cristiana. Un ejemplo claro al respecto corresponde a la visión del infierno indígena, integrando comparativamente la referencia clásica como modelo de interpretación:

> De manera que acerca de sus dioses y de la creación del hombre diversos desatinos decían y tenían. De que alguno subiese al cielo no había memoria entre ellos; más era su opinión que todos iban al infierno, y en esto no dudaban, como ello era gran verdad para con ellos y sus antepasados, pues no alcanzaron a conocer a Dios. Y también tenían por cierto, que en el infierno habían

---

[188] Ver Cap. IV. "De la creación de las criaturas, especialmente del hombre, según los de Tezcuco" (186-187).

de padecer diversas penas conforme a la calidad de los delitos. Y así en los primero conformaban con los gentiles antiguos, que a las ánimas de buenos y malos hacían moradoras del infierno, como lo cuenta Virgilio en sus Eneidas, escribiendo la bajada de Eneas a aquel lugar. Y en lo segundo concuerdan también con ellos, pues allí se refieren la diversidad de tormentos que vio Eneas; y por el consiguiente conforman con nosotros los cristianos, que tenemos por fe lo que en las diversas partes de la Escritura Sagrada se dice: que según la medida del pecado, será la manera de las llagas: y cuanto se glorificó y estuvo en deleites, tanto tormento y llanto le daréis. (190-191)

La búsqueda de una "concordancia" entre los "indios novohispanos" y los "gentiles antiguos", no deja de ser un componente importante, al momento de considerar la búsqueda de un marco epistemológico que permitiese describir los "gentiles americanos" como portadores de una cultura precristiana y, por ende, sometidos a las desviaciones del demonio. Dicha comparación no sólo encuentra correspondencia en lo que se refiere a sus creencias del Averno, sino también la encontramos en el templo del demonio o *teucalli*, que el cronista ejemplifica con los indios de Cholula:

Los indios de Cholula, dando en la locura de los de la Torre de Babel, quisieron hacer uno de estos teucales o templo de los dioses que excediese en altura a las más altas sierras de esta tierra (**aunque bien cerca las tienen bien altas, como es el volcán que echa humo, y la sierra nevada que está junto a él, y la de Tlaxcala**), y para este efecto comenzaron a plantar la cepa que hoy día tiene al parecer de planta un tiro de ballesta, con haberse desboronado[sic] y deshecho mucha parte de ella, porque era de más anchura y longitud y mucho más alta. Y andando en esta obra (**según los viejos contaban**) los confundió Dios, aunque no multiplicando las lenguas como a los otros, sino con una terrible tempestad y tormenta, **cayendo entre otras cosas una gran piedra en figura de sapo que los atemorizó**. Y teniéndolo por prodigio y mal agüero, cesaron de la obra y la dejaron hasta hoy. (194, énfasis mío)

A diferencia de las funciones textuales antes analizadas, la inclusión de *fragmentos discursivos entre paréntesis*, también nos viene a plantear una modalidad del comentario, que reitera el marco textual del que procede la información oral. Ciertamente este fragmento narrativo, ya presente en la *Historia de los Indios* de Motolinía, a juicio de López Austin, corresponde a creencias míticas de los cholultecas en que la figura del gran promontorio sagrado se rompe y un anuro irrumpe en su historia de desgajamiento:

> El *teucal* a que se refiere el relato es el enorme templo dedicado al dios de la lluvia bajo la advocación de Chiconauhquiáhuitl ("Nueve-lluvia"). Este edificio, el mayor de Mesoamérica, se yergue como un monte en la actual ciudad de Cholula, y sobre él destaca el templo que erigió la religión vencedora, edificio dedicado a la Virgen de los Remedios, a quien ahora se imploran las lluvias. ("Mitos e íconos" 119-120)

El anuro que habría de atemorizar a los indios es una clara transformación del sapo adorado en el mito fundacional de los pueblos mesoamericanos. La influencia cristiana y presencia de San Miguel arcángel como enviado celestial que rompió el monte (Austin, "Mitos e íconos" 124) demuestra el impacto aculturador del cristianismo. En cuyo nombre se hará también una sostenida utilización de la comparación entre la ciudad de México-Tenochtitlán y la bíblica Babilonia, mediante la retórica del tránsito espiritual del pecado a la providencia: "Eras entonces una Babilonia, llena de confusiones y maldades; ahora eres otra Jerusalén, madre de provincias y reinos" (Motolinía 142).

Volviendo a la cita de Mendieta, podemos constatar cómo el paréntesis más que encerrar una digresión explicativa, refuerza la performatividad de dicho discurso como perteneciente al universo sociocultural del mundo indígena, pero asimismo estableciendo a nivel textual una interpretación correctiva mediante el código de las Escrituras. En otros términos, el testimonio de la "Babilonia Sagrada" se vincula con el relato oral del "teucal de los indios", a fin de privilegiar su coherencia interpretativa dentro de la hermenéutica del colonizador, lo que, a mi modo de entender, también equivale al privilegio de la interpretación sagrada como única y verdadera, es decir, a un cruce de textualidades en comentario.

a) La religión natural y la comparación con los "gentiles"

El politeísmo de las "fábulas y ficciones que los indios inventaron cerca de sus dioses" es para Mendieta principio caracterizador de sus creencias demoníacas, sin embargo este rasgo no oscurece la idea de una suerte de creencia primitiva que habría de verse alterada por el desarrollo de los tiempos. Mediante la siguiente cita, detengámonos en este aspecto para ilustrar sus posibles consecuencias a nivel retórico-discursivo:

Aunque se puede creer que esta manera de hablar [culto a la deidad solar] les quedó de cuando sus muy antiguos antepasados debieron de tener natural y particular conocimiento del verdadero Dios, teniendo creencia que había criado el mundo, y era Señor de él y lo gobernaba. Porque antes que el capital enemigo de los hombres y usurpador de la reverencia que a la verdadera deidad es debida, corrompiese los corazones humanos, **no hay duda sino que los antepasados, de quien estas gentes tuvieron su dependencia, alcanzaron esta noticia de un Dios verdadero; como los religiosos que con curiosidad lo inquirieron de los viejos en el principio de su conversión**, lo hallaron por tal en las provincias del Perú, y de la Verapaz, y de Guatemala, y de esta Nueva España. Pero los tiempos andando y faltando gracia y doctrina, y añadiendo los hombres pecados a pecados, por justo juicio de Dios fueron estas gentes dejadas por ir por los caminos errados que el demonio les mostraba, como en las demás partes del mundo acaeció a casi toda la masa del género humano, de donde nació el engaño de admitir la multitud de los dioses. (196-197, énfasis mío)

En primer lugar, se desprende la visión positiva con que la creencia en un "Dios verdadero" se representa ante la percepción evangelizadora. De esta manera, el relato de estos tiempos pasados y su "natural y particular conocimiento del verdadero Dios", no sólo establece la caracterización de ciertas estructuras religiosas practicadas con anterioridad a su "corrupción" demoniaca, sino también de probables tipologías discursivas –o una "manera de hablar"– que estuvieron intrínsecamente relacionadas con la transmisión de dichas creencias. De ahí que, la separación de ambas nos conduciría a una comprensión facetada de su significación y función dentro de la coherencia expositiva del texto de la crónica-comentario.

En esta caracterización podríamos considerar que el culto a la gran diosa de los cielos, mujer del sol, aparece especialmente destacada, pues "no quería recibir sacrificios de muertes de hombres", y, asimismo, ya que a ella obedecían los sumos pontífices o papas y los "hombres santos" que le servían:

> Estos [hombres santos] escribían por figuras historias y las daban a los sumos pontífices o papas, y los sumos pontífices las referían después al pueblo en sus sermones. En esta tan celebrada diosa intercesora y medianera de los pueblos y gentes que a ella se encomendaban, parece que quiso el demonio introducir en su satánica iglesia un personaje que en ella representase lo que la Reina de los Ángeles y Madre de Dios representa en la Iglesia Católica, en ser abogada

y medianera de todos los necesitados que a ella se encomiendan para con el gran Dios y el sol de justicia su sacratísimo Hijo [...] (199)

El marco comparativo de esta "iglesia satánica" y la "iglesia cristiana" en que el culto a la diosa de los cielos, vendría a equiparar sus atribuciones espirituales con la Virgen María, si bien se da en el marco expositivo de las "falsas creencias" de los indianos, no es el único punto de relación en que las creencias prehispánicas habrían de ser resemantizadas bajo dos perspectivas: a) la comparación entre las creencias prehispánicas y cristianas; y b) la visión aculturadora del cronista. Así, por ejemplo, al momento de considerar la descripción del *Mictlán*, el averno de los antiguos nahuas:

> Decían que los que morían heridos de rayo iban a un lugar que llamaban Tlalocan donde estaban los indios que daban el agua, a los cuales llamaban Tlaloques. Y los que morían en guerra iban a la casa del Sol. Mas los que morían de enfermedad, decían que andaban acá en la tierra cierto tiempo: y así los parientes los proveían de ropa y lo demás necesario en su sepulcros: y al cabo de aquel tiempo decían que bajaban al infierno, el cual repartían en nuevas estancias. Decían que pasaban un río muy ancho, y los pasaba un perro bermejo, y allí quedaban para siempre: que alude a la laguna Estigia, y el can Cerbero de nuestros antiguos gentiles. (209)

Según Duverger, la noción *Mictlán* apela a referencias culturales íntimamente ligadas a la historia mexicana, de ahí que como imagen tribal de la tierra de origen,

> [...] el caminar *post mortem* hacia el mundo de los difuntos no es otra cosa que una migración inversa, especie de regreso a la gran planice del Norte, cuna de los náhuas. De esta manera, hacer descender a Cristo al Mictlán después de su muerte y ponerlo en tumba, implícitamente es tratarlo como un azteca, volviendo –muy naturalmente– a su origen septentrional. (151)

Los ritos y sacrificios de los indígenas conjuntamente con la caracterización de sus "hechicerías", "execraciones" y "supersticiones", ocupan páginas importantes de la *Historia eclesiástica indiana*, elementos que conviene referir especialmente por la manera cómo el cronista procede a la identificación de prácticas rituales que se presentan en comparación con el culto cristiano:

[...] en competencia de los Santos Sacramentos que Cristo nuestro Redentor dejó instituidos para remedio y salud de su fieles en la Iglesia Católica; por el contrario, para condenación y perdición de los que le creyesen, dejó el demonio estotras sus señales y ministerios que pareciesen imitar a los verdaderos misterios de nuestra redención. (223)

Esta caracterización de la llamada "iglesia diabólica", será uno de los puntos de relevancia para la comprensión de la religión prehispánica. Así por ejemplo, conjuntamente con las aflicciones padecidas por los ayunos al demonio,[189] el cronista referirá el rito bautismal, la circuncisión, confesión, matrimonio, comunión, el uso del agua bendita y la existencia de brujas y brujos.[190] La identificación de estas manifestaciones de una religión natural de los indianos, ofrece conclusiones de relevancia en la medida en que no sólo demuestra que la influencia del demonio terminó por apartar a los antepasados nahuas de sus creencias en un "verdadero Dios", sino que de modo claro introduce la historización de una religión natural desde tiempos pre y pos demoníacos.

La importancia de esta diferenciación tiene diversos alcances para la comprensión del concepto de historia que narrativamente se articula a través de diversas tipologías discursivas, algunas pertenecientes a la oralidad prehispánica y focalizadas por la tradición letrada del Humanismo. Hemos de recordar, como señaláramos en páginas precedentes, que la "invención" de América hizo posible la extensión del imperio sobre esta ecúmene de occidente. Como señala Cecilia Frost (1989), fue la instancia que permitió que la pretensión de universalidad del cristianismo se realizara (180). De esta forma, la "prefiguración" del Nuevo Mundo dio vida al mandato de Cristo de proclamar el Evangelio en toda la tierra, imprimiendo a los misioneros la convicción de los tiempos de una nueva edad apostólica. El paralelismo entre los gentiles antiguos y los americanos, no sólo se estableció en el marco de virtudes comunes, sino también de sus aberraciones como producto de la obra del demonio. Sin embargo,

---

[189] "[...] que eran rigurosísimos los que el demonio les enseñó, no por devoción que tiene a esa virtud, antes le es cruel enemiga (como lo testifica la misma Verdad, Cristo, por San Mateo), sino para por todas las vías afligir a aquellos sus feligreses, sin que alcanzasen por su penitencia algún merecimiento" (217).

[190] Revisar especialmente los capítulos XVIII y XIX del texto de Mendieta.

225

en la perspectiva de Milhou, cabe distinguir ya en las cartas colombinas la tradición de una tipología medieval sobre los gentiles:

> Para Colón, fiel a la tipología medieval de las religiones, la tercera categoría de hombres, después de los cristianos y de los "sectarios", eran los gentiles. Estos se subdividían entre los que "no tienen secta ninguna ni son idólatras", son "crédulos y cognoscedores que hay Dios en el cielo" y están "sin ley", y los idólatras. Los primeros eran los pacíficos lucayos de las Bahamas y taínos de Cuna y Haití; los segundos eran los belicosos caribes que Colón asimiló con los súbditos del Gran Can: caribe-caniba-caníbal-Kan, aunque se negó a creer que pudieran ser antropófagos, atribuyendo este dato al temor de sus informantes de Cuba y Haití [...]. (14-15)[191]

En el relato de Mendieta, la religiosidad de los gentiles americanos ha dejado de considerar el caso de los bravos indios caribes, para ofrecernos una caracterización del culto de los indios de Nueva España con anterioridad a su idolatría demoníaca. Tras estos cultos que han estado al margen de la revelación cristiana, los trazos de una "edad dorada" de la religión natural, identificaría en los indios las cualidades que los predisponen a ser cristianos ideales, bajo la correcta dirección de una religión natural incompleta, que aguarda la protección, la tutela seráfica de los misioneros. Sin embargo, en el trasfondo de esta argumentación, cabe considerar que incluso el juicio negativo sobre los indígenas, al caracterizar los cultos prehispánicos como demoníacos, habría de poner de manifiesto que los indios pertenecían plenamente a la humanidad, pues, según Frost: "Si satanás llevó a los pueblos prehispánicos a la idolatría, como antes llevó al mundo grecolatino a este mismo y aborrecible pecado, es porque tan hombre es un inca como un griego, un azteca como un romano" ("América: ruptura" 178). Desde este contexto interpretativo, resulta pertinente considerar que la incorporación de formas discursivas representativas de una "retórica prehispánica" habrían de complementar esta representación espiritual del indio.

---

[191] Con relación al principio de universalidad de la religiosidad natural y su evolución en el pensamiento colombino y lascasiano, recomendamos el artículo de Alain Milhou (1990).

b) *"Huehuetlatolli", la retórica y filosofía moral de los nahuas*

Frente a este cuadro de la espiritualidad prehispánica, uno de los elementos que se manifiesta en directa relación, especialmente por la valoración positiva que el cronista realiza en torno a la cultura indígena, corresponde a la inscripción de los llamados *huehuetlatolli* o *pláticas de los viejos*. El registro de estos testimonios de la sabiduría náhuatl - considerados "[...] tradicionalmente como parte de la prosa didáctica y como documentos de instrucciones a los jóvenes; pláticas didácticas o exhortaciones para inculcar en ellos principios morales básicos así como las antiguas doctrinas y tradiciones" (61)[192]- es de importancia al considerar los métodos con que los antiguos educaban a sus hijos en la buena conducta moral y social.

Tales testimonios dan a conocer en la *Historia eclesiástica indiana* un retrato de las enseñanzas transmitidas por vía oral, que "siguiendo las doctrinas de los filósofos, sin haberla leído" –nos comenta el cronista–, enlaza las concepciones de la retórica y la filosofía moral de los autores de la antigüedad (especialmente Aristóteles) para ilustrar las enseñanzas y prácticas formativas de los indígenas. Los *huehuetlatolli* son ejemplos significativos de la valoración con que, inicialmente, las recopilaciones de fray Andrés de Olmos y, posteriormente, fray Bernardino de Sahagún en su *Historia General de las Cosas de Nueva España*,[193] habrían de realizar en torno al valor de estos discursos como textos de elevado contenido moral.

Tanto la exhortación del padre a su hijo (Cap. XX), como la intercalación del *huehuetlatolli* que hacía un indio labrador a su hijo ya casado (Cap. XXI), o bien la exhortación de una madre a su hija (Cap. XXII), representan tipologías discursivas de origen prehispánico que en la obra de Mendieta entregan referencias sobre las prácticas socioculturales de tipo familiar que caracterizaron la formación de los *macehuales*, ya

---

[192] Para una ampliación de esta categoría y su función en el seno de la cultura azteca, revisar García Quintana.
[193] Revisar de la *Historia General de las Cosas de la Nueva España* el Libro Sexto. "De la Retórica y filosofía moral de la gente mexicana, donde hay cosas muy curiosas tocantes a los primores de su lengua y cosas delicadas tocantes a las virtudes morales" (305-466).

estudiados a propósito de la visión del indio miserable.[194] No en vano, en el "agradecimiento del hijo a su padre" (Cap XX), la reflexión: "¿Quién soy yo, sino un pobrecillo que vivo en pobre casa y sirvo a otro?"; refuerza la condición de estos miserables o pobres, como gentiles *macehuales*, los que –pese a su idolatría– detentarían la condición de hombres socialmente aptos para la nueva organización política, educativa y moral. En definitiva, su incorporación en el desarrollo expositivo de la *Historia*, agregaría a la dimensión espiritual de la religión natural de los "gentiles americanos", la visión del primitivo inocente y filósofo de la temprana modernidad.

No debemos perder de vista que la variedad de circunstancias en las cuales se escuchaba la antigua palabra, también poseía una dimensión socialmente estratificada. La temática de los *huehuetlatolli* tuvo una estrecha relación con la condición o *status* de las personas a las que correspondía pronunciar una u otra de estas composiciones, con ello la finalidad de estos discursos también persiguió fortalecer el *status* de los *pipiltin* (nobleza indígena) frente a los *macehualtin* (el pueblo).[195] En la *Historia* de Mendieta la función exhortativa del padre o la madre en los *huehuetlatolli* citados, apuntaría más bien al fortalecimiento de un tipo de relación natural (padre-hijo), la que cabría entender, por un lado,

---

[194] En relación con este tipo de *huehuetlatolli* de carácter familiar, cabe señalar que su tipología es más amplia, identificándose expresiones de orden religioso, rituales, palaciegas o de nobles, de trabajo especializado, literarios, populares o cristianos. Sobre estas categorías, véase García Quintana, 66.

[195] Sigo en esta idea el planteamiento de Miguel León Portilla, según el cual: "Si bien Sahagún reconoce que incluso individuos 'de baja suerte' llegaban a prepararse en el arte del hablar, el análisis de los *huehuentlahtolli* muestra que estos discursos, tan ricos en forma reverenciales, eran pronunciados por miembros del estrato de los *pipiltin* o por personas que disfrutaban de algún modo de especial prestigio en la comunidad. Así encontramos *huehuentlahtolli* que eran expresados por el *huey tlahtoani*, o por funcionarios reales, sacerdotes, jueces, capitanes y otros, o por algunos de los jefes de los *pochtecas* o mercaderes, grupo que había alcanzado un rango muy importante en la sociedad de los pueblos náhuas. Es frecuente hallar en muchos de los *huehuentlahtolli* ideas dirigidas a inculcar en el pueblo que es destino de los *pipiltin* guardar y comunicar la antigua sabiduría, llevar sobre sus hombros a los *macehualtin* (el pueblo), así como alimentar a los dioses con la sangres de los cautivos obtenidos en la guerra sagrada. Ideas como éstas, que con frecuencia aparecen en los *huehuentlahtolli*, además de confirmar que se trata de discursos pronunciados por *pipiltin*, muestran que entre las finalidades de estos discursos se hallaba la de fortalecer el status de quienes integraban ese mismo grupo dominante" (León Portilla, *El destino de la palabra* 347-348).

como expresión del perfeccionamiento de virtudes inherentes a los indios como la mansedumbre, docilidad, la humildad y obediencia, así como la paciencia y contentamiento con la pobreza; y, por otro, como razón natural que requiere de un régimen social adecuado para su conversión a la fe cristiana:

> Puesto que los indios eran seres humanos reducidos al denominador más simple y esencial de humanidad, requerían un régimen social igualmente simple. La jurisprudencia romana era demasiado complicada e incompetente para enfrentarla a su primordial inocencia. La imagen paternal invocaba que la relación entre fraile e indio no estaba fundada en la ley, sino en la naturaleza. Los indios eran hombres "naturales" y el régimen social basado en la liga natural de padre e hijo era la forma más apropiada para ellos. De acuerdo con Mendieta, los frailes habían adoptado a los indios y los indios a los frailes. (Phelan, *El reino milenario* 94)

Frente a esta observación de Phelan sobre la imagen paternalista de los misioneros y el vínculo natural con el indio, cabe destacar, por un lado, el fundamento retórico-discursivo que el predicador cristiano pudo encontrar en la oralidad prehispánica; por otro, la implícita dimensión jurídica de este vínculo entre indios y frailes que tampoco excluye la crítica a los efectos del ordenamiento burocrático-administrativo colonial. Según el cronista, "reyes" y "señores" indígenas tenían audiencias de oidores que sentenciaban las causas y negocios (civiles o criminales), destacando especialmente su ecuanimidad, la que arroja comparativamente una crítica a la condición del sujeto letrado peninsular:

> Los jueces ninguna cosa recebían, ni tomaban presente alguno, ni aceptaban persona, ni hacían diferencia del chico al grande en cosa de pleito, como lo deberían hacer los jueces cristianos; porqué en la verdad, los dones y dádivas ciegan los ojos de los sabios, y mudan las palabras y sentencias de los justos, como lo dice Dios y es muy gran verdad (255).

La administración de la justicia, si bien se asemejaría a la impuesta por el orden colonial –gracias a la existencia de un cuerpo letrado (el escribano-pintor) que operaría como memoria o registro de las causas–[196]

---

[196] "En cada sala estaba con los jueces un escribano, o pintor diestro que con sus caracteres o señales asentaba las personas que trataban los pleitos, y todas las demandas, querellas y testigos, y ponía por memoria lo que se concluía y sentenciaba en los pleitos, en los cuales ni el señor ni los jueces

se nos ofrece una clara visión en que la función del comentario ha dado lugar a la expresión de una crítica frente a los supuestos "jueces cristianos" de la corona y, con ello, a la alicaída institucionalidad colonial en tiempos de Felipe II.

c) La metatextualidad en torno al origen de los indios americanos

La descripción de los ritos y tradiciones de los antiguos nahuas, no estaría completa si no se hiciese referencia a su probable origen. No es el objeto de las presentes páginas reseñar el debate político-religioso del siglo XVI sobre la naturaleza del indio, basado en las fuentes de la antigüedad romana, helénica y la tradición judeocristiana. Teorías como la del origen cartaginés de los indios, la vinculación de los habitantes del Nuevo Mundo con la descendencia de Adán (linaje adámico), o bien, su probable procedencia de los hebreos de las diez tribus, son algunas de las concepciones que tradicionalmente pretendieron fundar los lazos del Nuevo Mundo con la historia profana y sagrada del viejo continente. La elección providencial de un pueblo como los gentiles americanos y su conversión a la fe cristiana, para los franciscanos, habría de ser uno de los signos del cumplimiento de la parusía de las Escrituras. Desde el punto de vista narrativo, la función del comentario tiene en relación con este aspecto un empleo antes no advertido, el uso *metatextual*. Se trata de la indicación de una zona escritural en que el referente es el propio texto que se escribe, anulando la referencialidad externa del relato para ahondar en rasgos de su propia *dispositio* e interpretación. La interrogante sobre el origen de los pueblos novohispanos, no sólo es una marca de enunciación de los componentes míticos vinculados al origen de los mexicas –por lo demás ya considerados en la obra de fray Toribio de Benavente–, sino además el empleo de un distanciamiento crítico sobre el mismo texto de la *Historia*:

> Si del origen y generación de estos indios se tuviera cierta noticia, y de qué otra región vinieron a ésta, de nuestros pasados nunca sabida, el orden de la escritura pedía que por aquí se comenzara el proceso de sus antigüallas. Más como su dependencia y venida a estas tierras donde los hallamos sea a nosotros tan incierta y dudosa, quise comenzar esta materia por las fábulas y ficciones

---

permitían que hobiese dilación, porque no había más apelación que delante del señor y los dos jueces supremos" (256).

que ellos tenían cerca de la creación y principio del mundo para dejarlas a un cabo, como boberías y mentiras que no llevan camino. Metido tras esto en los ritos y ceremonias de su idolatría, me he embarazado hasta este lugar, donde sumariamente habré de decir lo que del indiano linaje se puede alcanzar, que como de nuestros libros divinos ni profanos se pueda sacar, será lo que de las relaciones que los mismos indios viejos en el principio de su conversión dieron, se colige. Que aunque esta gente carecía de escritura, no les faltaba para ayuda de la memoria pintura y caracteres por donde se entendían á falta de letras. (267)

La utilización de informantes, a fin de tener conocimiento de los antepasados de los indígenas, tomará como referencia los registros de fray Andrés de Olmos, gracias al relato de un indio principal viejo de Texcoco, llamado Don Andrés. Más allá de referirnos a su probable origen chichimeca y posterior dominio por los mexicanos, la conciencia histórica del cronista no sólo es capaz de fijar con certeza las diferencias comparativas entre una y otra religión, según hemos constatado anteriormente, sino además de incorporar el debate sobre el mito del origen bíblico de los indios americanos:

El dicho P. Olmos tuvo opinión que en uno de tres tiempos, o de una de tres partes, vinieron los pasados de quienes descienden estos indios; o que vinieron de tierra de Babilonia cuando la división de las aguas sobre la torre que edificaban los hijos de Noé; o que vinieron después, de tierra de Sichen en tiempo de Jacob, cuando dieron a huir algunos y dejaron la tierra; o en el tiempo que los hijos de Israel entraron en la tierra de promisión y la debelaron y echaron de ella a los cananeos, amorreos y jebuseos. También podría decir otros, que vinieron en las captividades y dispersiones que tuvieron los hijos de Israel, ocuando la última vez fue destruida Jerusalem en tiempo de Tito y Vespasiano, emperadores romanos. Mas porque para ninguna de estas opiniones hay razón ni fundamento por donde se pueda afirmar más lo uno que lo otro, es mejor dejarlo indeciso, y que cada uno tenga en esto lo que más le cuadrare. (268-269)

El empleo metatextual que aquí se observa, bien puede ejemplificar el equilibrio y ponderación de un historiador humanista al referir las teorías sobre el origen del indio americano y sus vínculos con las Escrituras. De esta forma, la distancia enunciativa de su comentario, poco tendría que ver con la estricta convicción mística que Phelan antepone a la interpretación de Mendieta. Recordemos que para Phelan, la *Historia eclesiástica indiana* hace eco de la creencia medieval de que los indios eran descendientes de una de las diez tribus perdidas de Israel, pues "si los indios eran en verdad

231

las tribus perdidas, tal descubrimiento era una prueba convincente de que el mundo terminaría pronto"(43), pues de acuerdo con el Apocalipsis las tribus perdidas iban a reaparecer el día del Juicio Final.

Si este mito habría de resultar tan revelador en la mentalidad apocalíptica que Phelan reconoce en el apostolado franciscano, cabe preguntarse, a qué responde la finalidad de este distanciamiento metatextual. Este recurso tal vez pueda resultarnos inteligible en la medida en que la analogía indo-judaica, no sólo era una inquietud escatológica, sino que también inundaba la experiencia cotidiana frente al otro. Según Jacques Lafaye, hacia inicios del XVII el dominico Gregorio García con su obra el *Origen de los indios del Nuevo Mundo e Indias Occidentales* (1607), nos ofrece una dimensión de la opinión común que terminaría por simplificar los comportamientos de los judíos castellanos o aragoneses con los indios americanos. Siguiendo el pensamiento de García:

> Esta era la opinión común: "A todos los que han vivido y viven todavía entre estas gentes [...] es muy notorio cuán tímidos y medrosos son, cuan ceremoniáticos, agudos, mentirosos e inclinados a la idolatría, todo lo cual tenían los judíos. Naturalmente detrás de la última frase está el clero como sostén de la opinión vulgar, confirmando la tendencia idolátrica común a unos y a otros [...]".
>
> Un texto como éste, muy débil en cuanto a las pruebas que aporta, nos muestra cómo se operó, en momentos en que la sociedad criolla de México estaba en formación, una transferencia de los sentimientos antisemitas de la sociedad de los cristianos viejos de la península, hacia los indios y en detrimento suyo (89).[197]

Bien sabemos que la cohesión del cuerpo social en España habría de exigir la unidad de fe y la aplicación de medidas como la expulsión o el proceso inquisitorial. ¿Pero cómo relacionar este antijudaismo hispano-criollo con los valores precristianos que Mendieta defendiera entre los indios? A nuestro juicio, la visión mística de la conquista que ha permitido explicar la trascendencia milenarista del proyecto seráfico debe ser problematizada, gracias a la consideración de un fenómeno muy relevante hacia la segunda mitad del siglo XVI y comienzos del XVII,

---

[197] En relación con la discusión de Jacques Lafaye sobre el dominico Gregorio García, véase: 81-89.

el proceso de criollización de la orden en Nueva España. Sus efectos en torno a la percepción del indígena y las tensiones al interior de la orden franciscana son puntos de relevancia para comprender las diferencias político-espirituales en que se inscribe la obra de Mendieta y sus dichos en la *Carta* de 1562:

> Y juntamente con esto mande que de su parte sean amonestados los señores Obispos, que no pongan en uso admitir ni ordenar para clérigos comúnmente los en esta tierra nacido, sino muy raros, aprobados y conocidos, y en ninguna manera mestizos. Y lo mismo guarden los prelados de las órdenes, en cuanto á recibillos en ellas para frailes. La razón desto es porque aunque algunos de los acá nacidos hayan salido buenos hijos y virtuosos, finalmente por la mayor parte toman del natural y costumbres de los indios, como nacidos en los mismos climas y criados entre ellos. (33)

Si bien no nos detendremos mayormente en el análisis de este fenómeno,[198] interesa destacar su crítica a la criollización de la orden e incluso su abierto rechazo a la incorporación de mestizos. La posición de Mendieta resulta clarificadora del ocaso de los primeros esfuerzos de formación en el *Colegio de Santa Cruz de Tlatelolco* (1536), en que reconoceríamos el influjo de figuras como fray Bernardino de Sahagún y, paradojalmente de un mestizo, el franciscano Diego Valadés. El aporte al conocimiento de la cultura prehispánica, el proyecto educativo de enseñanza superior entre los indígenas y el fracasado experimento de formación de un clero indígena,[199] son aspectos distintivos de este importante hito franciscano en los orígenes del cristianismo en América que, hacia tiempos de Mendieta, se manifestaría como una crítica abierta a la iglesia diocesana y que en su crónica contrastaría con la narrativa epidíctica y hagiográfica de las figuras señeras de la conquista y la iglesia mendicante.

---

[198] Véase sobre este tema los aportes de: María Alba Pastor (1996) y Francisco Morales Valerio (1988).

[199] Ver el estudio de Esteban Palomera: 61-87.

3.5 Las modalidades de representación del héroe celestial

> *[...] pues escribo historia verdadera y no forjada de mi cabeza, no profana sino eclesiástica, ni de capitanes del mundo sino celestiales y divinos que subjetaron con grandísima violencia al mundo, demonio y carne, y los príncipes de las tinieblas y potestades infernales.*
> Fray Jerónimo de Mendieta, *Historia eclesiástica indiana*

Un cambio narrativo importante es el que podemos registrar a partir del Libro Tercero de la *Historia eclesiástica indiana*. En éste, según expresa el prólogo, se declara contener el principal objetivo de la obra, y es saber "en qué tiempo, y con qué medios, y con cuáles ministros fue obrada la conversión de los indios de la Nueva España" (303). Ya es un lugar común el considerar el papel providencial reservado por la historiografía franciscana a la figura de Hernán Cortés. Frente al desarrollo del protestantismo, América sería el espacio providencial que llevaba a compensar "a la Iglesia católica con la conversión de muchas ánimas, la pérdida y daño grande que el maldito Lutero había de causar a la misma sazón y tiempo en la antigua cristiandad" (305). Estas ganancias espirituales, sólo serían posible gracias a la elección que la Providencia hace de un hombre, un grupo o pueblo determinado para alcanzar sus fines. En tal sentido, el encarecimiento de la figura cortesiana, vendría a representar la imagen de un *miles dei*, el cual entra a formar parte de un plan providencial reservado no sólo al conquistador, sino también a los seráficos. De esta forma, en la *Historia eclesiástica indiana* distinguiríamos dos modalidades de representación del héroe celestial: el modelo caballeresco y el hagiográfico.

3.5.1 La imagen cortesiana del "caballero elegido"

El mecanismo de una comparación entre Cortés-Lutero, propondrá en la *Historia* la disimilitud de sus objetivos:

> Y así, no carece de misterio que el mismo año que Lutero nació en Islebio, villa de Sajonia, nació Hernando Cortés en Medellín, villa de España; aquél para turbar el mundo y meter debajo de la bandera del demonio a muchos de

los fieles que de padres y abuelos y muchos tiempos atrás eran católicos, y éste para traer al gremio de la Iglesia infinita multitud de gentes que por años si cuento habían estado debajo del poder de Satanás envueltos en vicios y ciegos con la idolatría. Y así también en un mismo tiempo, que fue (como queda dicho) el año de diez y nueve, comenzó Lutero a corromper el Evangelio entre los que lo conocían y tenían tan de atrás recibido, y Cortés a publicarlo fiel y sinceramente a las gentes que nunca de él habían tenido noticia, ni aun oído predicar a Cristo. (305)

Completa esta semblanza providencial la similitud de Cortés con Moisés, ya que éste vino a América como "otro Moisés a Egipto".[200] La doble comparación aquí enunciada, contextualiza tanto en el plano histórico como alegórico la representación del conquistador y su empresa en tierras del Nuevo Mundo. Tal aspecto –ya abordado con profundidad por la interpretación histórica en torno a la tesis joaquinita– hasta ahora ha obviado el contexto enunciativo en el que dicha caracterización se encuentra. Por lo mismo, resulta interesante destacar la *función metatextual* con que el cronista pretende, en primera instancia, legitimar esta visión de la historia espiritual:

> [...] porque el intento principal de esta escritura me obliga a hacer de este punto muy particular mención. Bien me consta que algunos en sus escritos (y aun personas graves) han condenado a Cortés, y por excesos particulares lo han llamado a boca llena tirano. Mas yo de aquellos mismos excesos (confesándolos por tales) no puedo dejar de excusarlo. Si bien lo consideramos, ¿qué podía remediar un hombre que entre tanta multitud de enemigos, unos claros y otros ocultos (porque del amigo infiel que había de fiar), se veía con tan pocos compañeros y tan necesitado de ellos, y (a lo que podemos imaginar) tan cobdiciosos del oro, y tan olvidados del prójimo? ¿Qué podía remediar (como digo), si a veces el uno robaba, el otro hacía fuerza, el otro aporreaba sin que él se lo estorbase? (307-308)

---

[200] "Mirad si el clamor y de tantas almas y sangre humana derramada en injuria de su Criador sería bastante para que Dios dijese: Vi la aflicción de este miserable pueblo; y también para enviar en su nombre quien tanto mal remediase, como a otro Moisén á Egipto" [...] /"Al propósito de esta similitud que hemos puesto de Cortés con Moisén, no hace poco al caso el haber Dios proveído (y podemos decir miraculosamente) al Cortés (que fuera como mudo entre los indios, y no pudiera buenamente efectuar su negocio) de intérpretes, y muy a su contento, así como a Moisén (que era balbuciente y no tenía lengua para hablar a Faraón, ni al pueblo de Israel cuando lo guiase como a su caudillo) le dio intérprete con quien hablase a Faraón y al pueblo todo lo que quisiese" (306).

La función metatextual aquí aludida refuerza la caracterización epidíctica del celo cristiano de Cortés y, asimismo, se sirve de un manejo subtextual, la *Cuarta Carta de Relación*, a fin de demostrar la buena diligencia de Cortés "en procurar ministros que doctrinasen a estos naturales en las cosas de nuestra santa fe católica".[201] Tal empleo de la cita, si bien se sirve argumentativamente para la comprobación del fin antes señalado, no es menos relevante la manera cómo pretende retextualizar dicha fuente, a partir de la contraposición entre la "versión de Cortés" y la de "cierto historiador" anónimo:

> Y así lo cumplió [Rey] con grandísimo cuidado, como adelante se verá, y no permitió en todo el tiempo que después reinó (que fueron más de treinta años), que pasasen a estas partes clérigos seculares, si no fuese algún particular y muy examinado puesto que algunos otros pasaron a escondidas y ocultamente. Solo en lo de los diezmos, y no dejar de venir obispos, no podía haber efecto la traza que Cortés daba. Porque ni el sumo pontífice concediera los diezmos de aquella suerte, ni eran menester para los ministros que al principio venían, pues eran frailes observantísimos de S. Francisco, y ni ellos los recibieran, ni pudieran (aunque quisieran), según su regla y profesión. **Aunque cierto historiador (o por no entender esto que todo el mundo sabe, o por querer hablar de gracia, como hablan otras cosas que á este tono escriben) dice que Cortés escribió a Fr. Francisco de los Ángeles, general de los franciscanos, que le enviase frailes para la conversión, y que les haría dar los diezmos de esta tierra, y que así le envió doce frailes con Fr. Martín de Valencia.** (316-317; énfasis mío)

Claramente este uso del paratexto pretende actualizar la función del comentario como corrección de un juicio histórico, acentuando la verdadera misión medieval del lábaro cortesiano, es decir, la conquista de América como alegoría de la lucha por la religión cristiana.[202]

---

[201] "Y fué que en todas las relaciones y cartas que escribió a la majestad del Emperador, siempre le pidió esto con mucha instancia, declarando la capacidad y talento de los indios de esta Nueva España, y la necesidad que tenían de ministros, que más por obras que por palabras les predicasen la observancia del santo Evangelio de Nuestro Señor Jesucristo. Y porque mejor se conozca su santo celo en este caso, referiré aquí sus formales palabras sacadas de una de sus relaciones o cartas, y son las que siguen […]" (*Historia* 314).

[202] A través de esta idea aludimos al carácter constantiniano con que Luis Weckmann caracteriza no sólo el uso del lábaro, sino también las acciones de Cortés, con el objeto de ejemplificar su valor simbólico como caballero cristiano. Señala el estudioso: "Lo cierto es que en 1540, el cabildo de México ordenó que en un nuevo pendón se inscribiese lo que resulta ser una paráfrasis del lema adoptado por Cortés, la cual a la letra decía: *Non in multitudine exercitus consistit victoria, sed in voluntate Dei*" (Vol I, 148).

Históricamente, tal aspecto no es menos significativo, en la medida en que el narrador busca enmendar las probables sospechas sobre los privilegios materiales (diezmos), que quitarían a la primera empresa de evangelización franciscana un hálito de santidad mayor.[203] Cabe señalar que la incorporación en la *Historia* del intertexto cortesiano habría de reiterar un nuevo elemento de juicio, la crítica al establecimiento de la iglesia diocesana (obispos) y el despilfarro material. Materia que sirve de fundamento para la petición de Cortés al monarca, según expresa su *Cuarta Carta de Relación*:

> Y que vuestra alteza suplique a Su Santidad conceda a vuestra majestad los diezmos destas partes para este efecto [conversión de los indios y construcción de casas y monasterios], haciéndole entender el servicio que a Dios Nuestro Señor se hace en que esta gente se convierta, y que esto no se podría hacer sino por esta vía; porque habiendo obispos y otro prelados no dejarían de seguir la costumbre que, por nuestros pecados hoy tienen, en disponer de los bienes de la Iglesia, que es gastarlos en pompas y en otros vicios; en dejar mayorazgos a sus hijos o parientes, y aun sería otro mayor mal que, como los naturales destas partes tenían en sus tiempos personas religiosas que entendían en sus ritos y ceremonias, y éstos eran tan recogidos, así en honestidad como en castidad, que si alguna cosa fuera desto a alguno se le sentía era punido con pena de muerte. E agora si viesen las cosas de la Iglesia y servicio de Dios en poder de canónigos o otras dignidades, y supiesen que aquéllos eran ministros de Dios, y los viesen usar de los vicios y profanidades que agora en nuestros tiempos en esos reinos usan, sería menospreciar nuestra fe y tenerla por cosa de burla [...]
>
> [...] asimismo vuestra Majestad debe suplicar a Su Santidad que conceda su poder y sean sus subdelegados en estas partes las dos personas principales de religiosos que a estas partes vinieren, uno de la órden de San Francisco y otro de la orden de Santo Domingo, los cuales tengan los más largos poderes que vuestra majestad pudiere [...]. (282-283)

Las críticas de Cortés probablemente haya que comprenderlas no sólo como una reacción del conquistador ante el desprestigio de la iglesia secular en España, sino también como reafirmación de la perspectiva del cronista, cuya selección de este pasaje de la *Carta*[204] no era menos

---

[203] En relación con esta problemática de la lucha en torno al tributo y el diezmo en tiempos de Mendieta, véase: Patricia Nettel 33-50.
[204] Remitimos al lector a las páginas 314-316 de la *Historia eclesiástica indiana*.

concordante con su presente de enunciación y la denuncia del estado espiritual de las colonias americanas. Si regresamos a la cita del texto de Mendieta, probablemente la alusión del narrador a "cierto historiador", se aplique a Francisco López de Gómara y su *Historia General de las Indias* (1555). Fuente que, a través de la figura de fray Francisco de los Angeles, precisaría la vinculación de Cortés con la orden franciscana:

> [...] y con las primeras cartas y dinero que envió [Cortés] al Emperador después que ganó a Méjico pidió obispos, clérigos y frailes para predicar y convertir a los indios a su majestad y Consejo de Indias. Después escribió a fray Francisco de los Ángeles, del linaje de Quiñones, general de los franciscanos, **que le enviase frailes para la conversión, y que les haría dar los diezmos de aquella tierra**; y él le envió doce frailes con fray Martín de Valencia de Don Juan, provincial de San Gabriel, varón muy santo y que hizo milagros. Escribió lo mismo a Fray García de Loaisa, general de los dominicos, el cual no se los envió hasta el año 26, que fue fray Tomás Ortiz con doce compañeros. Tardaban en ir los obispos, e iban pocos clérigos; por lo cual, **y porque le parecía lo más procedente, volvió a suplicar al Emperador le enviase muchos frailes, que hiciesen monasterios y atendiesen a la conversión y llevasen los diezmos**; empero su majestad no quiso, siendo mejor aconsejado, pedirlo al Papa, que ni lo hiciera ni convenía hacerlo (López de Gómara 306-307, énfasis mío)

Al momento de confrontar ambos registros, la carta de Cortés con este relato de Gómara, observamos que el cronista evangelizador busca despejar a través de su comentario la compensación de los diezmos como estímulo material a la empresa franciscana en América. Para tal efecto, haciendo uso de la datación histórica del texto y su hecho referencial, la *Historia* de Mendieta emplea la crítica para dilucidar la intervención cortesiana en tal empresa:

> Y lleva esto tan poco fundamento, que aun no pudo saber Cortés que Fr. Francisco de los Ángeles era general, cuando ya estaba proveído Fr. Martín de Valencia con sus compañeros. Porque el dicho general fue electo en Burgos [...] año de mil y quinientos y veintitrés, y luego inmediatamente entendió en enviar los religiosos que acá vinieron, como negocio el más importante que se le ofrecía ni podía ofrecer. Los obispos tampoco podían dejar de venir; pero el emperador los proveyó según el intento de Cortés, tan pobres y humildes, y tan despojados del mundo como los demás que vinieron sin cargo. (317)

La concepción ciceroniana de la historia como "testigo de los tiempos y luz de la verdad", busca hacerse presente mediante el esclarecimiento de la imagen cortesiana y su relación con fray Francisco de los Angeles. De esta forma Mendieta retextualiza metonímicamente no sólo el efecto de una elevación espiritual de los primeros evangelizadores, sino también su respectiva causal, el "sentimiento y cristiano celo del buen capitán Cortés" en este negocio espiritual. Por lo demás, este paratexto del cronista tampoco hace referencia a los posibles contactos de Cortés con los frailes dominicos, según refiriera López de Gómara, lo que demuestra la intensionalidad narrativa de conferir a la empresa franciscana el valor paradigmático de la conquista espiritual sobre el trasfondo de la utilización epidíctica de su representación. Perspectiva del conquistador que, bien hemos comprobado, fue un punto clave de las disenciones entre franciscanos y el dominico fray Bartolomé de Las Casas.

3.5.2 La representación de los "doce apóstoles" en el Nuevo Mundo

La confrontación de la *Historia eclesiástica indiana* con la historia profana, para referirnos a la obra de López de Gómara y de uno de los testigos de las hazañas de Cortés en la conquista de México, el cronista-soldado Bernal Díaz del Castillo,[205] no se detiene sólo en este aspecto, sino

---

[205] "Ya he dicho en los capítulos pasados que sobre ello hablan cómo habíamos escrito a Su Majestad suplicándole [Cortés] nos enviase religiosos franciscanos, de buena y sana vida, para que nos ayudasen a la conversión y santa doctrina de los naturales de esta tierra para que se volviesen cristianos y les predicasen nuestra santa fe, como se la dábamos a entender desde que entramos a la Nueva España, y sobre ellos había escrito Cortés juntamente con todos nosotros los conquistadores que ganamos la Nueva España a don Fray Francisco de los Ángeles, que era general de los franciscanos, que después fue cardenal, para que nos hiciese mercedes que los religiosos que enviasen fueran de santa vida, para que nuestra santa fe siempre fuese ensalzada, y los naturales de estas tierras conociesen lo que les decíamos cuando estaban batallando con ellos, que les decíamos que su majestad enviaría religiosos de mucho mejor vida que nosotros éramos, para que les diesen a entender los razonamientos y predicaciones que les decíamos que eran verdaderos; y el general don Fray Francisco de los Angeles nos hizo mercedes que luego envió los doce religiosos que dicho tengo, y entonces vino con ellos Fray Toribio Motolinía, y pusiéronle este nombre de Motolinía los caciques y señores de México, que quiere decir en su lengua el fraile pobre [...]". Bernal Díaz del Castillo, 415. Como podemos reconocer en la presente cita, nuevamente se insiste en la vinculación de Cortés con el general de los franciscanos, pero se ha

que además nos permite caracterizar la recepción brindada por Cortés a los 12 seráficos, presididos por fray Martín de Valencia. Dicho episodio corresponde a uno de los momentos centrales de la obra, pues permite reconocer que para Mendieta la conquista más grande de Cortés es la victoria sobre sí mismo, es decir, el dominio del orgullo mundano ante la presencia de los frailes franciscanos llegados a América. A este respecto señala la *Historia eclesiástica indiana*:

> Llegados, pues, a México, el gobernador acompañado de todos los caballeros españoles y indios principales que para el efecto se habían juntado, los salió a recibir, y puestas las rodillas en tierra, de uno en uno les fue besando a todos los [sic] manos, haciendo lo mismo D. Pedro de Alvarado y los demás capitanes y caballeros españoles. Lo cual viendo los indios, los fueron siguiendo, y a imitación de los españoles les besaron también las manos. Tanto puede el ejemplo de los mayores. Este celebérrimo acto está pintado en muchas partes de esta Nueva España de la manera que aquí se ha contado, para eterna memoria de tan memorable hazaña, que fue la mayor que Cortés hizo, no como hombre humano, sino como angélico y del cielo, por cuyo medio el Espíritu Santo obraba aquello para firme fundamento de su divina palabra. Que así como por hombres pobres y bajos al parecer del mundo, en él la introdujo en sus principios, ni más ni menos por otros hombres pobres, rotos y despreciados la había también de introducir en este nuevo mundo, y publicar a estos infieles que presentes estaban, y al innumerable pueblo y gentío que de ellos dependía. Cierto esta hazaña de Cortés fue la mayor de las muchas que de él se cuentan, porque en las otras venció a otros, mas en esta venció a sí mismo. (353)

Cabe precisar que este dominio de lo mundano en la *Historia verdadera de la conquista de Nueva España* de Bernal Díaz del Castillo, no sólo corresponde a una caracterización representativa del capitán Cortés, sino también incorpora a sus "valerosos y esforzados soldados".[206]

---

omitido la cuestión de los diezmos. En relación con la llegada de los dominicos, sin establecer una explícita intervención de Cortés en este hecho, se menciona la llegada de los 12 religiosos de Santo Domingo, siendo designado prior, Fray Tomás Ortiz. Bernal Díaz del Castillo opta por privilegiar el trágico destino de estos misioneros, pues "cuando vinieron les dio dolencia del mal de modorra". En síntesis, podemos concluir que el referente más probable de la alusión a "cierto historiador" podría encontrar como clave interpretativa el texto de López de Gómara.

[206] El episodio completo, según Díaz del Castillo, se describe en los siguientes términos: "Como Cortés supo que estaban en el puerto de la Veracruz, mandó en todos los pueblos, así de indios como donde vivían españoles, que por donde viniesen les barriesen los caminos, y donde posasen les hiciesen ranchos, si fuese en el campo; y en poblado, cuando llegasen a las villas o pueblos de indios, que les saliesen a recibir y les repicasen las campanas, que en aquella sazón había en

Elogio no menos gratuito, en la medida en que nos permite interpretar la deferencia y humildad cortesiana frente a los primeros franciscanos, no sólo como la ejemplaridad de un acto individual, el del propio Cortés –que causaría la sorpresa de los indios–, sino también de orden colectivo, al ser repetido por capitanes y soldados. Si hemos de prestar atención a la breve caracterización de López de Gómara, claramente podemos constatar que frente a la amplificación narrativa del héroe cortesiano en Díaz del Castillo y Mendieta, se contrapone la visión de los conquistadores no siempre dispuestos a una obediencia total:

> Les hizo Cortés grandes regalos [a Valencia y los 12 misioneros], servicios y acatamiento. No les hablaba una vez siquiera sino con la gorra en la mano y la rodilla en el suelo. y les besaba el hábito, para dar ejemplo a los indios que se habían de volver cristianos, y porque de suyo les era devoto y humilde. Maravilláronse muchos los indios de que se humillase tanto el que ellos adoraban; y así le tuvieron siempre en gran reverencia. Dijo a los españoles que honrasen muchos á los frailes, especialmente los que tenían indios de cristianizar, lo cual hicieron con grandes limosnas, para redimir sus pecados; aunque algunos le dijeron cómo hacía por quien los destruyese cuando se viesen en su reino; palabras que después recordó muchas veces. (353)

> cada pueblo, y que todos comúnmente después de haberles recibido les hiciesen mucho acato, y que los naturales llevasen candelas de cera encendidas, y con las cruces que hubiese y con más humildad, y **porque los indios lo viesen, para que tomasen ejemplo, mandó a los españoles se hincasen de rodillas a besarles las manos y hábitos, y aún les envió Cortés al camino mucho refresco y les escribió muy amorosamente.** Y viniendo por su camino, ya que llegaban cerca de México, **el mismo Cortés, acompañado de Fray Bartolomé de Olmedo y de nuestros valerosos capitanes y esforzados soldados, los salimos y recibir**; juntamente fueron con nosotros Guatemuz, el señor de México, con todos los más principales mexicanos que había y otros muchos caciques de otras ciudades; y cuando Cortés supo que llegaban, se apeó del caballo, y todos nosotros juntamente con él; y ya que nos encontramos con los reverendos religiosos, el primero que se arrodilló delante de Fray Martín de Valencia y le fue a besar las manos fue Cortés, y no lo consintió, **y le besó los hábitos y el padre Fray Bartolomé les abrazo y saludó tiernamente, a todos los más religiosos y así hicimos todos los más capitanes y soldados que allí íbamos**, y Guatemuz y los señores de México. Y de que Guatemuz y los demás caciques vieron ir a Cortés de rodillas a besarle las manos, espantáronse en gran manera, y como vieron a los frailes descalzos y flacos, y los hábitos rotos, y no llevaron caballos, sino a pie y muy amarillos, y ver a Cortés, que le tenían por ídolo o cosa como sus dioses, así arrodillados delante de ellos, desde entonces tomaron ejemplo todos los indios, que cuando ahora vienen religiosos les hacen aquellos recebimientos y acatos según de la manera que dicho tengo; y más digo, que cuando Cortés con aquellos religiosos hablaba que siempre tenía la gorra en la mano quitada y en todo les tenía gran acato; y ciertamente estos buenos religiosos franciscanos hicieron mucho fruto en toda la Nueva España" (415-416, énfasis mío).

En este caso, la dimensión del héroe cortesiano se integra en una escena colectiva, dirigiéndose a los españoles, seguramente más preocupados de las contingencias mundanas de la conquista armada y satisfacer su codicia que de sus votos de fidelidad religiosa. La historia profana de los trabajos de guerra, nos advierte sobre los componentes históricos que, de una u otra manera, problematizaron el modelo espiritual propuesto por la obra de Mendieta. Para el cronista seráfico, la visión del "elegido" capitán español debía mantenerse incólume a las contingencias de la codicia armada y las demandas materiales de sus soldados, quienes potencialmente verían con la llegada de los frailes franciscanos la coerción de sus afanes de riqueza y la denuncia de sus acciones. En tal sentido, difícil sería dar una lectura unívoca a la expresión final de la cita de López de Gómara, "aunque algunos le dijeron [españoles] cómo hacía por quien los destruyese cuando se viesen en su reino". ¿Se refiere a los indígenas o frailes? Difícil precisarlo, sin embargo, nos inclinamos por una interpretación que más bien apunte a la tensión entre la visión de españoles-encomenderos y la perspectiva de representación cortesiana de respeto a las prerrogativas eclesiásticas de los primeros misioneros americanos. Esta aseveración nos conduce a algunos rasgos concluyentes en torno al modelo cortesiano en la obra de Mendieta.

En primer lugar, la amplificación narrativa de los sucesos de la conquista militar, es decir, de la historia profana que más bien será interpretada en una clave providencial por Mendieta. Desde López de Gómara a Díaz del Castillo, las variantes textuales identificadas en torno a la figura del conquistador y la llegada de los "doce apóstoles" franciscanos, vendrán a impregnarse de un misticismo religioso que, de ninguna manera, termina por anular la conflictividad de las prerrogativas que históricamente detentaron los frailes seráficos y que arduamente defendían hacia fines del siglo XVI. En segundo lugar, el vituperio de los obispos en la citada carta de Cortés, forma parte del emplazamiento que también Mendieta suscribiría hacia la segunda mitad, considerando las pugnas con el clero secular. Sin embargo cabe matizar esta observación con la perspectiva que se registra de los primeros obispos en América, "tan pobres y humildes, y tan despojados del mundo".²⁰⁷ Ciertamente aquellos correponden a la etapa fundacional de la iglesia novohispana, es el caso del franciscano fray Juan de Zumárraga que analizaremos más adelante.

Podemos destacar que esta actitud crítica del ordenamiento colonial hacia fines del siglo XVI vendría a reiterarse en el marco de una nueva utilización paratextual, esta vez referida a los privilegios pontificios concedidos a los misioneros franciscanos en América. Aquel vínculo histórico que Fidel de Lejarza ha denominado en un documentado artículo, el "franciscanismo de Cortés y el cortesianismo franciscano", tiene sus orígenes ya con anterioridad a la llegada de los "doce apóstoles", gracias a la misión espiritual de los primeros cinco franciscanos en Nueva España.²⁰⁸

En relación con este último aspecto, la crónica dará inicio a un marco textual caracterizado por el empleo de un nuevo subtexto que, a través de la cita, pretende señalar las bases eclesiásticas y jurídicas de los privilegios seráficos de la renombrada empresa evangelizadora de los llamados "12 apóstoles americanos", presididos por fray Martín de Valencia e integrada, entre otros, por fray Toribio de Benavente o Motolinía. Desde esta perspectiva, la historia eclesiástica americana, así como amplifica la tarea profana de la conquista y con ello la visión del héroe cortesiano tras la imagen del "elegido", considera el empleo subtextual de la bula pontificia, a fin de corroborar sus privilegios en la conquista espiritual americana. Sólo a modo de ejemplo, consideremos el comentario del cronista de la Bula del Papa León X:

---

[207] Según la perspectiva del cronista, la llegada de los obispos, habría de producirse también de acuerdo a los deseos del conquistador. De hecho, se alaba que el emperador los proveyerá "tan pobres y humildes, y tan despojados del mundo, como los demás que vinieron sin cargo. Y esta provisión tan acertada de prelados eclesiásticos y sacerdotes verdaderos despreciadores de las cosas de la tierra, hecha conforme al sentimiento y cristiano celo del buen capitán Cortés, fue después de Dios la causa total y el instrumento de hacerse la conversión de estos naturales con tan buen fundamento, y que hayan alcanzado el cielo tanta infinidad de ellos, y aun de que se hayan conservado tanto tiempo en su generación" (317).

[208] En su artículo Fidel de Lejarza documenta rigurosamente los vínculos de esta primera actividad franciscana en América, integrada por tres flamencos y dos españoles: Fr. Juan de Tecto, Fr. Juan de Ahora y fray Pedro de Gante, además de Fr. Pedro de Melgarejo de Urrea y Fr. Diego Altamirano.

> En esta bula y por ella concede el sumo pontífice a los dichos frailes franciscos, que en estas partes de las Indias del mar océano puedan libremente predicar, baptizar, confesar, absolver de toda descomunión, casar y determinar las causas matrimoniales, administrar los sacramentos de la Eucaristía y Extremaunción, y esto sin que ningún clérigo, ni seglar, ni obispo, ni arzobispo, ni patriarca, ni otra persona de cualquier dignidad se lo pueda contradecir ni estorbar, so pena de descomunión *latae sententiae*, y de la maldición eterna […] Asimismo concedió a los dichos frailes franciscos, que donde ni hubiese copia de obispos pudiesen consagrar altares y cálices, reconciliar iglesias, y proveerlas de ministros, y conceder en ellas las indulgencias que los obispos en sus obispados suelen otorgar. (324)

Queda claramente de manifiesto que el empleo subtextual, por un lado, plantea la apropiación del fragmento apostólico,[209] lo que conecta la *Historia* con los inicios de la evangelización franciscana y las prerrogativas espirituales en América; y, por otro lado, señala una distancia enunciativa respecto a las restricciones que el desarrollo de la iglesia diocesana impone a la tarea evangelizadora de los seráficos hacia la segunda mitad del siglo XVI. No en vano, la anunciada muerte del "espíritu primitivo" –según hemos analizado en la carta de Mendieta- ofrece un cuadro espiritual hecho de tensiones entre el proceso de institucionalización y jerarquización de la iglesia en América y estos primeros tiempos de la evangelización. Suerte de edad dorada de la "libertad" franciscana que, según Claudio Ceccherelli, en materia de administración de los sacramentos, llegaba a su momento de crisis.

Finalmente, no podemos excluir de esta caracterización un interesante elemento que refiere la *Historia eclesiástica indiana*, a propósito de la recepción de los "12 Apóstoles" franciscanos. La visión de la pobreza material de los franciscanos que habría de provocar la exclamación de las voces indígenas: "motolinea", "motolinea"; también escenifica en el contexto de la crónica la exhortación a la "obediencia" y "sujeción" de los indios a los seráficos. De manera tal que la crónica rompe la formulación meramente ecfrática, para escenificar la enunciación cortesiana en el

---

[209] Complementa este texto del derecho canónico, especialmente el capítulo VI: "En que se contiene otra bula que a petición del Emperador Carlos V concedió Adriano VI a los frailes mendicantes" (Mendieta 326-331).

preciso momento de la estupefacción indígena ante el acto de veneración del capitán español:

> Aposentados, pues, los nuevos huéspedes y acariciados con mucha humildad por el gobernador, vuelto a los caciques y indios principales (que estarían como atónitos y pasmados de ver el extraordinario acto referido) les habló diciendo: que no se maravillasen de lo que habían visto, que siendo él capitán general, gobernador y lugarteniente del Emperador del mundo, había reconocido obediencia y sujeción a aquellos hombres que en hábito pobre y despreciado habían llegado de las partes de España. Porque nosotros, dijo él, que tenemos dominio y señorío y gobernamos a los demás que están debajo de nuestro mando, aunque es verdad que todo procede y viene del sumo Dios, porque el Emperador que nos lo da (como mayor Señor de la tierra) lo tiene concedido y dado del mismo nombre Dios; este poder, empero, que alcanzamos lo tenemos limitado, que no se extiende más que hasta los cuerpos y haciendas de los hombres, y a lo exterior y visible que se ve y parece en este mundo perecedero y corruptible. (354)

Esta exhortación, dirigida a los caciques e indios principales, es decir, a los *pipiltines* o señores de la nobleza indígena, a mi juicio, sostiene en este contexto de enunciación uno de los componentes no menos relevantes del discurso de la conquista, el principio de jerarquización de la potestad civil y religiosa en América, representado como una división de las esferas de lo profano y lo sagrado, de lo material e inmaterial. En definitiva, de concepciones que desde el logocentrismo del conquistador apelarían a la experiencia de lo sagrado en la cultura náhuatl. De manera tal que al ejemplo de la representación del infierno-mictlán de los aztecas, ahora se sumaría la figura del sacerdote-teopixqui que estos franciscanos vendrían a simbolizar:

> Porque tienen poder [frailes] concedido de Dios para encaminar las ánimas al cielo a gozar de gloria perdurable, queriendo los hombres aprovecharse de su socorro y ayuda, y no queriendo, se perderán e irán al infierno a padecer tormentos eternos, como los padecen todos vuestros antepasados, por no haber tenido ministros semejantes a estos, que les enseñasen el conocimiento de nuestro Dios que nos crió, y de lo que manda que guardemos para que consigo nos lleve a reinar en el cielo. Y porque a vosotros no os acontezca lo mismo, y por ignorancia no vais adonde fueron vuestros padres y abuelos, vienen estos sacerdotes de Dios, que vosotros llamáis *teopixques*, para enseñaros el camino de salvación. (354-355)

Según Gertrudis Payàs, trataríase de "la incorporación de elementos indígenas en las devociones cristianas" (160), una estrategia de inteligibilidad que permitiese gracias a esta red traductológica su naturalización y aceptación por el indígena.[210] Al lado de esta apropiación lingüística de las creencias prehispánicas, hemos de recordar también la naturalización del vínculo de "paternidad" y proteccionismo franciscano en tiempos de la temprana evangelización. Finalmente, cabe referirnos a la estrategia de autorrepresentación de los misioneros y los modelos del discurso hagiográfico identificables.

3.6 La *Imitatio Christi*, misión canónica y modelo hagiográfico

La conquista del Nuevo Mundo, no sólo puede considerarse deudora de la hazaña cortesiana, sino también de los misioneros, quienes a partir de la llegada de los 12 seráficos habrían de realizar la conversión de los indios de Nueva España. Frente al modelo del héroe providencial cortesiano, la *Historia Eclesiástica* de Mendieta habría asimismo de referir la figura del misionero fray Martín de Valencia. Uno de los artífices del proceso de evangelización en América, que además posee un rol relevante en la comprensión de las ideas utópico-milenaristas que la crítica ha reconocido en los orígenes de la empresa seráfica novohispana.[211] Originario de la provincia de San Gabriel, "adonde a la sazón se guardaba con singular pureza y perfección la regla de S. Francisco", viene a representar el arquetipo de un cristianismo primitivo que encarnaría "el retrato del espíritu ferviente del padre San Francisco". No es de extrañar, por tanto, que el texto de la *Obediencia* de fray Francisco de los Angeles, nos entregue una visión del fraile y su misión seráfica en términos de una nueva tarea providencial:

> [...] le mandó por santa obediencia [a Fray Martín de Valencia], que tomando doce compañeros escogidos conforme a su espíritu, según el número de los

---
[210] Ver en el libro de Gertudis Payàs el capítulo "La cuestión de la inteligibilidad" (147-170).
[211] Ver Josep-Ignasi Saranyana (1995). Cap. I "Los ideales religiosos de los doce apóstoles de México":19-40.

doce apóstoles de Cristo nuestro Redentor, pasase a predicar el santo Evangelio a las gentes nuevamente descubiertas por D. Fernando Cortés en las Indias de la Nueva España. El varón de Dios (que siempre había tenido este deseo de ir a predicar a infieles, y queriéndolo poner por obra algunos años antes, y pasar a los Moros de Berbería, se lo había estorbado cierta persona espiritual, enviándole a decir que no hiciese mudanza de su persona, porque para otra parte lo tenía Dios escogido, y que cuando fuese tiempo él lo llamaría) viendo lo que el ministro general le mandaba, túvolo por cosa ordenada de la mano de Dios: y como si él mismo en persona se lo mandara, recibió su espíritu un entrañable gozo y júbilo [...]. (336)

Resulta interesante constatar en la presente cita que el fragmento discursivo entre paréntesis actualiza una modalidad del comentario ya analizada en otros momentos. Los probables alcances históricos de esta referencia al deseo de Valencia de ir a convertir moros, contextualiza una de las problemáticas de la teología española del siglo XVI, el debate sobre los infieles. De manera tal que la actitud observada ante el problema de los herejes y las controversias con judíos y moros, según precisa Höffner, no podía dejar de tener sus efectos en la ética colonial, como tampoco en los modelos de representación en los que se intentó clasificar la alteridad americana.[212]

Si volvemos a la figura de fray Martín de Valencia, junto al modelo de "singular pureza y perfección de la regla del P. San Francisco" que se guardaba en su provincia de San Gabriel, y su condición de elegido para la empresa de la conversión de los gentiles americanos, se agrega un nuevo componente en la *Historia* de Mendieta, el análisis de la misión canónica y los modelos hagiográficos.

---

[212] Según Höffner, durante el siglo XVI, la teología española hubo de ocuparse del problema de los infieles y específicamente de los moros. Dicha mentalidad habría de tener sus repercusiones en el momento en que España se enfrenta a los ignotos pueblos gentiles de América. A este respecto, luego de una lucha de siglos que había concluido con la destrucción del reino de Granada, se pone término a la guerra contra los moros, mas no al problema de los musulmanes: "[...] tan pronto como los moros habían recibido el bautismo se los consideraba como cristianos. Cualquier manifestación de la antigua religión era una herejía y se perseguía por la Inquisición. Lo que la Inquisición se proponía, pues, era la eliminación de un cuerpo extraño desde el punto de vista política y religioso. Al proceder así, luchaba por los máximos ideales españoles: ortodoxia y 'limpieza de sangre'". Ver Höffner 123-124.

3.6.1 LA *INSTRUCCIÓN* Y *OBEDIENCIA* (1523) FRANCISCANA, LA IDEOLOGÍA PASTORAL AMERICANA

La consideración de fray Martín de Valencia como "caudillo de aquella grey apostólica" y de sus compañeros como "caballeros de Cristo [que] venían a Conquistar," bien puede ejemplificar el carácter de cruzada espiritual con que se asume la evangelización del Nuevo Mundo. Cabe destacar que el marco misionológico de esta primera etapa de la evangelización americana, podemos identificarlo claramente en dos fuentes incluidas en la obra de Mendieta, la *Instrucción* y *Obediencia* otorgada a los primeros "doce apóstoles" americanos.

La *Instrucción* y la *Obediencia* (1523) que el ministro general de la orden franciscana, fray Francisco de los Angeles Quiñones, entregara a fray Martín de Valencia y a sus compañeros poco antes de partir de España, ofrece no sólo uno de los testimonios primigenios del contenido misional con que la orden habría de asumir la conquista espiritual del Nuevo Mundo, sino también algunos de los modelos de representación con que probablemente los mismos cronistas habrían de identificarse durante el transcurso del siglo XVI. En tal sentido, trataríase de una fuente que por su carácter programático define no sólo la praxis misionera, sino también perfila algunas de las bases protoevangelizadoras que habrían de recepcionarse al interior de la labor cronística de los frailes de la orden.

Para Juan Meseguer Fernández, la *Obediencia* es la *missio canonica*, expresada en forma solemne por fray Martín de Valencia y sus compañeros; mientras la *Instrucción* contiene el modo de vida y comportamiento que han de observar los misioneros a la vez que los elementos de la organización de la orden en México. En ambos documentos incorporados en la *Historia*, se lee una larga exhortación en la que el ministro general manifiesta su criterio sobre las cualidades del misionero y sobre los límites de la adaptación de la vida conventual a las exigencias del apostolado americano.[213] La ideología misional que estas fuentes traducen para los

---

[213] El artículo de Juan Meseguer Fernández incluye en su apéndice los textos de la Obediencia (latín) y la Instrucción (español).

primeros franciscanos en América, corresponde a un componente clave, no sólo para el conocimiento misionológico de la conquista, sino también para la identificación de ciertos modelos de representación (misionero), que habrían de simbolizar el ideario protoevangelizador que encontraría eco en la producción cronística de fray Jerónimo de Mendieta.

3.6.2 El destino martirológico de la conquista espiritual

Uno de los primeros rasgos que distinguen la formación espiritual franciscana es la imitación de los modelos de su actividad misionera. Sea el ejemplo de Cristo, los Apóstoles como del santo fundador, San Francisco, el ardiente celo apostólico de estos modelos de cristiandad se une a la tarea de conversión de las almas. La *imitatio Christi* plantea la tarea del peregrinaje y la misión.[214] En tal sentido, los fundamentos de esta labor –sostenida alegóricamente por dos pies: el amor de Dios y del prójimo– entregan en la *Instrucción* un importante elemento, que "aunque no convertays infiel alguno, sino que vos hahogueis en la mar o os maten los hombres o os coman las bestias fieras avreis fecho vuestro officio y Dios hara el suyo" (498). A mi modo de entender, dicho planteamiento –al margen de la conversión de los infieles– provee a la idea misional una caracterización concreta, el cumplimiento de una tarea que no está libre de sacrificios y penalidades conducentes al martirio. Tal aspecto lleva a la conclusión de que "la conversión es, expresamente dice en la *Instrucción*, la finalidad de la evangelización, que no el martirio; mas la disposición del mismo y su deseo, fluyen del celo misionero"(438):

> [...] acordandoos que ansi amo Dios al mundo, que para redimirle enbio a su Unigénito hijo del cielo a la tierra, el qual anduvo y converso entre los hombres treynta y tres años, buscando la honra de Dios su Padre y la salud de las animas perdidas. Y por estas dos cosas bivio en muchos trabajos y pobreza humillandose hasta la muerte y muerte en la cruz. Y un dia antes que muriese dixo a sus apóstoles: exenplo os dexo para que como me ha avido con vosotros, asi vosotros os ayais unos con otros. **Lo qual después los apostoles por obra y**

---

[214] "Y ansi como sant Francisco aprendio esto de Christo y de los apostoles, ansi nos lo mostro yendo el a predicar por una parte y enbiando sus frayles por otra "(497).

> palabra nos mostraron andando por el mundo predicando la fe con mucha pobreza y trabajos, levantando la vandera de la Cruz en partes estrañas, en cuya demanda perdieron la vida con mucha alegría por amor de Dios y del proximo, sabiendo que en estos dos mandamientos se encierra toda la ley y profetas. Y los santos que después vinieron siempre procuraron guardar este estilo y enflamados con estos dos amores, de Dios y del proximo, como con dos pies corrian por el mundo, no su honra mas la de Dios, no su descanso mas el de su proximo buscando y procurando. (496-497, énfasis mío)

La inscripción del discurso martirológico, según Meseguer Fernández, en el texto de Quiñones está indisolublemente unido a la vocación misionera: "vida y predicación de Cristo coronada con el fracaso, según cálculos humanos, de su muerte; en la predicación y martirio de los apóstoles y en la predicación y ansias martiriales de San Francisco y sus primeros compañeros"(483). Tal sería el modelo que serviría de estímulo a la misión franciscana de los llamados "doce", pero también nos habla de la perspectiva del cambio con que Mendieta incorpora la retórica epidíctiva en su doble juego relacional, como elogio del pasado y vituperio de su propia situación colonial.

3.6.3 El "buen ejemplo" franciscano como método misional

En cuanto al método misional, elemento importante de éste es la adaptación de la vida religiosa y conventual a las exigencias misionales, sin embargo se inculca insistentemente la estricta *observancia de la Regla* como requisito principal de la Evangelización.[215] Uno de los puntos claves era el "buen ejemplo" del religioso, con el objeto de inducir en el indígena la aceptación de sus palabras y sermones. Elementos que para el ministro general de la orden, fray Francisco de Quiñones, se darían en principio en el ámbito de la vida en comunidad (urbana) en las colonias:

> Lo setimo es que tengays aviso que por el provecho de los otros no os descuydeis del vuestro. Y para esto, si juntos podierdes estar en una ciudad, tiernalo por mejor, porque el concierto y buen exenplo que viesen en vuestra vida y

---

[215] Con relación a este aspecto, véase el trabajo de Lázaro de Aspurz (1949).

conversación seria tanta parte para ayudar a la conversion como las palabras y predicaciones. Y si esto no ovyere lugar, a lo menos dividiros eys de dos en dos ó de cuatro en cuatro; y esto en tal distancia, que en quinze dias poco mas ó menos os podays juntar cada año una vez con vuestro prelado a conferir las cosas necesarias unos con otros. (499-500)

La importancia de la *Instrucción* y *Obediencia*, como documentos que sientan las bases de la pastoral americana, a mi juicio, no sólo puede ser considerada desde el punto de vista de las directrices del proyecto misionológico americano, sino también como modelo retórico, en que el discurso martirológico y fundacional se integran como núcleos constituyentes de un orden narrativo. De esta forma, la *Historia eclesiástica indiana*, en la medida en que historiza la actividad misionera de los primeros evangelizadores americanos, hace eco de los idearios misionales del cristianismo primitivo que esta *missio canonica* representa. Cabe agregar que la emergencia de dicha tarea de evangelización, no sólo viene determinada por el marco discursivo de la *Instrucción* y la *Obediencia*, sino que además por un providencialismo mesiánico, que señalaría la inminencia del fin de los tiempos:

> Á vosotros, pues, oh hijos míos, doy voces yo, indigno padre, acercándose ya el último fin del siglo, que se va envejeciendo, y vuestras voluntades muevo y despierto para que defendáis el escuadrón del Alto Rey, que va como de venida, y ya cuasi huyendo de los enemigos; y emprendiendo la victoriosa pelea del Soberano Triunfador, con palabras y obras prediqueis a los enemigos. (344)[216]

Desde un punto de vista narrativo, la descripción de la llegada de fray Martín de Valencia y los "doce", introduce la función metalingüística del comentario como recurso que permite comprender la diferenciación crítica que el mismo cronista pretende establecer entre la historia sagrada y la profana. En tal sentido, resulta interesante considerar el distanciamiento enunciativo del narrador en relación con la concepción de una historia

---

[216] Ya en el texto de la *Obediencia* es posible identificar otra referencia apocalíptica: "Mas ahora cuando ya el día del mundo va declinando a la hora undécima, sois llamados del Padre de las compañas, para que vais a su viña, no alquilados por algún precio, como otros, sino como verdaderos hijos de tan gran Padre; buscando no vuestras propias cosas, sino las que son de Jesucristo, corráis a la labor de la viña sin promesa de jornal, como hijos en pos de vuestro Padre" (Mendieta 344).

eclesiástica, en que se inscriben estos protagonistas de la evangelización americana:

> Porque si para escribir historias profanas y henchir sus libros los autores se aprovechan de mil menudencias y cosas impertinentes, pintándolas con muchos colores retóricos, mostrándose cronistas puntuales: diciendo de uno que después de los muchos triunfos y victorias alcanzadas se iba a espaciar a la ribera del mar, y a trebejar [sic] con las conchas de los caracoles, ostras y almejas de él: y de otro que viniendo vencido de la batalla pidió a un villano un jarro de agua (cosa de poco momento), con más razón podré yo escribir estas menudencias (si así se sufre llamarlas), pues escribo historia verdadera y no forjada de mi cabeza, no profana sino eclesiástica, ni de capitanes del mundo sino celestiales y divinos que subjetaron con grandísima violencia al mundo, demonio y carne, y a los príncipes de las tinieblas y potestades infernales. (349-350)

El presente comentario corresponde a una de las funciones metalingüísticas más importantes de la obra, a partir de la cual se nos hace inteligible el valor didáctico de la "batalla espiritual" de estos cruzados celestiales. De esta forma, la enseñanza de sus adversidades y comportamientos morales asumen la forma literaria de relatos biográficos y hagiográficos, los que nos permiten aventurar la preeminencia de uno de los objetivos de la narración, el *docere*. Las semblanzas de estos religiosos serán verdaderos espejos de virtudes, que llegando al paroxismo del martirio, adquieren un carácter ejemplar y edificante, en la medida en que, tal como ha observado Rubial García, junto a las virtudes personales (como el valor, la humildad, la paciencia y la castidad) se encontraban las corporativas (la obediencia, la justicia y la caridad).[217] De esta forma, el sujeto novohispano podía encontrar en estos relatos normas rectoras para cumplir con sus obligaciones dentro de su propio estado y condición.

La Historia, como "maestra de la vida", recordaremos con Cicerón, debía no sólo mostrar la verdad, sino también convertirse en una enseñanza moral. Cabe reparar que frente a estos modelos pertenecientes al primer proceso de evangelización, el fenómeno de secularización de la orden y la pérdida de las prerrogativas espirituales de aquellos momentos fundacionales de la conquista, sin hablar de un fenómeno característico

---

[217] Ver Antonio Rubial García, "La crónica religiosa" 327.

Crónicas franciscanas de Nueva España (Siglo XVI)

de la segunda mitad del siglo XVI (la institucionalización de la iglesia diocesana y la criollización de la orden), se contraponían como claros signos de cambio temporal. Finalmente, señalemos algunas de las modalidades que asume el relato hagiográfico en la tradición medieval y renacentista, con el objeto de analizar sus implicancias en el contexto de la obra de fray Jerónimo de Mendieta.

3.7 LA *FLOS SANCTORUM* NOVOHISPANA, ESTEREOTIPOS DE UN HÉROE HAGIOGRÁFICO

A juicio de Teófanes Egido, antes de Trento las demandas de hagiografías colectivas estaban suficientemente abastecidas con las narraciones de la *Leyenda Áurea* medieval.[218] En España habrían de llamarse *Flos Sanctorum*, desde que en 1470 se comenzaron a traducir y agregarse vidas de otros santos que no estaban registrados en las versiones primitivas del libro de Jacobo de Vorágine. Los relatos hagiográficos habrían de experimentar transformaciones, ya sea de acuerdo con el talante barroco o con los modelos de santidad exigidos por la reacción antiprotestante:

> Por lo que se refiere a España, la Leyenda áurea o dorada sería desplazada por los *Flos Sanctorum* de Alonso de Villegas, al que no logra desbancar, hasta el siglo XVIII, el también muy consumido del jesuita Pedro de Ribadeneyra. Ambos están presentes en liberías, en bibliotecas, en las casas que tienen algunos libros, con evidente hegemonía sobre el resto de las lecturas, una vez que desde la segunda mitad del siglo XVI no hallan la competencia de los libros del caballería. Así lo demuestran unánimemente los resultados de las investigaciones de la lectura y el libro sobre bases cuantitativas: lo mismo daba [...] en Medina del Campo y en la opulenta librería de Boyer que entre los lectores de variada extracción que reflejan las almonedas de Salamanca, donde los libros más "saboreados", dice Weruaga, ya al final del barroco eran los *Flos Sanctorum* de Alonso de Villegas. El clásico *Flos Sanctorum* circula por Barcelona durante todo el siglo XVI, y en el XVIII, "los que aparecen en las bibliotecas de forma más obstinada son títulos tan famosos como los santorales *Flos Sanctorum* de Alonso de Villegas y el de Ribadeneira; uno u otro, o los dos, no faltan en la mitad de las bibliotecas", y es, también, el que más trasiega en el tráfico librero abundante entre la metrópoli y las Indias. (65)

---

[218] Para una profundización de los planteamientos de Teófanes Egido remitimos al erudito trabajo de Fernando Baños Vallejo (1989) y la nota de Dietrich Briesemeister (1989) para el desarrollo de la hagiografía en España.

Dentro de los múltiples registros aquí mencionados, cabe destacar la versión catalana de la leyenda de San Francisco que figura en la célebre *Legendae Sanctorum* del Beato Jacobo de Varazze o Vorágine, conocida más tarde con los nombres de *Legenda aurea* y *Flores* o *Flos Sanctorum*. La atribución de la leyenda a Vorágine aún es materia de discusión, así como las fuentes que utilizó su anónimo compilador,[219] sin embargo se ha de reconocer como una de las fuentes relevantes de San Francisco, el *Tractatus de Miraculis* (1250) de su biógrafo, Tomás de Celano.[220] El *Flos Sanctorum* no sólo tendrá una importancia literaria en América, sino que asimismo, desde el punto de vista de la valoración que el componente sagrado encuentra en el seno de la comunidad novohispana. Ya el mismo Egido ha señalado que tanto la santidad como la hagiografía han estado sometidas a factores históricos que "han ido forjando la imagen del santo a tenor del código de valores de la época y de la imposición del centralismo romano en sus exigencias para la canonización"(66).[221] Hacia el siglo XVII, la percepción de los santos habría de ser absorbida por un sistema jerárquico y jurídico, obligando a la creación de modelos regulados de acuerdo a las exigencias oficiales, a fin de que no perturbaran su función de propaganda y satisficieran la demanda popular de lo maravilloso. Frente al embate del protestantismo, las reformas tridentinas habrían de determinar su campo de representación:

> Como fondo de todo se proyectaba la exaltación de los santos, entre otros motivos permanentes y anteriores, porque la reforma protestante los negaba en sus capacidades intercesoras, en su culto, en sus reliquias, en sus representaciones iconográficas, dimensiones todas cordiales y reafirmadas en Trento. Como efecto inmediato, la hagiografía cumplió con la doble función de satisfacer la demanda creciente de vidas de santos con los atributos contrarreformistas requeridas por

---

[219] El estudio de José María de Elizondo (1910) habría de identificar las siguientes fuentes para la compilación de la leyenda franciscana: La *Legenda ad usum chori* (ca. 1230), La *Legenda secunda*, escrita por Celano (1245-1247), el *Tractatus Miraculorum* (1250), y probablemente, la *Legenda major* de San Buenaventura.

[220] En relación con las representaciones escritas e iconográficas de San Francisco, véase la tesis doctoral de Ruth Wolff (1996).

[221] Desde esta perspectiva, a partir de la contrarreforma este proceso será conducido por organismos del gobierno pontificio, la llamada Congregación de Ritos creada en 1588 por Sixto V. La centralización vendría a consumarse con las determinaciones de Urbano VIII y una serie de medidas que llegaron a prohibir cualquier asomo de iniciativa popular, toda manifestación de culto y veneración, antes de que Roma sancionara la beatitud. Ver Egido 66.

Roma y con las cualidades extraordinarias, heroicas, taumatúrgicas, es decir, maravillosas, exigidas por las mentalidades colectivas, connaturalizadas con la presencia de los poderes divinos en la tierra aunque sólo fuera para luchar con los agentes del otro poder, también connaturalizado y no menos presente, de los agentes del demonio.

Otra consecuencia de Trento y de plenitud barroca fue el protagonismo de las órdenes religiosas, los únicos estados superiores de perfección reconocidos en la Iglesia católica, que de esta manera respondían a las negaciones protestantes. La hegemonía condujo a agudizar viejas celotipias entre unas órdenes y otras, a rivalidades dialécticas encarnizadas por precedencias, por la antigüedad, por los privilegios, por el monopolio de la verdad de la escuela teológica respectiva.

(Egido 68)

Estas consideraciones nos permiten comprender cómo las exigencias reformistas de Trento habrían de propiciar la creación de modelos de representación hagiográfica, cuyo posible impacto en el contexto americano cabe asumirlos en la especificidad histórica de la situación colonial en que se inscriben. Durante el siglo XVI y XVII el modelo hagiográfico se integra en la elaboración de la crónica religiosa como uno de los componentes textuales de relieve, el cual –si bien cabe ponerlo en relación con las transformaciones e intereses postridentinas–, asumiría caracteres y funciones específicas desde el punto de vista de su función doctrinal y de la promoción de la historia de las órdenes religiosas en el Nuevo Mundo. Los aportes del historiador Antonio Rubial García, nos permiten advertir que la construcción de la historia sagrada en Nueva España se expresaría a través de tres modelos literarios: la narrativa hierofánica, la hagiografía individual y la crónica.[222]

---

[222] "En Nueva España la hagiografía se manifestó como un género histórico desde el siglo XVI, aunque no fue sino hasta el XVII y el XVIII que dio sus frutos más novedosos. Como un reflejo de lo que sucedía en Europa, en un principio el género insistió más en el modelo moral que en las características individuales; en la hagiografía el carácter específico de la historia, que era el tratar hechos espirituales, pasaba a un segundo término, siendo lo más importante lo general. Con todo el humanismo renacentista y su exaltación del individuo reforzaron algunos elementos individuales de la hagiografía aproximándola a la biografía clásica desde fines del siglo XVI. Los textos novohispanos sobre estos temas tomaron muy diferentes formas: sermones fúnebres, cartas edificantes, interrogatorios sobre virtudes y milagros, biografías particulares y biografías incluidas en textos sobre santuarios o en menologios de crónicas provinciales femeninas y masculinas. En todos aparecen ejemplos de virtud, piedad, sacrificio y devoción, así como revelaciones y hechos sobrehumanos; sin embargo, no todos los textos hagiográficos tenían la misma finalidad por

Por ahora, nos interesa destacar especialmente la hagiografía, por la función que adquiere como componente narrativo de índole biográfica en la *Historia eclesiástica indiana*. Desde una perspectiva retórico-literaria, las pautas y convenciones del relato hagiográfico se integran en el desarrollo expositivo de las biografías espirituales de los seráficos que formaron parte del grupo de los "doce" que acompañaron a fray Martín de Valencia. Según María Dolores Bravo, en las *Historias y Crónicas*, las biografías son dependientes del *corpus* general de la historia de la evangelización franciscana en Nueva España. En el caso de la obra de fray Toribio de Benavente, "la vida como narración es un pretexto para destacar al legendario fray Martín de Valencia como provincial. La biografía así se convierte sólo en una parte complementaria de la crónica documental"(34). Tal aspecto evidenciaría una transformación identificable en las obras de fray Jerónimo de Mendieta y fray Juan de Torquemada. Específicamente, en lo que se refiere a la *Historia eclesiástica indiana*, Bravo ha destacado la particularidad de la utilización biográfico-espiritual:

> Es indudable que al escritor le interesa dar una puntual relación de la Orden desde 1524 hasta 1596. No obstante, en él observamos ya un avance notable en la importancia que da a las Vidas como textos. Esto se nota en el énfasis que da al carácter edificante de la narración, en el interés que proyectan los personajes en su valor protagónico, en la utilidad que para la Orden tiene el que sus miembros se destaquen relevantemente en la santidad, y, sobre todo, en la existencia de un modelo hagiográfico no sólo de los rasgos elevados de sus personajes, sino de los elementos que la narración debe privilegiar para hacer de ellos héroes de santidad. (34)

Las estrategias estructurales y temáticas que hacen de estos religiosos verdaderos protagonistas de narraciones, pretenden conseguir el efecto de ejemplaridad mediante la incorporación de un nuevo héroe, el *héroe*

---

lo que debemos diferenciar en ellos dos tipos de narraciones: el primero, representado por los menologios que describen las vidas de los varones apostólicos de la época misional, estaba inserto en un contexto corporativo y servía para exaltar a la institución, por lo que quedaron incluidos en las crónicas provinciales [...]. El segundo tipo [...] lo constituyen las 'vidas' particulares de personajes destacados cuyas acciones merecieron ser tratadas individualmente: los beatos, cuya veneración pública fue autorizada por la Iglesia después de un proceso de beatificación[...]; los 'siervos de Dios'[...]; y los venerables, es decir, aquellos que no fueron objeto de un proceso en Roma" (Rubial García, "La crónica religiosa" 342-343).

hagiográfico, quien habría de patentizar las virtudes cristianas en el contexto de un modelo textual que se podría jerarquizar en los siguientes puntos:

> 1) El protagonismo del héroe, alrededor del cual se organizan todos los demás personajes; 2) Las virtudes propias de la vida cristiana (castidad, humildad, pobreza, etc.) le otorgan la ejemplaridad sublimada de que goza; 3) Como el santo es finalmente un medio humano para establecer una lucha teológica entre Bien y Mal –en la que él obviamente representa a Dios– es común que el Demonio "lo tiente", haciéndole pasar duras pruebas y perturbándolo con terribles visiones. El héroe hagiográfico es un personaje que se debe plegar a las acciones que lo significan. (Dolores Bravo 35)

Los votos de humildad, obediencia, pobreza y castidad, como asimismo su inmersión en un contexto sobrenatural, en el que debe luchar contra las fuerzas del demonio, hacen de este héroe hagiográfico una imagen cuyo propósito superior y anhelo espiritual es ser un testimonio de virtud mediante el martirio.[223] A mi modo de entender, dicha consecución final no debe ser analizada exclusivamente como un recurso retórico de las formas hagiográficas, sino además como principio establecido en las bases mismas de la misión canónica contenida en la *Instrucción y Obediencia*. En última instancia, el celo evangelizador conducente al martirio adquiere formulaciones de orden jurídico-literario, las que aspiran a una coherencia de representaciones de la tarea evangelizadora del clero regular sobre el transfondo de los cambios político-espirituales que afectaban profundamente su potestad en Nueva España. De ahí que la literariedad de su forma esté más bien en la consecución de una representación retóricamente elaborada y políticamente intencionada. En lo que sigue, intentaremos abordar algunos ejemplos caracterizadores sobre la construcción del héroe hagiográfico en el texto de Mendieta.

a) Niños y frailes, la parvulez santificada

Lo primero sea advertir que la caracterización del martirio en la *Historia eclesiástica indiana* no afecta de manera exclusiva a los misioneros

---

[223] Según el *Diccionario de Autoridades* el martirio debe ser entendido como la "muerte o tormento que se padece en testimonio de la verdad de la fe católica o defensa de alguna verdadera virtud. Es voz griega, que significa *Testimonio*, y por esto se toma comúnmente por el acto de virtud de la Fortaleza que ejercita quien la padece".

franciscanos, sino que también lo observamos en la descripción de la muerte de los niños indígenas. Históricamente, la instrucción religiosa de los hijos de la nobleza indígena o *pipiltines*, correspondió a una de las estrategias de aculturación empleada por los sacerdotes franciscanos en América. De esta forma, los hijos de los caciques y principales, vendrían a ser los transmisores de la nueva creencia religiosa en el seno de sus estructuras familiares de orden prehispánico.[224] El desconocimiento de la lengua prehispánica en un comienzo se constituyó en un obstáculo importante para la evangelización. En dicho contexto resulta de relevancia constatar que, para el cronista franciscano, el aprendizaje de la lengua por parte de los frailes se describe en el marco de una homogeneidad de representaciones en que la condición de niño no sólo encubre una estrategia evangelizadora, sino además el medio que posibilita la "participación" comunicativa:

> Y púsoles el Señor en corazón que con los niños que tenían por discípulos se volviesen también niños, como ellos, para participar de su lengua, y con ella obrar la conversión de aquella gente párvula en sinceridad y simplicidad de niños. Y así, que dejando a ratos la gravedad de sus personas se ponían a jugar con ellos con pajuelas o pedrezuelas el rato que les daban de huelga, para quitarles el empacho con la comunicación. Y tenían siempre papel y tinta en las manos, y en oyendo el vocablo al indio, escribíanlo, y al propósito que lo dijo. Y a la tarde juntábanse los religiosos y comunicaban los unos a los otros sus escriptos, y lo mejor que podían conformaban a aquellos vocablos el romance que les parecía más convenir. (365-366)

La presente cita que insiste sobre el modelo del *párvulo*, tal como se reconoce en la *Relación de los indios* de Motolinía, no sólo hemos de caracterizarla como condición o estado preparatorio para el reino celestial, es decir, como elemento consustancial del llamado tercer estado joaquinita,[225] sino también en función de la idea de instrucción cristiana[226]

---

[224] Ver Cap. XV. "Del modo que tuvieron para enseñar a los niños hijos de los caciques y principales" (362-364).

[225] Ver en este punto el planteamiento de Geoges Baudot ("Imagen amerindia y proyecto utópico" 1996).

[226] Con relación a este aspecto de la formación e instrucción cristiana, el cronista destaca que niños fueron los "maestros de los evangelizadores", los "niños fueron también predicadores", y los niños "ministros de la destrucción de la idolatría" ver Cap. XXIV. "De cómo los niños de la escuela de Tlaxcala mataron a un sacerdote de los ídolos que se fingía ser el Dios del Vino" (385-387).

y amparo del indígena, lo que justificó la implementación de un nuevo régimen tutelar como indio-miserable (Motolinía).

En general, esta apelación a la naturaleza pueril de los indios, cuyas características sobresalientes son la inocencia, simplicidad y pureza, entra en contacto con los valores de la espiritualidad franciscana (pobreza apostólica de la iglesia primitiva, amor a Dios y al prójimo, como el celo espiritual conducente al martirio), a fin de reforzar la idea de una alianza que, frente al orden hispánico, propicia la comunidad espiritual entre indios y misioneros. Aspecto que posee diversos alcances desde el punto de vista narrativo.

En primer lugar, el encarecimiento de la imagen del auténtico cristiano, se presenta mediante la mortificación de los mismos misioneros, los que "pese a ser ellos en humildad, llaneza y sinceridad harto semejantes a la pureza e inocencia de los niños, aun quiso humillarlos mucho más a hacerlos semejantes a ellos"(367). En otros términos, se pretende que "se hagan indios con los indios, flemáticos y pacientes como ellos, pobres y desnudos, mansos y humildísimos como lo son ellos"(368). El sustrato de la teoría de los temperamentos, con base en las concepciones hipocráticas y galénicas, se distancia de la "cólera"[227] del conquistador, posibilitando mediante esta identificación racial (indio) y médico-psicologista (flemático) la integración del indio y el fraile en el cuerpo social de un estado indocristiano claramente concordante con los valores espirituales de su fundador. Narrativamente, el empleo del recurso comparativo apuntaría al encomio de la visión seráfica de los primeros misioneros europeos en

---

[227] "[...] quiso [Dios] que los primeros evangelizadores de estos indios aprendiesen a volverse como el estado de niños, para darnos a entender que los ministros del Evangelio que han de tratar con ellos, si pretenden hacer buena obra en el culto de esta viña del Señor, **conviene que dejen la cólera de españoles, la altivez y presunción (si alguna tienen), y por esta humildad que aquellos benditos siervos de Dios mostraron en hacerse niños con los niños**, obró el Espíritu Santo para consuelo y ayuda en su ministerio **una inaudita maravilla en aquellos niños, que siéndoles tan nuevos y tan extraños a su natural aquellos frailes, negaron la afición natural de sus padres y madres, y pusiéronla de todo corazón en sus maestros, como si ellos fueran los que los habían engendrado y criado cuidóse** en tanta manera, que ellos mismos fueron los que descubrieron a los siervos de Dios los ídolos que sus padres tenían escondidos, y los acusaron de supersticiones y errores [...]" (368, énfasis mío).

América en el contexto de un cristianismo primitivo en que habrían de leerse los signos del sacrificio y la elevación espiritual de estos primeros mártires espirituales. En segundo lugar, la representación anterior pone en cuestionamiento el discurso satanizador de la conquista sobre el *bárbaro*, es decir, el sistema de representación de la cruzada espiritual, cuestionando el mito nacional español que se expresa en América mediante el discurso de la conquista. En relación con este aspecto, ya Mario Cesáreo ha señalado con certeza que, hacia la segunda mitad del siglo XVI, hace crisis una de las formas de la concordancia del sistema de representación de la cruzada espiritual en América, el mito de lo nacional español (en su dimensión de Reconquista) ante la presencia satánica del otro. Tal situación determina que el mito de nacionalidad, en el cual se resumía y legitimaba el orden monárquico-señorial y mercantilista, obligue a redefinir los deslindes del sistema de identificación del español y cristiano frente al indio (97-98).[228] Uno de estos ejemplos, podríamos identificarlo en la epístola que los franciscanos envían a fray Diego Valadés:[229]

> [...] es necesario provea S.S. de remedio en un infernal abuso que los españoles han plantado en toda la región destas Indias Occidentales, y es de llamarse ellos *cristianos*, á diferencia de los naturales de la tierra, puesto que todos son baptizados; y así es plática general de los españoles, hablando con los indios, para decir "llámame á aquél español", ó "dile tal cosa á aquel español," o "ve á casa de fulano español," decir "llámame á aquel cristiano", ó "dile esto á aquel cristiano"; cosa absurdísima, y que espanta no haber tenido cuidado los Prelados de estas partes de que se ponga remedio en ella, porque es persuasiva á los indios para que nunca se tengan por verdaderos cristianos; y es cosa clara qué diciéndole el español al indio "llámame á aquel cristiano", por el español, luego en su pecho formará una consecuencia y dirá entre sí: "luego yo, por ser indio, no soy cristiano": y otros habrá que viendo tan malas obras como las que comunmente hacen los que se intitulan cristianos, tomarán odio á este nombre, y dirán "mucho en buenhora séte tú cristiano, que yo no lo quiero ser". Por evitar tantos y tan graves daños como deste mal abuso se pueden

---

[228] En relación a estos planteamientos, véase Mario Cesáreo (1995).
[229] Debemos destacar que el 25 de mayo de 1575 Fray Diego Valadés sería designado Procurador General de la Orden en Roma. Ocupando una de las funciones de mayor relevancia a cargo de la tramitación de los asuntos oficiales de los franciscanos con Roma. Su diligente labor, concesiones y privilegios que obtuvo para la Orden en América, habría de generar molestias para el centralismo político del rey Felipe II, quien lo destutiría de su cargo y solicitaría su extrañamiento de Roma al ver afectada su potestad real en el marco del patronato indiano.

seguir, conviene quitarlo con todo el rigor del mundo, aunque sea con pena de excomunión á los que no lo quisiesen dejar, y que se proceda contra ellos como contra perturbadores de la cristiandad y de la conversión de las gentes.[230]

Cabe agregar que en el trasfondo de esta misiva, se identifica el conflicto ideológico entre el universalismo cristiano, al cual también podían acceder los indígenas convertidos, y el hispanismo del conquistador. En la mente del indígena, tal confusión pudo no haber sido menor, pero más bien la denuncia de estos franciscanos se inscribe en el contexto de una profunda tensión entre su función como portadores de *christianitas* y no de *hispanitas*, es decir, como portadores de la misión universal del Evangelio y, por tanto, renuentes al impulso centralista español que mermaba la realización de su ciudad celestial.[231]

b) Los indios de Tlaxcala, la nueva Belén mexicana

La conversión de los hijos de los señores de la nobleza indígena forma parte de una las estrategias aculturadoras de la instrucción conventual de los franciscanos y expansión de la nueva fe. Desde inicios del siglo XVI las fuentes franciscanas han de consignar la labor de algunos niños cristianizados que alcanzaron la muerte entre los indios, como es el caso de Cristobalito, Antonio y Juan. La narración del martirio de los beatos en Mendieta, no sólo ha de considerarse un recurso de santificación de orden individual, sino que además experimenta sus consecuencias en el orden colectivo del pueblo indígena. Así por ejemplo, el episodio del martirio

---

[230] "El memorial de arriba para su santidad a favor de los naturales se envió al padre Fray Diego Valadés en esta forma, y es la que sigue." Esta carta puede revisarse en el *Códice Mendieta. Vol I.* 255-259.

[231] A este respecto cabe tener presente la precisión de Phelan: "La ecuación que hizo la corona entre cristianización de los indios e hispanización, fue uno de los aspectos decisivos de la política general de Felipe II, dirigida a restringir la influencia de los frailes. Unos indios hispanizados serían menos susceptibles de quedar bajo el control paternal de los mendicantes. [...] La mayor parte de los frailes consideraba que no era necesario hablar español para ser buenos cristianos. Dios entiende náhuatl tan bien como entiende español. El conflicto ideológico estaba rigurosamente delineado: era el universalismo cristiano de los frailes contra el imperialismo español de la Corona. No debe olvidarse que la era de los descubrimientos permitió la esperanza de que el universalismo (que siempre había sido un dogma en el cristianismo), pudiera alcanzarse en términos reales. Los misioneros mendicantes eran muy sensibles a la misión universal del evangelio, y, por tanto, estaban renuentes a hacer concesiones al impulso nacionalista de la Corona. Se consideraban portadores de *Christianitas*, no de *hispanitas*" (125-126).

de Cristobalito –hijo de uno de los principales señores de Tlaxcala–, al final de cuentas habría de resolverse como un acto de justicia divina sobre el artífice de este suceso:

> El cual [Acxotecatl], con estar sentenciado a muerte, parecía no tener miedo de morir. Y ya que lo llevaban a la horca, iba diciendo: "¿Esta es Tlaxcala? ¿Cómo, y vosotros, tlaxcaltecas esforzados, consentís que yo muera? ¿Y todos vosotros no sois para quitarme de manos de estos pocos? ¿No sois vosotros de los valientes y animosos que solía tener Tlaxcala, sino unos cobardes y apocados". Con estas palabras, sabe Dios si los españoles iban allí con más miedo que vergüenza. Mas no hubo hombre de los indios que se menease, ni hablase en su favor; porque era justicia aquella que venía de lo alto. (393)

El sentido judiciario que envuelve el castigo del infanticida no sólo corresponde a un acto de sanción individual, sino también colectiva. La muerte del infante, redime la "barbarie" social de los indios, pese a las arengas de su padre, Acxotecatl. La reserva de sus antiguos súbditos, trastoca los signos de la barbarie en el de una justicia que aprueba la horca con el silencio colectivo.

A propósito del martirio de los niños indios instruidos por fray Martín de Valencia, Juan y Antonio –este último, nieto de uno de los señores de Tlaxcala–, la comparación refuerza el sentido de una analogía bíblica en torno a Tlaxcala como la nueva Belén mexicana:

> Podríamos aquí decir con harta congruidad y conveniencia, hablando con Tlaxcala, lo que el bienaventurado S. Agustín dice hablando con la ciudad de Bethlehem: "Bienaventurada eres, Bethlehem, tierra de Judá, que sufriste la crueldad y inhumanidad de Herodes en la muerte de los niños inocentes". Tlaxcala significa lo mismo que Bethelhem, porque quiere decir casa de pan, y se puede decir tierra de Judá, que es confesión. Porque en la conversión de este nuevo mundo, en Tlaxcala fué recibida primeramente la fe, confesada y favorecida: así de ella tomó Dios las primeras primicias de la fe en la muerte de estos niños Inocentes, como de los que Herodes mató en tierra de Bethlehem. (397)

Las formas que asume el discurso martirológico, en este caso referida a la muerte de los niños indígenas, muestra los efectos de esta primera fase de la evangelización, la llamada "edad dorada" de la iglesia primitiva. El adoctrinamiento en lengua indígena y la extirpación de la idolatría, harían necesaria la colaboración de estos mártires de la cristiandad americana, lo que narrativamente encuentra correspondencia en la *Historia eclesiástica indiana* con el proceso de una iglesia fundacional y apostólica, es decir, de una evangelización fundante que centrará su relato en la problemática del bautismo de los indígenas y la legitimación del método franciscano ante las críticas de los religiosos de otras órdenes:

> Porque ni entendían en la obra de la conversión de los indios, ni se aficionaban a deprender su lengua, y mucho menos a ellos; antes les causaba fastidio su desnudez y olor de pobres, y no faltaba entre ellos quien dijese que no había de emplear su estudio de tantos años con gente tan bestial y torpe como los indios. Fueron causa estos celadores (*que presumían de letrados*) de harta inquietud y turbación a los que primero habían venido, y tenían con su sudor plantada esta viña del Señor: que aunque por su humildad y propio menosprecio holgaban de ser tenidos por simples y sin letras [franciscanos], todos ellos habían oído, unos el derecho canónico, y otros la sacra teología. (424-425)

Creo que, implícitamente, en la perspectiva de Mendieta no sólo se ha de identificar el conflicto entre la *christianitas* universal y la *hispanitas* imperial, sino también las divisiones al interior de la misma iglesia americana, las que habrían de contraponerse fuertemente. La distinción del narrador entre aquellos "presuntos letrados" –desconocedores de la lengua y la cultura indígena, así como de los oficios de la pastoral americana– y, por otro, a los verdaderos pilares de la tarea de evangelización, los misioneros, nos permite fundar dicha observación. A este respecto, el problema bautismal es sólo un ejemplo para contraponer en el desarrollo histórico de la segunda mitad del siglo XVI los conflictos que vendrían a suscitarse con el cambio hacia la iglesia diocesana.[232]

No en vano la réplica del cronista frente a estos "padres escrupulosos" es: "Estas cosas no las puede entender sino el que se ejercita en ellas". En otros términos, Mendieta inscribe su crítica desde el modelo pastoral de

---

[232] La problemática del bautismo por parte de los franciscanos corresponde a uno de los temas más debatidos en el desarrollo del proceso evangelizador del siglo XVI. Los bautismos en masa y la escasa instrucción religiosa recibida por los indígenas, serían argumentos en contra de los derechos bautismales que aplicaron los franciscanos a sus nuevos creyentes. Sólo a modo de ejemplo pueden consultarse los capítulos XXXII-XXXIX de la obra de Mendieta.

los primeros tiempos de la fundación espiritual americana, aquejados por la pérdida de las prerrogativas eclesiástica de la orden en América y la creciente centralización de la iglesia virreinal con sus obispos. Aspecto que se verá reiterado en diversos momentos de la obra.

Un elemento final en esta caracterización es la inclusión en la *Historia* del paratexto correspondiente a la bula de Paulo III (Cap. XXXVII), la que nos permite identificar de qué modo la *auctoritas apostolica* sostiene el discurso del cronista con una significación reivindicatoria no sólo para los franciscanos, sino también para el primer proceso de evangelización. Tiempo en que los cómputos correspondientes a las nuevas masas de indígenas cristianizados sólo podrían ser equiparables con la primitiva iglesia universal:

> Después hizo la cuenta [Motolinía] en el año de cuarenta, y halló que para entonces serían los baptizados más de seis millones, que son sesenta veces cien mil. En la segunda parte de las crónicas de los frailes menores se cuenta que por medio suyo de ellos fué hecha gran conversión de herejes en el año de mil y trescientos y setenta y seis, en Bulgaria junto al reino de Hungría, en que baptizaron ocho frailes, dentro de cincuenta días, más de doscientas mil personas. Pero a la conversión y baptismo de esta Nueva España, tanto por tanto comparando los tiempos, pienso que ninguno le ha llegado desde el principio de la primitiva Iglesia hasta este tiempo que nosotros estamos. (434)

La comparación precedente apunta a reconocer los pródigos efectos de una conversión en masa como también a la caracterización de la pastoral americana,[233] a fin de desarrollar un cuadro de la tarea de conversión en la que no faltaron ejemplos de devoción indígena hacia los franciscanos. El corolario de esta semblanza espiritual sobre los indígenas vendría a completarse con el biografismo hagiográfico con que se caracterizan, entre otras, dos de sus más preclaras figuras, fray Martín de Valencia y fray Juan de Zumárraga.

---

[233] El relato aludirá a la labor de confirmación, matrimonio confesión, eucaristía, como asimismo describe los recursos de que se valieron en la instrucción indígena (escritura pictográfica, sistemas audiovisuales, vocalización, examen genealógico, etc.).

c) Fray Martín de Valencia y la imitatio Christi

El modelo hagiográfico presenta en la *Historia eclesiástica indiana* una doble finalidad, ya sea –como señala el cronista– "para nuestra imitación", pero también como contraposición a los grandes males que comenzaron a descubrirse entre los españoles, a causa de la ambición y codicia. La primera biografía que se conoce de fray Martín de Valencia fue redactada por fray Francisco Jiménez a fines de 1536. La obra de este integrante de los "doce" corresponde a un manuscrito temprano el cual sirvió de punto de partida para otras biografías, tales como las de Motolinía y Mendieta. Según Pedro Angeles Jiménez, "esta biografía es la primera imagen personificada del cómo se concibieron los franciscanos a sí mismos y al mismo tiempo como vieron su trabajo de evangelización".[234] El carácter edificante de esta narración habría de ser material para la elaboración de la *Descripción de la relación de la Provincia del Santo Evangelio*, de fray Pedro de Oroz y fray Jerónimo de Mendieta, fuente en la que además de dibujar un mapa de la actuación franciscana en la provincia del *Santo Evangelio* (destacando, entre otros datos, la relación y numeración de todos los conventos y monasterios, así como su historia), se habrían de entregar importantes referencias sobre sus frailes y los santos de la provincia.

En la preparación del Libro V de la obra de Mendieta, dedicado a destacar "Las vidas de los claros varones apostólicos obreros de esta nueva conversión, que acabaron en paz con muerte natural",[235] Mendieta habría de aprovechar el material de la obra de Jiménez y de su *Descripción*, introduciendo algunas variantes respecto a esta última fuente. Según comenta Pérez-Lila:

> El Libro V tiene un alto porcentaje de la *Descripción* sí, pero en su composición Mendieta sigue un método completamente diferente. En ésta el orden le estaba dado –relación historiada de todos y cada uno de los centros franciscanos novohispanos con descripción de la vida de los hombres más ilustres– y en la HEI [*Historia eclesiástica indiana*] sigue un método más armónicamente

---

[234] El relato de Pedro Ángeles Jiménez, "Vida de fray Martín de Valencia escrita por fray Francisco Jiménez" lo antologa y estudia Antonio Rubial García (1996, 211-261).

[235] Véase especialmente su Segunda Parte: "Que trata de los frailes menores que han sido muertos por la predicación del Santo Evangelio en esta Nueva España".

cronológico. Ambos textos guardan relación, lógicamente, porque contienen párrafos exactos, pero tan diverso es el orden en la HEI que casi parece una obra diferente. Por ejemplo, Fray Martín de Valencia como cabeza y director de los Doce abre el Libro V, al mismo tiempo que el lector conoce el modo como se hizo la cristianización de la Nueva España, al que siguen las vidas de sus compañeros. Por su lado en la *Descripción* todas las hagiografías se muestran según el convento en donde fueron enterrados los religiosos, rompiéndose la unidad. Esa unidad que hace gala Mendieta de un modo tan históricamente profundo (258).[236]

El concepto de unidad narrativa que aquí entra en juego, requiere distinguir el texto de la *Descripción* como respuesta a los requerimientos de la *Alenitio* (Ver cap. I). De manera tal que la contextualización del orden urbano e institucional de la orden está imbricada con la historia edificativa de una mentalidad maravillosa o hagiográfica. En el caso de la *Historia eclesiástica indiana*, la *dispositio* narrativa vendría a centrar su exposición en este segundo aspecto, la vida de los frailes en América, dando así sentido a la aseveración de Michel de Certeau: "la vida de un santo es la cristalización literaria de las percepciones de una conciencia colectiva"(260).[237] Creo que dicha conciencia habría de dar unidad interpretativa a la representación de estos modelos espirituales, ya sea para expresarse como una historia "edificante" o "santificante" en torno a estas biografías espirituales, algunas de las cuales podrían constituir una verdadera *flos sanctorum americana*. Cabe señalar que ya en el prólogo del libro V, la finalidad didáctico-moralizante de estos ejemplos de espiritualidad, han de ser presentados con una triple finalidad:

> La primera es, del buen ejemplo que nos dieron con su vida mientras vivieron en este mundo. La segunda, de cotejar nuestra vida con la suya para nuestra

---

[236] Según Francisco Solano Pérez-Lila, la *Descripción* era un documento indicativo de la actuación geográfica de la Orden franciscana entre la población indígena en el área de la provincia del Santo Evangelio, que comprendía el arzobispo de México, el obispado de Tlaxcala, dos custodias anejas (Zacatecas y Huasteca), así como el convento de La Habana. Ver "Apéndice I. Descripción de la relación de la provincia del Santo Evangelio que es en las Indias Occidentales que llaman la Nueva España, hecha en 1585 por Fray Jerónimo de Mendieta y la colaboración de Fray Pedro de Oroz y Fray Francisco Suárez" (Mendieta, 1973).

[237] Ver Michel de Certeau, "La escritura de la historia" 290. Cabe señalar que el texto de la *Historia eclesiástica indiana* no excluye esta primera dimensión, pues "nómbranse aquí los pueblos de donde fueron naturales y las provincias de donde vinieron" (260).

confusión. La tercera, de cómo nos favorecen agora delante Nuestro Señor Dios en la gloria. (258)

Claramente se distingue que detrás de las "memorias de estos siervos de Dios", a los que habría de considerar "santos",[238] se presenta una finalidad edificante. Una de las comparaciones del texto es la referencia a la iglesia primitiva de las Escrituras, advirtiendo sobre la escasa presencia de milagros en las hazañas espirituales de los frailes franciscanos. De manera tal que el modelo hagiográfico medieval, precisa ser legitimado dentro de la especificidad narrativa que la evangelización americana le impone al cronista:

> [...] así como Dios ablandó con milagros la arrogancia y dureza de las primeras gentes que trajo a la fe, así quiso fortificar la ternura de estos flacos indios con sólida doctrina y ejemplos de vida de los que se la predicaron, sin otras maravillas exteriores con las cuales pudiera ser (según su flaqueza) que tuvieran a los hombres por dioses, o no en tanto las virtudes, y de esta manera vinieran a ser antes dañados que aprovechados, porque (como S. Agustín dice en el libro de las Cuestiones) la razón porque no todos los santos y predicadores del Evangelio hacen milagros, es porque los enfermos y flacos no sean engañados de perniciosísimos errores, creyendo haya en los tales milagros mayores bienes y virtud, que en las obras de justicia, que son las virtudes, con las cuales se compra la vida eterna [...] Y así, dando Nuestro Señor a todos según remedios, ha hecho tan admirables cosas y tan excelentes en esta Nueva Iglesia como las hizo en la primitiva, y en alguna manera mucho mayores. Porque mayor milagro es haber traído a tanta multitud de idólatras al yugo de la fe cristiana, sin milagros, que con ellos. (259-260)

En este contexto evangelizador, el protagonismo de la figura de fray Martín de Valencia también adquiere una fundamentación histórica y política, en la medida en que ha "sido el primer prelado que con autoridad

---

[238] "Y es de advertir, que en las memorias de estos siervos de Dios los llamamos santos, no porque de nuestra autoridad los queramos canonizar (que esto pertenece solamente a la santa Iglesia romana y a su cabeza el sumo pontífice), mas sólo por la opinión y fama que dejaron de santidad, como S. Pablo en muchas de sus epístolas llama santos a los nuevos creyentes que recebían la fe. Y si la santidad de estos perfectos varones no fue confirmada con la frecuencia de milagros que de los santos canonizados y de otros que aún no lo son leemos, esto no se debe atribuir a la falta de sus merecimientos, sino a que Nuestro Señor Dios no ha querido hacer por sus siervos en esta tierra y nueva Iglesia los milagros que fue servido de hacer en la Iglesia primitiva, y después acá también en otras partes del mundo" (259).

apostólica y del general de la orden pasó a estas partes a predicar el santo Evangelio"(307). Frente a la representación del primer obispo de México –fray Juan de Zumárraga–, el modelo de santidad de fray Martín se inscribe en la concepción medieval del "soldado de Cristo". De esta forma, integra la dimensión caballeresca de los esfuerzos espirituales del santo y los trabajos misioneros en América, para diseñar el modelo de piedad y celo pastoral.

La ejemplaridad sublimada de su representación se presenta en el desarrollo biográfico de la narración a través de diversos elementos. En primer lugar, fray Martín de Valencia escenifica la lucha teológica entre el bien y el mal, interiorizando este conflicto gracias a la intervención del demonio, quien habría de procurarle tentaciones contra la fe, que le traerían como resultante la abstinencia, penitencia y aflicción de su espíritu:

> Pretendiendo, pues, el varón de Dios recogerse muy deveras y darse a él en este monasterio, permitiéndolo el mesmo Señor para más aprovechamiento suyo, le procuró nuestro adversario muchas tentaciones y de muchas maneras. Comenzó a tener gran sequedad y tibieza en la oración, y aborreció el yermo. Antes le daba contento el campo y la arboleda, y después los árboles le parecían demonios. No podía ver los frailes con amor y caridad como solía. No tomaba sabor en cosa alguna espiritual, ni arrostraba a ella sino con gran sequedad y desabrimiento. Vivía con esto muy atormentado. Vínole sobre esto una terrible tentación contra la fe, sin poder desechalla de sí. Parecíale que cuando celebraba y decía misa, no consagraba, y como quien se hace grandísima fuerza y con gran dificultad consumía el Santísimo Sacramento. Tanto le fatigaba aquesta imaginación, que no quería celebrar, ni cuasi podía comer, y estaba ya tan flaco de la mucha abstinencia y penitencia y de la aflicción de su espíritu, que no tenía sino solos los huesos pegados a la piel, y consumidas las carnes como otro Job. (267)

Pese a la acción del demonio, el perjuicio de la carne no irá en detrimento del espíritu, lo que confirmará –gracias a la intervención milagrosa– el carácter santificador del personaje. El franciscano encarnará las virtudes de una vida cristiana signada por la misión espiritual de conversión de los infieles. En tal sentido, uno de los rasgos que le identificarán, es su amor fraterno, como motor del deseo martirológico:

Crónicas franciscanas de Nueva España (Siglo XVI)

> Y comenzó a amar de más cordial y nuevo amor a sus hermanos los religiosos, abrazándolos y mostrando quererlos meter en sus entrañas. Y perseverando en este amor de los frailes con quien conversaba, trájolo Dios a un amor general de los prójimos, mereciéndolo sus obras y deseos; tanto que por amor de ellos vino a desear padecer martirio entre infieles, por convertirlos y salvar sus ánimas. (268)

Claramente, el anhelo martirológico no sólo expresa una de las claves de la construcción hagiográfica del personaje, sino además su explícita vinculación textual con el modelo de la *Instrucción* entregada a los 12 primeros franciscanos. Tal como hemos señalado a propósito de la caracterización de este documento, la auténtica vocación misionera se vincula al "amor divino" y el "amor al prójimo", fuente de la cual mana el celo misionero y el deseo de martirio. Tal concepción establecida en el documento de 1523, sirve de referente inmediato al cronista para la elaboración narrativa del modelo espiritual que representa fray Martín de Valencia, lo que, en última instancia, cabría analizarlo como un esfuerzo intensional de búsqueda de verosimilitud, no tanto al personaje histórico como a la ejemplificación de los principios consagrados por este registro de la historia eclesiástica. En definitiva, la tradición hagiográfica postridentina habría de ser contextualizada en el plano de una coherencia con el sistema de autorepresentación de la misma tradición seráfica en América.

La conversión de los infieles o lo que equivaldría al "ferviente deseo de ofrecerse al martirio por la salvación de sus prójimos", vendrá a ser el premio a los múltiples ejercicios corporales y espirituales de fray Martín de Valencia. El cumplimiento de este deseo, cabe también reconocerlo en el cruce de otra forma discursiva, la profecía. Hemos de constatar de qué modo el discurso profético –a diferencia de la perspectiva narrativa de la obra de Motolinía–, se transforma en motor de un proceso psicológico de interiorización del personaje, gracias a la técnica del monólogo:

> [...] en muchos versos de los salmos que iba rezando hallaba entendimientos a este propósito, de que mucho se gozaba su alma y espíritu. Aumentábasele más este deseo en aquel salmo que comienza: *Eripe me de inimicis meis, Deus meus*, donde dos veces se repite aquel verso, *Convertentur ad vesperam, et famen patientur ut canes*: convertirse han a la tarde, y padecerán hambre como perros. Y decía hablando consigo mesmo: "¿Cuándo será esto? ¿Cuándo se cumplirá esta profecía? ¿Cuándo será esta tarde? ¿No sería en este tiempo? ¿No sería yo digno

de ver este convertimiento, pues ya estamos en las vísperas y fin de nuestros días, y en la última edad del mundo?" Éstas y otras cosas razonaba consigo el siervo de Dios, ocupando todos los salmos en deseos llenos de caridad y amor del prójimo. (269)

La emergencia de esta subjetividad inquisitiva en la representación del personaje nos lleva a considerar que previo a la tarea de conversión de los infieles, está la conversión del propio misionero y su valor como ejemplo cristiano. En otros términos, la obediencia a dicho espíritu misional de corte milenarista,[239] sólo se hará accesible luego de la perseverancia en la austeridad, el rigor de la "penitencia" y el deseo de alcanzar la "humildad" y el "desprecio de sí mismo":

> Y teniéndolo por cosa de mundo y sin provecho, en venganza de sí mesmo y pena de su culpa, con deseo grande que tenía de alcanzar la humildad y menosprecio de su persona, queriendo ser tenido de los hombres por loco por amor de Dios, quitóse el hábito antes que entrase en el pueblo, y desnudo en carnes, con solos paños menores, echada la cuerda a la garganta, mandó al compañero que lo llevase de diestro como a malhechor por las calles de Valencia hasta la iglesia, y lo pasase por una calle donde moraban los más de sus parientes. Hecho esto, sin más visitar a nadie, se volvieron por donde habían venido, con que los parientes y vecino de aquel pueblo lo menospreciaron y tuvieron en poco, que era lo que él deseaba, porque por este fin hizo el siervo de Dios lo que aquí se ha dicho, con mucha fuerza y violencia que puso a su natural para salir con semejante acto por amor de Jesucristo, y por vencer a sí mesmo. (275-276)

A través de esta cita, la *Historia eclesiástica* expone no sólo uno de los más relevantes modelos espirituales, sino también sus cruces con la historia profana, lo que nos permite establecer el paralelismo de dos representaciones del héroe que intervienen en la conquista americana. El sentimiento y cristiano celo del seráfico, se correspondería con la marcial visión de un Cortés, redimida por el dominio del orgullo mundano, pues, su hazaña mayor consiste en que fray Martín de Valencia también se pudo "vencer a sí mismo". Tras esta expresión vendría a sintetizarse uno de los

---

[239] Según Phelan, "Fray Martín de Valencia, guía y conductor de los "doce apóstoles" de México, estuvo inspirado por los ideales apostólicos joaquinitas. Influido por *Liber de conformitate vitae beati ad vitam Domini Jesus* del joaquinita Bartolomeo de Pisa, tuvo varias visiones apocalípticas sobre su misión apostólica en México [...]. Por otra parte, el arzobispo Zumárraga fue uno más de los que estuvieron bajo el hechizo del humor apocalíptico" (71).

aspectos más profundamente renovadores del franciscanismo, el deseo de regresar al cristianismo en su pureza original, lo que se expresaría mediante el deseo de la imitación de Cristo, de los apóstoles y de San Francisco. Pues, como señala Rubial García en *La hermana pobreza*, "sólo así son explicables sus actuaciones con respecto a la pobreza y al deseo misional e incluso su anhelo de martirio" (105).

Sin embargo, la imposición del modelo hagiográfico en el caso del fraile, fuerza aún más la representación de sus anhelos espirituales mediante el deseo de conversión en tierras desconocidas, las que, en primera instancia, habrían de aspirar a realizarse en China y no en las Indias Occidentales. Sin embargo, el designio divino presente en las múltiples visiones del santo, terminarán por convencerlo de su misión en Nueva España, descubrir una "tierra nueva" y una "nueva iglesia".[240] El arrobamiento de fray Martín de Valencia —a quien se lo hallaba elevado en el aire en sus momentos de oración—, y la premonición de su propia muerte, confirman la santidad del seráfico, para el cual el fin último de la experiencia evangelizadora se presentaría mediante el martirio por la fe:

> Entre las muchas revelaciones que el santo varón tuvo, le fue también dado a entender que había de morir en el campo y no en cama, como él lo dijo a un siervo de Dios, llamado Fr. Antonio Ortiz, más de diez años antes de su muerte, más no le fue revelado en qué manera. Y él entendiendo por esto que había de morir mártir, conforme a su deseo y a lo que a Nuestro Señor en sus oraciones cuotidianamente pedía, procuró en España de pasar a tierra de moros. Por esta causa, cuando le mandó la obediencia de venir a esta tierra de la Nueva España a la conversión de los naturales de ella, que eran infieles, vino con gran júbilo y alegría de su alma, pensando hallar aquí lo que tanto deseaba. Después, visto que no podía conseguir la palma del martirio entre estos indios, porque luego todos ellos sin dificultad alguna recibieron la fe y subjetaron a la doctrina de la Iglesia, intentó pasar a la China. Esto fue un año antes de su muerte, que fue

---

[240] El cronista señala que junto al primer obispo de México, Fray Juan de Zumárraga, y Fray Domingo de Betanzos, fueron inútiles sus esfuerzos de pasar a China, pese a que se "tuvo revelación que había otras muchas gentes hacia la parte del poniente, de más entendimiento y capacidad que éstas de la Nueva España". Sin embargo en el cumplimiento de esta misión evangelizadora serían llamados para la conversión de las Indias Occidentales. En la interpretación de sucesivas visiones se le mostrará a Fray Martín de Valencia que aquellas nuevas gentes eran también capaces de razón. Ver Cap. IX "De algunas visiones o revelaciones que el santo varón tuvo de la conversión de las Indias" y Cap. X "De otras visiones semejantes a las pasadas".

el de mil y quinientos y treinta y tres, siendo custodio y prelado de los frailes de esta Nueva España la segunda vez. (292)

El deseo de morir mártir, según se nos señala, tampoco habría de producirse en la China. Sin embargo, ¿a qué responde este deseo de conquista espiritual de nuevas tierras si, según la tradición franciscana, el Nuevo Mundo vendría a ser identificado con la tierra del cumplimiento de las profecías del Apocalipsis, es decir, el término de la misión espiritual de evangelización de los infieles? ¿Acaso en aquel intento de pasar a China, se negaba la cercanía del fin del mundo y, con ello, el derrumbe de la visión optimista de la Iglesia indiana?

d) *Fray Juan de Zumárraga y la traslación de la iglesia*

Las interrogantes señaladas, quizás puedan provisoriamente ser contestadas, mediante la representación de la vida del primer obispo de México, fray Juan de Zumárraga. A diferencia del héroe hagiográfico que representa nuestro misionero, la representación de la vida de Zumárraga ya aparece inmersa en el contexto de las tensiones con los españoles, "que estaban apoderados de los indios y se servían de ellos más que inhumanamente". El odio y rencor a éste y a religiosos como fray Martín de Valencia es un hecho históricamente constatado, sin embargo, interesa destacar que la perspectiva del religioso ante los españoles y los indígenas, bien puede caracterizar las representaciones operantes hacia la segunda mitad del siglo XVI:

> Dijéronle a este varón de Dios [fray Juan de Zumárraga] una vez ciertos caballeros que no gustaban de verlo tan familiar para con los indios: "Mire vuestra señoría, señor reverendísimo, que estos indios, como andan tan desarrapados y sucios, dan de sí mal olor. Y como vuestra señoría no es mozo ni robusto, sino viejo y enfermo, le podría hacer mucho mal en tratar tanto con ellos". El obispo le respondió con gran fervor de espíritu: "Vosotros sois los que oléis mal y me causáis con vuestro mal olor asco y desgusto, pues buscáis tanto la vana curiosidad, y vivís en delicadezas como si no fuésedes cristianos; que estos pobres indios me huelen a mí al cielo, y me consuelan y dan salud, pues me enseñan la esperanza de vida y la penitencia que tengo de hacer si me he de salvar". (339)

Crónicas franciscanas de Nueva España (Siglo XVI)

El "olor a cielo" de los indígenas y la ejemplaridad de fray Juan de Zumárraga en su abstinencia, pobreza y humildad, como también la premonición de su propia muerte, ya no serán novedades al lado del modelo espiritual de fray Martín de Valencia. Sin embargo, la confirmación de su elección obispal, revela la dimensión psicológica de un personaje en el cual, a modo de hipótesis, entrarían en tensión dos concepciones diferenciadoras en torno a la iglesia indiana. Detengámonos brevemente en este singular episodio:

> Una vez colgaron en su casa unos parámetros de lienzo de la tierra, y como fuese (como solía) al convento de S. Francisco, dijéronle algunos frailes sus amigos y devotos, que ya era obispo. Sintió esto dentro de su alma el santo prelado, y volviendo a su casa, él mesmo comenzó a derribar los parámetros ó cortinas, y decía a los de su casa con lágrimas: "Dícenme que ya no soy fraile sino obispo; pues yo más quiero ser fraile que obispo". Y bien lo mostró por la obra, que luego procuró renunciar al obispado, aunque no tuvo efecto su renunciación, porque ni el papa ni el emperador quisieron condescender con su petición. (342)

Cabe plantearse cómo habríamos de interpretar la respuesta de Zumárraga. ¿Acaso una idea del desprecio por las dignidades, según el ideario de pobreza franciscana? O bien, ¿una crítica del narrador a la institucionalización de la iglesia diocesana que en el contexto de producción de la obra, terminaba por cancelar la "libertad" de los frailes? Difícil entregar una respuesta unívoca. La crisis de una visión alegórica de la conquista ante el proceso secularizador que se imponía irreversiblemente, conllevó para esta iglesia misional la pérdida de los antiguos valores de un cristianismo primitivo. El ideal franciscano, viviría ya los tiempos de su desilusión de una "edad dorada" de la cristiandad americana. Proceso en el que las plagas de la conquista, epidemias y trabajos forzados, como la pérdida de sus antiguas prerrogativas apostólicas, terminarían por explicar las dos últimas posibilidades de sobrevivencia para el evangelismo primitivo franciscano: la creación de una nueva provincia, Insulana; o la conquista espiritual de nuevos reinos transoceánicos.

Insulana, vendría a representar el anhelado regreso al ideal ascético y eremítico franciscano medieval. Los que intentaban dicho experimento pretendieron crear una nueva provincia, independiente de la provincia del Santo Evangelio, que llevaría el nombre del general de la orden en ese tiempo, fray Andrés Insulano:

> Y así cuando vino a esta provincia del Santo Evangelio comision [sic] del ministro general Fr. Andrés de Ínsula, para que doce frailes escogidos fundasen una provincia recoleta ó reformada, él, con ser viejo y enfermo, se ofreció aser uno de ellos, y anduvo en su compañía de los demás con harto trabajo por diversas tierras buscando asiento para su provincia, llamada de ellos Insulana, puesto que no tuvo efecto su deseo, por inconvenientes que se ofrecieron, a cuya causa se volvieron todos a esta provincia [...](354)

Para Rubial García, la creación de esta provincia no sólo se dio como un deseo de reformación de la comunidad de los menores, sino además como un afán de búsqueda de perfección del ideal original franciscano, carente de la misma fuerza de los primeros años de la evangelización.[241] Con el fracaso de este proyecto, las biografías espirituales de estos frailes de los primeros tiempos, como Valencia y Zumárraga, eran un acicate para los religiosos que no conocían los modelos de santidad de la edad dorada de la Iglesia indiana. Pero, si la iglesia primitiva americana había fracasado, ¿dónde estaban ahora los signos de la nueva tierra de promisión? La teoría de la traslación de la iglesia de Oriente a Occidente, y además la ampliación del horizonte geográfico a las tierras de Filipinas, Japón y China, justificaba que el proyecto evangelizador no se detenía en América. La idea de ir al *Lejano Oriente*, como deseo martirológico en fray Martín de Valencia, también habría de ser compartida por fray Juan de Zumárraga, con ello se trasladaba la idea de la última Iglesia desde América a la China, lo que marca el fin de la utopía indiana.

---

[241] Ver Rubial García, "La Insulana" 39-46.

Conclusiones

El proceso de formación textual de las crónicas franciscanas de Nueva España nos ha planteado como objetivo principal la compleja tarea de establecer las articulaciones retórico-literarias de las fuentes minoritas del siglo XVI con un conjunto amplio de marcos discursivos de naturaleza histórico-teológico, político-administrativo y de procedencia prehispánica en los orígenes del proceso de conquista y colonización del Nuevo Mundo.

Pese a la especificidad narrativa de las crónicas analizadas, la *Relación de Michoacán*, la *Relación de los indios de Nueva España* y la *Historia eclesiástica indiana*, podemos señalar que éstas no sólo abordan la representación de la cultura prehispánica y la labor de la iglesia mendicante en la emergencia de la espiritualidad novohispana, sino que además se cohesionan por la relevancia que asume la retórica forense o judicial en la acusación/defensa del proyecto seráfico indiano. En tal perspectiva, la experiencia misionera de sus cronistas los constituye en testigos claves de la historia eclesiástica novohispana, a lo que cabe agregar su *auctoritas* en el manejo de la tradición cronística y documental, asumiendo su labor letrada no como voz individual, sino como representantes de la Orden. Tal aspecto legitima su acto narrativo en el marco de un proceso comunicativo cuyos destinatarios de orden laico (Virrey Antonio de Mendoza, Conde Antonio Pimentel) o espiritual (Procurador General de la orden en Roma, Cristóbal de Cheffontaines), de uno u otro modo, estuvieron estrechamente vinculados a la potestad real o eclesiástica que rigió en América bajo el llamado patronato indiano.

Las crónicas eclesiásticas de la orden franciscana respondieron inicialmente a la necesidad de entregar información sobre las nuevas fundaciones espirituales y las costumbres de los pueblos prehispánicos, a fin de avanzar en la implementación del régimen político-espiritual de sus colonias. Pese a esta finalidad pragmática, su crítica a la codicia española, el régimen de encomiendas y las prácticas esclavizantes que se imponían en el naciente sistema económico y administrativo colonial, permite aseverar que su proyecto misional emplazaría a sus respectivos destinatarios con la finalidad de conseguir su intervención directa o intercesión ante el poder metropolitano (Consejo de Indias, Emperador o Papa) para reafirmar sus concesiones o privilegios en la empresa espiritual indiana. Buscaron advertir al rey cristiano de la necesidad de conjurar el peligro de la autonomía de sus conquistadores, encomenderos y colonos en las Indias, pero además apelar a su conciencia como garante del cumplimiento de la tarea evangelizadora que le correspondía como vasallo de Cristo.

Tal como hemos podido constatar, dicha función presenta modulaciones específicas, acogiendo el proceso de formación textual de las tres crónicas analizadas, las que cronológicamente habrían de extenderse desde 1539 hasta 1596. Proceso de larga duración en el que nos hemos propuesto la reconstrucción de las articulaciones literarias, retóricas e histórico-teológicas identificables en estas crónicas eclesiásticas de Nueva España durante el siglo XVI, con el objeto de aportar una nueva perspectiva de análisis frente a la preeminencia de la interpretación mística de corte joaquinita, con que se ha analizado la infuencia de las corrientes espirituales de la baja Edad Media en la acción franciscana del Nuevo Mundo.

Aspectos claves dentro de esta revisión retórico-discursiva ha sido, en primer lugar, la atención brindada a la función del *traductor* o *nahuatlato*. Comprobamos que la función del *intérprete* tempranamente estuvo al servicio de la administración, como de la justicia civil y religiosa, alcanzando a través del humanismo paternalista de los franciscanos una relevante función en la defensa de los derechos de la nobleza indígena, como asimismo, en la acusación contra el presidente de la Primera Audiencia, Núñez de Guzmán, por la muerte del rey tarasco, Tangáxoan II. La *Relación de Michoacán* no solo representa una de las fuentes fundamentales para el conocimiento de la cultura tarasca, sino también un registro de corte "epidíctico" en que conjuntamente con el vituperio de las creencias prehispánicas consideradas como demoníacas, se alzan encomiásticamente las hazañas espirituales de una acción misionera en que se evidencia, por un lado, el rol de caciques y principales indígenas en la organización del proyecto misional de los pueblos de indios y, por otro, la imagen cortesiana como instrumento de la tarea espiritual en ultramar. Ciertamente, este preclaro Cortés poco tiene que ver con las muertes, afanes de codicia y poder con que sus detractores lo retrataron. El rol protagónico que su figura mantiene en la cronística franciscana se extenderá hasta fines del siglo XVI (*Historia* de Mendieta) como *miles christi* en la conquista franciscana del Nuevo Mundo, pero que en la *Relación* lo hemos considerado desde el marco discursivo de la instrucción del proceso iniciado contra el presidente de la Primera Audiencia en 1531.

La *Relación*, pese a representar uno de los primeros esfuerzos de la corona (a través de la Segunda Audiencia) por registrar las creencias, lengua, prácticas culturales y asentamientos prehispánicos en Michoacán para su incorporación al dominio colonial, el privilegio de esta función informativa no excluye la utilización de la retórica judiciaria para denunciar los atropellos de la conquista armada. En dicha perspectiva, la incorporación de la voz indígena, así como el rol del traductor-nahuatlato e intérprete, presentan un valor único en esta obra. Sin constituirse en un texto polifónico, por la clara focalización con que el autor-intérprete (cronista evangelizador) dispone los acontecimientos, podemos advertir cómo el problema del indio y la nobleza indígena entran no sólo en el programa aculturador de la instrucción cristiana, sino también en la tensa disputa por la jurisdicción civil o religiosa en pleitos o injusticias cometidas contra esta naciente república de indios.

Una clara continuidad de la función jurídica de la crónica franciscana la podemos reconocer en la *Relación de los indios de Nueva España* de fray Toribio de Benavente o Motolinía. Dos aspectos cruciales de nuestra mirada crítica debemos enfatizar en relación con esta fuente de 1541. Por un lado, nuestro análisis ha permitido sistematizar algunas de las claves (proféticas, ideológicas y pastorales) que habrían de distinguir el proyecto religioso de franciscanos (1524) y dominicos (1526) en América. Así como la problemática por la naturaleza del indio y la conquista, la búsqueda de efectivos métodos de conversión, y las divididas posturas ante la Primera Audiencia (1529-1530) de figuras como el obispo fray Juan de Zumárraga (franciscano) y fray Domingo de Betanzos (dominico). Cabe señalar que pese a la formación intelectual y los principios de identidad existentes dentro de una misma Orden, esto no garantizó la estricta unidad de sus miembros y continuidad de tales diferencias. Sin embargo, las abiertas diatribas de un fray Toribio de Benavente contra fray Bartolomé de Las Casas, y sus respectivos modelos de evangelización, si bien apuntaron a un fin común como era la protección del indio y la conservación o refundación del proyecto misional, revela con claridad momentos claves de disensión que, a nuestro juicio, son determinantes para la comprensión del contexto de producción de la *Relación de los indios*.

Por otro lado, acogiendo este marco comparativo, hemos sostenido el carácter de "respuesta" de la *Relación* de Motolinía frente a las *Leyes Nuevas* (1542-1543). El alcance de estas ordenanzas y el interés del franciscano por contrarrestar su impacto en América, nos ha llevado a concluir su carácter contradiscursivo frente a la aplicación de tal cuerpo jurídico. Sea mediante el oficio, memoriales, peticiones o cartas con que habitualmente se buscó la aclaración o interpretación de una ley, el texto de la *Relación* apela al poder civil en España (Conde Benavente) mediante un texto que puede ser considerado una *petitio* narrativa para defender los logros de la conquista espiritual en América por los franciscanos. En dicho "marco discursivo" la analogía bíblica de las Plagas de Egipto en sus distintas aplicaciones nos ha permitido considerar una pregunta fundamental: ¿Cuál es la postura de fray Toribio de Benavente frente al régimen de las encomiendas? ¿Estaba o no de acuerdo con la supresión que impulsaban las leyes lascasianas?

Nuestra primera respuesta es que la postura del franciscano habría de ser contraria a tales repartimientos y el sistema de esclavitud que desarrollaron. A lo menos, su crítica expuesta en la *Relación* no sería meramente una adecuación de la condición de pobreza (espiritual) del indio a la visión escatológica del joaquinismo en su tercer *status*, sino una representación que exige restituir dicho marco relacional desde una perspectiva intercultural, que se interroga por el rol y función del "pobre macehual" en el marco de su propia estructura organizativa, económica y religiosa; pero, de igual modo, por la naturalización del vínculo de protección entre el fraile y el pobre, según la legislación indiana en torno al "indio miserable". Creo no advertir coherencia en el pensamiento de Motolinía sobre este punto, pues si bien condena la codicia y negligencia de los encomenderos en el texto de la *Relación*, para sostener más bien la creación de una "república de indios" bajo la protección de los frailes y con indios libres (sin esclavos ni *tlacotlis*), en su *Carta al Emperador Carlos V* (1555) se opondría al régimen lascasiano de la "presión de las conciencias" de conquistadores y encomenderos y al acto de restitución. Más aún, a diferencia del juez confesor lascasiano, la perspectiva de fray Toribio en este escrito apela a la conciencia cristiana y protectora del monarca, como máxima autoridad del cuerpo institucional americano, con plena jurisdicción sobre el indio como vasallo del rey. No como vasallo directo como lo propondría permanentemente Las Casas, sino bajo la tuición y protección de los franciscanos que aspiraban, de una u otra manera, a la continuidad de su misión apostólica, aun cuando fueran conscientes que una defensa del régimen de encomienda poco y nada les convenciera. Finalmente, la articulación que hemos advertido entre el sistema normativo que imponen las *Leyes Nuevas* y la *Relación de los indios* de Motolinía, escenifica un nuevo marco discursivo en el proceso de formación textual de la crónica y la historia de la misión franciscana. Destacándose en este plano, la fractura de modelos evangelizadores (Motolinía/Las Casas) y sus respectivas estrategias de intervención o interpelación al poder real que, en el caso de nuestro estudio, hemos intentado exponer mediante el tratamiento de tipologías textuales como la crónica eclesiástica, la epístola y la ordenanza.

Una última muestra del anhelo del franciscanismo primitivo y de la función crítica que le corresponde a la crónica espiritual de fines del siglo XVI, lo representa la *Historia eclesiástica indiana* de fray Jerónimo de Mendieta. No sólo cabe reiterar su relevancia para la tesis milenarista de Phelan, sino muy especialmente por las estrategias narrativas que el "comentario" y la "crítica" despliegan como dos funciones de clara relevancia en la construcción de la narrativa histórica del franciscano. La llamada crisis de la argumentación épica y del modelo misional de los primeros tiempos de la evangelización, no puede ser entendido sino a la luz de las tranformaciones de la iglesia misionera a la diocesana, la criollización de la orden y la pérdida de las prerrogativas espirituales de los seráficos, así como la expansión de las otras Órdenes en América. En tiempos del centralismo patronal de un rey como Felipe II, Mendieta es vocero de su Orden, construye una autoridad narrativa gracias a la experiencia americana y al manejo de las fuentes de la tradición franciscana, mediante procedimientos diversos, tales como: la apropiación subtextual, las retextualizaciones correctivas o el empleo metatextual del relato. Recursos que insistirán en la defensa de la iglesia misionera en América y de una espiritualidad prehispánica que habría de ser "perfeccionada" por el cristianismo. Con ello nuevamente se reafirmará el vínculo natural entre frailes e indios en la edificación de la república cristiana (Motolinía), en que se verían los negativos efectos de la institucionalización político-administrativa y religiosa de fines del siglo XVI. En dicha perspectiva, la constitución de modelos de representación para el caso de Hernán Cortés (caballero elegido), fray Martín de Valencia y Juan de Zumárraga (mártir cristiano) no sólo plantea el encarecimiento de figuras fundamentales de la conquista militar y espiritual del imperio azteca, sino también un registro distintivo de las virtudes personales y corporativas que, sobre todo en el caso de los religiosos franciscanos, se elevan a la categoría de paradigmas de santidad en el contexto de un cambio de la historiografía franciscana hacia el nuevo siglo, representado por *Los veinte y un libros rituales y Monarquía indiana* (1615) de fray Juan de Torquemada, la emergencia de la religiosidad criolla y la crónica provincial. Elementos que, en su conjunto, demuestran la necesidad de problematizar esta obra no sólo desde los modelos teológico-políticos que, hasta la fecha, han destacado las connotaciones heterodoxas del milenarismo de fray Jerónimo de Mendieta, sino también prestar atención a las articulaciones retórico-discursivas que codificaron este relato fundamental de la acción evangelizadora franciscana en el Nuevo Mundo.

Bibliografía general

1. FUENTES PRIMARIAS Y DOCUMENTOS ESTUDIADOS:

Alcalá, Jerónimo de. *Relación de las cerimonias y rictos y población y gobernación de los indios de la provinica de Mechuacán.* Zamora, Michoacán: El Colegio de Michoacán, Gobierno del Estado de Michoacán, 2000.

_____ *Relación de las ceremonias y ritos y población y gobierno de los indios de la provincia de Michoacán. Reproducción facsímil de Ms. Ç IV. 5. de El Escorial.* Transcripción, prólogo, introducción y notas por José Tudela. Madrid: Editorial Aguilar, 1956.

Beaumont, Pablo. *Crónica de Michoacán.* 2 Volúmenes. México: Publicaciones del Archivo General de la Nación, 1932.

"Carta a su Magestad del Presidente de la Audiencia de Méjico, Nuño de Guzmán, en que refiere la jornada que hizo á Mechuacan, a conquistar la provincia de los Tebles-Chichimecas, que confina con Nueva España. (8 de Julio de 1530)". *Colección de documentos inéditos del Archivo de Indias.* Tomo XIII. Madrid: Imprenta de José María Pérez, 1870. 356-393.

"Decreto del Comisario a fin de proceder con la información en el pueblo de Unacama, y nombramiento de intérprete. Mérida, 8 de febrero de 1572". *Corsarios franceses e ingleses en la Inquisición de la Nueva España. Siglo XVI.* México: Imprenta Universitaria, 1945. 40-41.

"Descripciones de la ciudad de Pasquaro". *Anales del Museo Michoacano* 2 (1889): 42-48.

"El memorial de arriba para su santidad a favor de los naturales se envió al padre Fray Diego Valadés en esta forma, y es la que sigue". *Códice Mendieta. Documentos franciscanos siglos XVI-XVII.* Volumen I. Joaquín García Icazbalceta, compilador. México: Imprenta de Francisco Díaz de León, 1982. 255-259.

Floreto de San Francisco (Sevilla 1492). Fontes Franciscani y Literatura en la península Ibérica y el Nuevo Mundo. Juana María Arcelus Ulibarrena, editora. Madrid: Fundación Universitaria Española. Universidad Pontificia de Salamanca, 1988.

Guzmán, Nuño de. "Carta á su Magestad del Presidente de la Audiencia de Méjico, Nuño de Guzmán, en que refiere la jornada que hizo á Mechuacan, a conquistar la provincia de los Tebles-Chichimecas, que confina con Nueva España. (8 de Julio de 1530)". *Colección de documentos inéditos del Archivo de Indias.* Tomo XIII. Madrid: Imprenta de José María Pérez, 1870. 356-393.

"Juicio seguido por Hernán Cortés contra los Lics. Matienzo y Delgadillo. Año 1531". *Boletín del Archivo General de la Nación* IX/3 (1938): 339-407.

Las Casas, Fray Bartolomé de. "Aquí se contienen unos avisos y reglas para los confesores que oyeren confesiones de los españoles que son o han sido en cargo a los indios de las Indias del mar Océano, colegidas por el obispo de Chiapa don Fray Bartolomé de las Casas o Casaus, de la orden de Sancto Domingo". *Obras Completas. Tratados de 1552.* Vol. 10. Ramón Hernández O.P. y Lorenzo Galmés O.P., eds. Madrid: Alianza Editorial, 1992. 369-388.

_____ "Representación al Emperador Carlos V (1542)". *Obras Completas. Cartas y Memoriales.* Vol. 13. Paulino Castañeda, ed. Madrid: Alianza Editorial, 1995. 101-113.

_____ "Tratado sobre los indios que han sido hechos esclavos". *Obras Completas. Tratados de 1552.* Vol. 10. Ramón Hernández O.P. y Lorenzo Galmés O.P., eds. Madrid: Alianza Editorial, 1992. 217-284.

Mendieta, Fray Jerónimo de, Fray Pedro de Oroz y Fray Francisco Suárez. "Descripción de la relación de la provincia del Santo Evangelio (1585)". *Historia eclesiástica indiana.* Vol. II. Madrid: Edic Atlas, 1973. 253-290.

_____ "Carta de Fray Toribio de Motolinía al emperador Carlos V". *Colección de documentos para la historia de México.* Tomo Primero. Joaquín García Icazbalceta, ed. Alicante: Biblioteca Virtual Miguel de Cervantes, 1999. <http://www.cervantesvirtual.com/obra-visor/coleccion-de-documentos-para-la-historia-de-mexicotomo-primero--0/html/p0000006.htm> 12 agosto 2013.

_____ *The Oroz Relación, or Relation of the Description of Holy Gospel Province in New Spain, and the Lives of the Founders and Other Noteworthy Men of Said Province.* Angélico Chávez, O.F.M., ed. Washington: Academy of American Franciscan History, 1972.

Mendieta, Fray Jerónimo de. "Carta del Padre Fray Jerónimo de Mendieta al Padre Comisario General Fray Francisco de Bustamante. 1° de Enero de 1562". *Nueva colección de documentos para la historia de México.* Joaquín García Icazbalceta, ed. México: Antigua Librería de Andrade y Morales, Sucesores, 1886. 1-34.

_____ "Carta al rey Felipe II. 8 de Octubre de 1565". *Nueva colección de documentos para la historia de México.* Joaquín García Icazbalceta, ed. México: Antigua Librería de Andrade y Morales, Sucesores, 1886. 35-51.

_____ *Códice Mendieta. Documentos franciscanos siglos XVI-XVII.* Joaquín García Icazbalceta, comp. México: Imprenta de Francisco Díaz de León, 1982.

_____ "Descripción de la relación de la provincia del Santo Evangelio que es en las Indias Occidentales que llaman la Nueva España, hecha en 1585 por Fray Jerónimo de Mendieta y la colaboración de Fray Pedro de Oroz y Fray Francisco Suárez". *Biblioteca de autores españoles.* Tomo CCLXI. Madrid: Ediciones Atlas, 1973. 258-259.

_____ *Historia eclesiástica indiana*. 2 Volúmenes. México: Consejo Nacional para la Cultura y las Artes, 1997.

Motolinía, Fray Toribio de Benavente. "Carta de Fr. Toribio Motolinía al Emperador, en que rebate ciertas teorías y actitudes de Fr. Bartolomé de Las Casas (Tlaxcala, 2 de enero de 1555)". *Epistolario (1526-1555)*. Javier O. Aragón, ed. México: Penta Com, 1986. 157-178.

_____ *Epistolario (1526-1555)*. Javier O. Aragón, ed. México: Penta Com, 1986.

_____ *Historia de los indios de la Nueva España. Relación de los ritos antiguos, idolatrías y sacrificios de los indios de la Nueva España, y de la maravillosa conversión que Dios en ellos ha obrado*. Estudio crítico, apéndices, notas e índice de Edmundo O'Gorman. México: Editorial Porrúa, 1969.

_____ *Memoriales*. Nancy Joe Deyer, ed. México: El Colegio de México, 1996.

_____ *Memoriales e Historia de los indios de la Nueva España*. Fidel de Lejarza, ed. Madrid: Ediciones Atlas, 1970.

_____ *Memoriales o Libro de las Cosas de la Nueva España y de los naturales de ella*. Edición, notas y estudio analítico de Edmundo O'Gorman. México: UNAM/Instituto de Investigaciones Históricas, 1971.

Monzón, Cristina y J. Benedict Warren. "Carta de los principales de Pátzcuaro al obispo Vasco de Quiroga. 10 de marzo de 1549". *Relaciones: Estudios de Historia y Sociedad* 99 (2004): 175-212.

Papeles de Nueva España. Francisco del Paso y Troncoso, comp. Tomo IV. Madrid: Est. Tipográfico "Sucesores de Rivadeneyra", 1905.

"Proceso del Marqués del Valle Don Hernando Cortés contra el fiscal Licenciado Venavente, sobre los pueblos de Totolapa e Atlatlahuca". *Nuevos documentos relativos a los bienes de Hernán Cortés (1547-1947)*. México: Imprenta Universitaria, 1946. 121-169.

Ramírez, José Fernando. *Proceso de residencia contra Pedro de Alvarado. Ilustrado con estampas sacadas de los antiguos códices mexicanos, y notas y noticias biográficas y arqueológicas.* México: Impreso por Valdés y Redondas, 1847. 259-272.

Relación de las ceremonias y ritos y población y gobierno de los indios de la provincia de Michoacán. Reproducción facsímil de Ms. ç IV. 5. de El Escorial. José Tudela, transcriptor. México: Balsal Editores, 1977.

Relación de Michoacán. Relaçión de las çerimonias y rrictos y poblaçión y governaçion de los yndios de la provinçia de Mechuacan hecha al Yllustrisimo señor don Antonio de Mendoça, virrey y governador desta Nueva España por su Magestad, ecétera (1540, ca.). Madrid: Colección Thesaurus Americae, 2001.

Torquemada, Fray Juan de. *Monarquía Indiana.* 3 Volúmenes. México: Editorial Porrúa, 1975.

Valadés, Fray Diego. *Retórica Cristiana.* México: Universidad Nacional Autónoma de México, 1989.

2. OTRAS FUENTES PRIMARIAS MENCIONADAS:

Antonio, Nicolás. *Bibliotheca Hispana Nova.* Matriti: Ibarra, 1788.

Cano, Melchor. *L' autorità della storia profana (De humanae historiae auctoritate) di Melchor Cano.* Albano Biondi, ed. Torino: Edizioni Giappichelli, 1973.

Castillo, Bernal Díaz del. *Historia verdadera de la conquista de Nueva España.* México: Editorial Porrúa, 1966.

Castro, Manuel de. *Crónica de la Provincia Franciscana de Santiago, 1214-1614.* Madrid: Archivo Iberoamericano, 1971.

Colombo, Cristóbal. *Libro de las profecías.* Juan Fernández Valverde, ed. Madrid: Sociedad Quinto Centenario, 1992.

Cortés, Hernán. *Cartas de Relación de la Conquista de México*. México: Espasa Calpe, 1946.

Durán, Diego. *Historia de las Indias de Nueva España e islas de Tierra Firme*. México: Editorial Porrúa, 1967.

García, Gregorio. *Origen de los indios del Nuevo Mundo y tierras occidentales*. Madrid: Consejo Superior de Investigaciones Científicas, 2005.

Gonzaga, Francisco de. *De origine Seraphicae Religionis Franciscanae*. Romae: Ex Typographia Dominici Basae, 1587.

_____ "Obediencia del general de la Orden". *Historia Eclesiástica Indiana*. Volumen 260. Madrid: Ediciones Atlas, 1973. 1.

León Pinelo, Antonio de. *Epítome de la Biblioteca Oriental y Occidental, Náutica y Geográfica*. Madrid: Francisco Martínez Abad, 1737.

López de Gómara, Francisco. *Historia general de las Indias*. Barcelona: Editorial Iberia, 1966.

Sahagún, Fray Bernardino de. "De la Retórica y filosofía moral de la gente mexicana, donde hay cosas muy curiosas tocantes a los primores de su lengua y cosas delicadas tocantes a las virtudes morales". *Historia General de las Cosas de la Nueva España*. Volumen I. Madrid: Alianza Editorial, 1988. 305-466.

1. FUENTES SECUNDARIAS:

Adorno, Rolena. "El sujeto colonial y la construcción cultural de la alteridad". *Revista de Crítica Literaria Latinoamericana* 28 (1988): 55-68.

Alba Pastor, María. *Crisis y recomposición social. Nueva España en el tránsito de los siglos XVI y XVII*. México: Fondo de Cultura Económica, 1996.

Alberro, Solange de. "Los franciscanos y la emergencia de la conciencia criolla. Nueva España, siglo XVI". *Jahrbuch für Geschichte von Staat, Wirtschaft und Gesellschaft Lateinamerikas* 32 (1995): 303-319.

Alonso Getino, Luis, O.P. *Influencia de los Dominicos en las Leyes Nuevas*. Sevilla: Escuela de Estudios Hispano-Americanos de la Universidad de Sevilla, 1945.

Alonso, Icíar; Jesús Baigorri y Gertrudis Payàs. "Nahuatlatos y familias de intérpretes en el México colonial". *Revista de historia de la traducción*. <http://www.traduccionliteraria.org/1611/art/alonso-baigorri-payas.htm>. 12 agosto 2013.

Alonso, Icíar y Jesús Baigorri Jalón. "Iconography of Interpreters in the Conquest of the Americas". *TTR: traduction, terminologie, rédaction*. <http://www.erudit.org/revue/ttr/2004/v17/n1/011976ar.pdf>. 12 agosto 2013.

Ángeles Jiménez, Pedro y Antonio Rubial García. "Vida de fray Martín de Valencia escrita por fray Francisco Jiménez". *La hermana pobreza. El franciscanismo: de la Edad Media a la evangelización novohispana*. México: Facultad de Filosofía y Letras, 1996. 211-261.

Arcelus-Ulibarrena, Juana Mary. "La profecía de Joaquín de Fiore en el 'Floreto de Sant Francisco' y su presencia en el Nuevo Mundo". *Rev. Archivum Franciscanum Historicum* 85 (1992): 5-38.

_____ "La profecía del abad Joaquín de Fiore en Cristóbal Colón y los franciscanos españoles". *El libro antiguo español* (Actas del Segundo coloquio internacional). María Luisa López-Vidriero, ed. Salamanca: Ediciones de la Universidad de Salamanca, 1992. 49-60.

Aspurz, Lázaro de, O.F.M. "Despertar misionero en la Orden franciscana en la época de los descubrimientos (1493-1530)". *Estudios franciscanos* 276 (1949): 415-438.

Assadourian, Carlos Sempat. "Fray Bartolomé de Las Casa Obispo: La naturaleza miserable de las Naciones indianas y el derecho de la Iglesia. Un escrito de 1545". *Historia Mexicana* 3 (1991): 387-451.

_____ "Hacia la Sublimis Deus: Las Discordias entre los dominicos indianos y el enfrentamiento del franciscano padre Testera con el padre Betanzos". *Historia Mexicana* 3 (1998): 465-536.

_____ "Memoriales de Fray Jerónimo de Mendieta". *Historia Mexicana* 3 (1988): 357-422.

Autoridad y gobierno indígena en Michoacán: ensayos a través de su historia. Carlos Paredes Martínez y Marta Terán, coords. Volúmenes 1 y 2. Zamora: El Colegio de Michoacán, 2003.

Báez-Rubí, Linda. "La jerarquía imperial: Imagen del deseo y de la crítica en el Franciscanismo novohispano de Evangelización".<www.hottopos.com/convenit 4/linda.htm>. 12 agosto 2013.

Baños Vallejo, Fernando. *La hagiografía como género literario en la Edad Media.* Oviedo: Departamento de Filología Española, 1989.

Bataillon, Marcel. *Erasmo y España. Estudios sobre la historia espiritual del siglo XVI.* México: Fondo de Cultura Económica, 1950.

Batllori, Miquel. "Juan Luis Vives comentarista del *De Civitate Dei* de San Agustín. Apuntes para una lección en torno a la ortodoxia de Vives". *Luis Vives y el humanismo europeo.* Francisco Javier Fernández Nieto, coord. Valencia: Universitat de València, 1998. 157-158.

Baudot, Geoges. "Fray Toribio Motolinía denunciado ante la inquisición por Fray Bernardino de Sahagún en 1572". *Estudios de Cultura Náhuatl* Volumen 21 (1991): 127-132.

_____ "Imagen amerindia y proyecto utópico: Motolinía y el discurso milenario". *México en los albores del discurso colonial.* México: Nueva Imagen, 1996. 243-266.

_____ "Las crónicas etnográficas de los evangelizadores franciscanos". *Historia de la literatura mexicana: desde sus orígenes hasta nuestros días*. Volumen 1. Beatriz Garza Cuarón y Georges Baudot, coords. México: Siglo XXI Editores, 1996. 287-320.

_____ *Utopía e Historia en México. Los primeros cronistas de la civilización mexicana (1520-1569)*. 1977. Madrid: Espasa-Calpe, 1983.

Bayle, Constantino, S.J. *El protector del indio*. Sevilla: Publicaciones de la Escuela de Estudios Hispanoamericanos de la Universidad de Sevilla, 1945.

Beascoechea, Ana de Zaballa. *Utopía, mesianismo y milenarismo. Experiencias latinoamericanas*. Lima: Universidad San Martín de Porres, 2002.

Berdan, Frances F. "Replicación de principios de intercambio en la sociedad mexica: De la economía a la religión". *Economía política e ideología en el México prehispánico*. Pedro Carrasco y Johanna Broda, eds. México: Editorial Nueva Imagen, 1978. 175-193.

Beristáin, Helena. *Diccionario de retórica y poética*. México: Editorial Porrúa, 1997.

Betancourt, Ignacio Guzmán. "'Policía' y 'Barbarie' de las lenguas indígenas de México, según la opinión de gramáticos e historiadores novohispanos". *Estudios de Cultura Náhuatl* 21 (1991): 179-218.

Beuchot, Mauricio. "Sobre la analogía y la filosofía actual". *Analogía filosófica* 1 (1996): 61-76.

_____ "La analogía como instrumento lógico-semántico del discurso religioso". *Analogía filosófica* 1 (1987): 5-13.

Borah, Woodrow. *El juzgado general de indios en Nueva España*. México: Fondo de Cultura Económica, 1985.

Borges Morán, Pedro. *Historia de la Iglesia en Hispanoamérica y Filipinas (Siglos XV-XIX)*. Madrid: Biblioteca de Autores Cristianos, 1992.

_____ "La Santa Sede y América en el siglo XVI". *Estudios Americanos* 107 (1961): 141-168.

_____ "Un drama lascasiano: franciscanos y dominicos en la actuación de Montesinos de 1511 a 1512". *Archivo Ibero-Americano* 189-192 (1988): 755-780.

_____ "Un reformador de Indias y de la Orden franciscana bajo Felipe II. Alonso de Maldonado de Buendía, O.F.M." *Archivo Ibero-Americano* 79 (1960): 281-337.

Borgia Steck, Francis O.F.M. *Motolinia's History of the Indians of New Spain*. Washington: Academy of American Franciscan History, 1951.

Boyd-Bowman, Peter. *Léxico Hispanoamericano del siglo XVI*. London: Tamesis Books Limited, 1971.

Bravo Arriaga, María Dolores. "Santidad y narración novelesca en las crónicas de las órdenes religiosas (Siglos XVI y XVII)". *América-Europa. De encuentros, desencuentros y encubrimientos. Memorias del II encuentro y diálogo entre dos mundos: 1992*. México: UAM-Iztapalapa, 1993. 32-38.

Brendecke, Arndt. *Imperio e información. Funciones del saber en el dominio colonial español*. Griselda Mársico, trad. Madrid: Iberoamericana/ Frankfurt am Main: Vervuert, 2012.

Briesemeister, Dietrich. "Hagiografía en España". *Lexikon des Mittelalters*. Volumen 4. Robert-Henri Bautier, ed. München/Zürich: Artemis Verlag, 1989.

Broda, Johanna. "Algunas notas sobre crítica de fuentes del México antiguo. Relaciones entre las crónicas de Olmos, Motolinía, Las Casas, Mendieta y Torquemada". *Revista de Indias* 139-142 (1975): 122-165.

Buche, Irina. "Teoría de la comunicación intercultural: La conquista, la colonización y la evangelización del México indígena". *Lenguaje y comunicación intercultural en el mundo hispánico*. Klaus Zimmermann y Christine Bierbach, eds. Madrid: Iberoamericana/Frankfurt am Main: Vervuert, 1997. 51-67.

Buelna Serrano, María Elvira. *Indígenas en la inquisición apostólica de fray Juan de Zumárraga*. México: UAM-A/Botello, 2009.

Buck, August. "Juan Luis Vives: Konzeption des humanistischen Gelehrten". *Juan Luis Vives: Arbeitsgespräch in der Herzog August Bibliothek Wolfenbüttel vom 6. bis 8. November 1980*. August Buck, ed. Hamburg: Hauswedell, 1980. 11-21.

Burr, David. "Mendicant Readings of the Apocalypsis". *The Apocalypse in the Middle Ages*. Richard K. Emmerson y Bernard McGinn, eds. Ithaca: Cornell UP, 1992. 89-102.

Burrus, Ernest. "Religious Chroniclers and Historians: A Summary with Annotated Bibliography". *Handbook of Middle American Indians. Guide to Ethno-historical Sources*. Volumen 8. Robert Waouchope, ed. Austin: U of Texas P, 1973. 138-185.

Caballero, Fermín. *Vida del Ilustrísimo Sr. D. Fray Melchor Cano de la orden de Santo Domingo*. Madrid: Imprenta del Colegio Nacional de Sordo-Mudos y de Ciegos, 1871.

Cabrera de Córdoba, Luis. *De historia para entenderla y escribirla. Discurso VII*. Santiago Montero Díaz, ed. Madrid: Instituto de Estudios Políticos, 1948.

Camelo, Rosa. "La crónica provincial como fuente para la historia". *Investigaciones recientes en el área Maya*. Tomo III. Chiapas: Sociedad Mexicana de Antropología, 1984. 579-585.

Cantú, Francesca. "Evoluzione e significato della dottrina della restituzione in Bartolomé de Las Casas. Con il contributo di un documento inédito". *Critica Storica* 2, 3, 4 (1975): 231-319.

Cardenas, Luis González. "Fray Jerónimo de Mendieta, pensador, político e historiador". *Revista de Historia de América* XXXVIII (1949): 331-376.

Carrasco, Rolando. "El exemplum como estrategia persuasiva en la Rhetorica Christiana (1579) de fray Diego Valadés". *Anales de Investigaciones Estéticas* 77 (2000): 33-66.

Castañeda, Paulino. "La condición miserable del indio y sus privilegios". *Anuario de Estudios Americanos* XXVIII (1971): 245-335.

Ceccherelli, Claudio. "El bautismo y los franciscanos en México (1524-1539)". *Missionalia Hispanica* 35 (1955): 209-289.

Certeau, Michel de. *La escritura de la historia*. México: UIA, 1985.

Cesáreo, Mario. *Cruzados, mártires y beatos. Emplazamientos del cuerpo colonial*. Indiana: Purdue UP, 1995.

_____ "Jerónimo de Mendieta: Razón barroca, delirio institucional". *Revista Iberoamericana* 172-173 (1995): 441-459.

Chocano Mena, Magdalena. *La fortaleza docta. Elite letrada y dominación social en México colonial (siglos XVI-XVII)*. Barcelona: Edicions Bellaterra, 2000.

Cipolloni, Marco. *Tra memoria apostolica e racconto profetico: il compromesso etnografico francescano e le cose della Nuova Spagna, 1524-1621*. Roma: Bulzoni, 1994.

Compagnon, Antoine. *La Seconde main ou le Travail de la citation*. Paris: Editions du Seuil, 1979.

Cosentino, Delia Annunziata. *Las joyas de Zinacantepec: arte colonial en el Monasterio de San Miguel*. Estado de México: El Colegio Mexiquense, A.C. Instituto Mexiquense de Cultura, 2003.

Cornejo Polar, Antonio. *Escribir en el aire. Ensayo sobre la heterogeneidad socio-cultural en las literaturas andinas*. Lima: Editorial Horizonte, 1994.

Corominas, Joan y José A. Pascual. *Diccionario crítico etimológico castellano e hispánico*. Madrid: Editorial Gredos, 1980.

Crovetto, Pier Luigi. *I segni del diavolo e i segni di Dio. La carta al emperador Carlos V (2 gennaio 1555) di Fray Toribio Motolinía*. Roma: Bulzoni, 1992.

Cuena Boy, Francisco. "Utilización pragmática del derecho romano en dos memoriales indianos del siglo XVII sobre el protector de indios". *Revista de Estudios Histórico-Jurídicos* 20 (1998): 107-142.

Cuesta, Leonel-Antonio de la. "Intérpretes y traductores en el descubrimiento y conquista del nuevo Mundo". *Livius: revista de estudios de traducción* 1 (1992): 25-34.

Diccionario de Autoridades. Madrid: Editorial Gredos, 1963.

Diccionario Porrúa. De historia, biografía y geografía de México. México: Editorial Porrúa, 1976.

Dupeyron, Guy Rozat. "América Imperio del Demonio". *Historia y ficción. Crónicas de América*. Ysla Campbell, coord. Ciudad de Juárez: Universidad Nacional Autónoma de Ciudad de Juárez, 1992. 141-158.

Duve, Thomas. "La jurisdicción eclesiástica sobre los indígenas y el trasfondo del Derecho Canónico universal". *Los indios, el Derecho Canónico y la justicia eclesiástica en la América virreinal*. Ana de Zaballa Beascoechea, ed. Madrid: Iberoamericana/Frankfurt am Main: Vervuert, 2011. 29-44.

Duverger, Christian. *La conversión de los indios de la Nueva España*. México: Fondo de Cultura Económica, 1993.

Egaña, Antonio de. *La teoría del Regio Vicariato Español en Indias*. Roma: Series Facultatis Historiae Ecclesiasticae, 1958.

Egido, Teófades. "Hagiografía y estereotipos de santidad contrarreformista (La manipulación de San Juan de la Cruz)". *Cuadernos de Historia Moderna* 25 (2000): 61-85.

El Michoacán Antiguo: Estado y sociedad tarascos en la época prehispánica. Brigitte Boehm de Lameiras, ed. Zamora: El Colegio de Colegio de Michoacán/Gobierno del Estado de Michoacán, 1994.

Elizondo, José María de. *La Leyenda de San Francisco, según la versión catalana del "Flos Sanctorum"*. Barcelona: Impresor Fidel Giró, 1910.

El teatro franciscano en la Nueva España. Fuentes y ensayos para el estudio del teatro de evangelización en el siglo XVI. María Sten, coord. México: UNAM/Consejo Nacional para la Cultura y las Artes, 2000.

Estrada de Gerlero, Elena Isabel. "La plumaria, expresión artística por excelencia". *México en el Mundo de las colecciones de arte. Nueva España*. Vol. 3. Elisa Vargas Lugo, coord. México: Azabache, 1994. 73-117.

Fernández Rodríguez, Pedro. *Los dominicos en el contexto de la primera evangelización de México, 1526-1550*. Salamanca: Editorial San Esteban, 1994.

Foucault, Michel. "Qué es un autor". *Entre filosofía y literatura. Obras esenciales*. Vol. I. Barcelona: Editorial Paidos, 1999. 329-360.

_____ *Las palabras y las cosas. Una arqueología de las ciencias humanas*. Madrid: Siglo Veintiuno de España Editores, 1999.

Friede, Juan. "América: ruptura del providencialismo". *El descubrimiento de América y su sentido actual*. Leopoldo Zea, comp. México: Instituto Panamericano de Geografía e Historia/Fondo de Cultura Económica, 1989. 169-181.

Crónicas franciscanas de Nueva España (Siglo XVI)

_____ "De la encomienda indiana a la propiedad territorial y su influencia sobre el mestizaje". *Anuario Colombiano de Historia y Cultura* 4 (1969): 35-61.

_____ "La censura española del siglo XVI y los libros de historia de América". *Revista de Historia de América* 47 (1959): 45-94.

_____ "Las Casas y el movimiento indigenista en España y América en la primera mitad del siglo XVI". *Revista de Historia de América* 34 (1952): 339-411.

Frost, Elsa Cecilia. "¿Milenarismo mitigado o milenarismo imaginado?". *Memoria del Simposio de historiografía mexicanista*. México: UNAM, 1990. 73-85.

_____ "América: ruptura del providencialismo". *El descubrimiento de América y su sentido actual*. Leopoldo Zea, comp. México: Instituto Panamericano de Geografía e Historia/Fondo de Cultura Económica, 1989. 169-181.

_____ "Cronistas franciscanos de la Nueva España. Siglo XVI". *Franciscan Presence in the Americas. Essays on the Activities of the Franciscan Friars in the Americas, 1492-1900*. Francisco Morales, O.F.M., ed. Maryland: Academy of American Franciscan History, 1983. 287-307.

García Gallo, Alfonso. *La ley como fuente de Derecho en Indias en el siglo XVI*. Madrid: Anuario de historia del derecho español, 1951.

García Icazbalceta, Joaquín. *Bibliografía mexicana del siglo XVI. Catálogo razonado de libros impresos en México de 1539 a 1600*. Agustín Millares Carlo, ed. México: Fondo de Cultura Económica, 1981.

_____ *Don Fray Juan de Zumárraga. Primer Obispo y Arzobispo de México*. Rafael Aguayo Spencer y Antonio Castro Leal, editores. México: Editorial Porrúa, 1947.

_____ "Tabla de correspondencias entre la Historia eclesiástica indiana de Fr. Jerónimo de Mendieta, y la Monarquía Indiana de Fr. Juan de Torquemada". *Historia Eclesiástica indiana.* Joaquín García Icazbalceta, ed. México: Antigua Librería, 1870. 76-91.

García Quintana, Josefina. "El huehuetlatolli –antigua palabra– como fuente para la historia sociocultural de los náhuas". *Estudios de cultura náhuatl.* Volumen XII (1976): 61-71.

García Saiz, María. *Los siglos de oro en los Virreinatos de América 1550-1700.* Madrid: Museo de América, 1999-2000.

Glantz, Margo. "La Malinche: la lengua en la mano". *La Malinche, sus padres y sus hijos.* México: UNAM, Facultad de Filosofía y Letras, 1994. 75-95.

Gliozzi, Giuliano. *Adamo e il nuovo mondo. La nascita dell' antropología como ideología coloniale: dalle genealogía bibliche alle theorie razzaili (1500-1700).* Florencia: La Nuova Italia, 1976.

Gómez Canedo, Lino. "Milenarismo, escatología y utopía en la evangelización de América". *Evangelización, cultura y promoción social. Ensayos y estudios críticos sobre la contribución franciscana a los orígenes cristianos de México (siglos XVI-XVIII).* México: Editorial Porrúa, 1993. 151-158.

_____ "Estudio Preliminar". *Epistolario. Fray Toribio Motolinía.* México: Penta Com, 1986. 3-76.

Gómez de Silva, Guido. *Breve diccionario etimológico de la lengua española.* México: Fondo de Cultura Económica, 1991.

Gómez, Jesús. *El diálogo renacentista.* Madrid: Editorial del Laberinto, 2000.

González Cárdenas, Luis. "Fray Jerónimo de Mendieta, pensador político e historiador". *Revista de Historia de América* 28 (1949): 348-349.

González Sánchez, Carlos Alberto. *Los mundos del libro. Medios de difusión de la cultura occidental en las Indias de los siglos XVI y XVII*. Sevilla: Universidad de Sevilla, 1999.

Grigera, Luisa López. "La retórica como teoría y código de análisis literario". *Teorías literarias en la actualidad*. Graciela Reyes, ed. Madrid: Ediciones Arquero, 1989. 135-166.

Gruzinski, Serge. "La red agujerada. Identidades étnicas y occidentalización en el México colonial (siglos XVI-XIX)". *América Indígena* 3 (1986): 411-433.

Gutiérrez, Antonio, O.P. "El 'Confesionario' de Bartolomé de Las Casas". *Ciencia Tomista* Tomo CII (1975): 249-277.

Hampe Martínez, Teodoro. *Bibliotecas privadas en el mundo colonial. La difusión de libros e ideas en el virreinato del Perú (siglos XVI-XVII)*. Madrid: Iberoamericana/Frankfurt am Main: Vervuert, 1996.

Hanke, Lewis. *La lucha por la justicia en la conquista de América*. Buenos Aires: Editorial Sudamericana, 1949.

Herdmann, Siegfried. *Historia de Israel en la época del Antiguo Testamento*. Salamanca: Ediciones Sígueme, 2003.

Herrero, Beatriz Fernández. "Del Bárbaro degenerado al buen salvaje (Estudio acerca del concepto del indio americano)". *Cuadernos Hispanoamericanos* 536 (1995): 7-18.

Historisches Wörterbuch der Rhetorik. Gert Ueding, ed. Tübingen: Max Niemeyer Verlag, 1992.

Höffner, Joseph. *La ética colonial española del siglo de oro. Cristianismo y dignidad humana*. Madrid: Ediciones de Cultura Hispánica, 1957.

Hölz, Karl. "Exégesis bíblica y erudición filológica en el humanismo español". *Iberoromania* 42 (1995): 73-89.

Huddleston, Lee Eldridge. *Origins of the American Indians. European Concepts, 1492-1729*. London: Institute of Latin American Studies, 1970.

Imperial y Gómez, Claudio Miralles de. "Censura de publicaciones en Nueva España (1576-1591)". *Revista de Indias* 42 (1950): 817-846.

Jiménez, Nora. "Príncipe indígena y latino. Una compra de libros de Antonio Huitziméngari (1559)". *Relaciones* 91(2002): 135-160.

Josef de Ayala, Manuel. *Diccionario de Gobierno y Legislación de Indias*. Madrid: Ediciones de Cultura Hispánica, 1990.

Kirchhoff, Paul. "La Relación de Michoacán como fuente para la historia de la sociedad y cultura Tarascas". *Relación de las ceremonias y ritos y población y gobierno de los indios de la provincia de Michoacán*. Madrid: Editorial Aguilar, 1956. XIX-XXXII.

Klepper, Deeana Copeland. *The Insight of Unbelievers: Nicholas of Lyra and Christian Reading of Hebrew Text in the Later Middle Ages*. Philadelphia: U of Pennsylvania P, 2007.

Kohut, Karl. *Las teorías literarias en España y Portugal durante los siglos XV y XVI*. Madrid: Consejo Superior de Investigaciones Científicas, 1973

_____ "Literaturtheorie und Literaturkritik bei Juan Luis Vives". *Juan Luis Vives*. August Buck, ed. Hamburg: Dr. Ernst Hauswedell, 1980. 35-47.

_____ "Retórica, poesía e historiografía en Juan Luis Vives, Sebastián Fox Morcillo y Antonio Llull". *Revista de Literatura* 104 (1990): 345-374.

Krippner-Martínez, James. "The Politics of Conquest. An Interpretation of the Relación de Michoacán". *The Americas* 2 (1990): 177-198.

Kropfinger von Kügelgen, Helga. "Europäischer Buchexport von Sevilla nach Neuspanien im Jahre 1586". *Das Mexiko-Projekt der Deutschen*

Forschunsgemeinschaft. Wilhelm Lauer, ed. Tomo 5. Wiesbaden: Franz Steiner Verlag, 1973. 5-105.

Lafaye, Jacques. *Quetzacoatl y Guadalupe. La formación de la conciencia nacional en México.* México: Fondo de Cultura Económica, 1977.

Lang, Albert. *Die Loci Theologici des Melchior Cano und die Methode des dogmatischen Beweises.* Hildesheim: Gerstenberg, 1974.

Lausberg, Heinrich. *Handbuch der literarischen Rhetorik.* München: Max Hueber Verlag, 1960.

_____ *Manual de Retórica Literaria.* Madrid: Editorial Gredos, 1967.

Lavalle, Bernard. "El Inca Garcilaso de la Vega". *Historia de la Literatura Hispanoamericana.* Tomo I. Época Colonial. Luis Iñigo Madrigal, ed. Madrid: Ediciones Cátedra, 1982. 135-143.

Lavrin, Asunción. "Misión de la historia e historiografía de la Iglesia en el período colonial americano". *Suplemento de Anuario de Estudios Americanos.* Sevilla: Escuela de Estudios Hispanoamericanos, C.S.I.C. 2 (1989): 11-54.

Lechner, Johannes. "El concepto de "policía" y su presencia en la obra de los primeros historiadores de Indias". *Revista de Indias* 165-166 (1981): 395-409.

Lejarza, Fidel de, O.F.M. "Franciscanismo de Cortés y cortesianismo franciscano". *Missionalia Hispánica* 13 (1948): 43-136.

León, Nicolás. *Los Tarascos. Notas históricas, étnicas y antropológicas.* México: Imprenta del Museo Nacional, 1904.

León Portilla, Miguel. *El destino de la palabra. De la oralidad y los glifos mesoamericanos a la escritura alfabética.* México: Fondo de Cultura Económica/El Colegio Nacional, 1996.

_____ "Los franciscanos vistos por el hombre náhuatl. Testimonios indígenas del siglo XVI". *Estudios de cultura náhuatl* 17 (1984): 261-339.

López Austin, Alfredo. *Cuerpo humano e ideología. Las concepciones de los antiguos nahuas.* México: Universidad Autónoma de México, 1980.

_____ "Mitos e íconos de la ruptura del Eje Cósmico: Un glifo toponímico de las piedras de Tízoc y del Ex-Arzobispado". *Anales de Investigaciones Estéticas* 89 (2006): 93-134.

_____ *Tarascos y mexicas.* México: Fondo de Cultura Económica, 1981.

López, Atanasio. "Misiones o doctrinas de Michoacán y Jalisco (Méjico) en el siglo XVI, 1525-1585". *Archivo Ibero-Americano* LIV (1922): 341-425.

López Grigera, Luisa. "La retórica como teoría y código de análisis literario". *Teorías literarias en la actualidad.* Graciela Reyes, ed. Madrid: Ed. El Arquero, 1989. 135-166.

_____ "Sobre realismo literario del siglo de Oro". *La retórica en la España del siglo de Oro.* Salamanca: Ediciones Universidad, 1994. 133-139.

López-Ríos, Santiago. "El concepto de 'salvaje' en la Edad Media española: algunas consideraciones". *Dicenda. Cuadernos de Filología Hispánica* 12 (1994): 145-146.

López Sarrelangue, Delfina. *La nobleza indígena de Pátzcuaro en la época virreinal.* México: Universidad Nacional Autónoma de México. Instituto de Investigaciones Históricas, 1965.

Lozano, Jorge y otros. *Análisis del discurso. Hacia una semiótica de la interacción textual.* Madrid: Ediciones Cátedra, 1986.

Luque Alcaide, Elisa. "Las crónicas americanas escritas por religiosos". *Teología en América Latina. Desde los orígenes a la Guerra de Sucesión*

(1493-1715). Volumen I. Josep Ignasi Saranyana, ed. Madrid: Iberoamericana/Frankfurt am Main: Vervuert, 1999. 531-611.

Manzarbeitia, José Antonio. "El árbol de Jesé". *Revista Digital de iconografía medieval* 2 (2009). <https://www.ucm.es/data/cont/docs/621-2013-11-213.%20%C3%81rbol%20de%20Jes%C3%A9.pdf> 12 ago. 2013.

Manzarbeitia Valle, Santiago. "El árbol de Jesé". *Revista Digital de Iconografía medieval* 2 (2009): 1-8.

Maravall, José Antonio. "La utopía político-religiosa de los franciscanos en Nueva España". *Estudios Americanos* 2 (1949): 199-227.

_____ "Utopía y primitivismo en el pensamiento de las Casas". *Revista de Occidente* 141 (1979): 311-388.

_____ *Utopía y reformismo en la España de los Austrias*. Madrid: Siglo XXI Editores, 1982.

Martí, Antonio. *La preceptiva retórica española en el siglo de oro*. Madrid: Editorial Gredos, 1972.

Mendoza, Moisés Franco. *Maturino Gilberti, traductor. Diálogo de doctrina christiana en la lengua de Mechuacan, Fray Maturino Gilberti*. Tesis de doctorado. UNAM, 2008. <http://132.248.9.195/ptd2010/enero/0652668/0652668_A1.pdf > .12 agosto 2013.

Meseguer Fernández, Juan. "Contenido misionológico de la Obediencia e Instrucción de Fray Francisco de los Ángeles a los doce Apóstoles de México". *The Americas* 11/3 (1955): 473-500.

México en el mundo de las colecciones de arte: Nueva España. Elisa Vargas Lugo, coord. Volumen 3. México: Grupo Azabache, 1994.

Mignolo, Walter. "Anáhuac y sus otros: La cuestión de la letra en el Nuevo Mundo". *Revista de Crítica Literaria Latinoamericana* 28 (1988): 29-53.

_____ "Cartas, crónicas y relaciones del descubrimiento y la conquista". *Historia de la literatura hispanoamericana.* Tomo I. Época colonial. Luis Iñigo Madrigal, ed. Madrid: Ediciones Cátedra, 1982. 57-116.

_____ "El mandato y la ofrenda: La 'Descripción de la ciudad y provincia de Tlaxcala', de Diego Muñoz Camargo y las Relaciones de Indias". *Nueva Revista de Filología Hispánica* 35/2 (1987): 451-84.

_____ "El metatexto historiográfico y la historiografía indiana". *Modern Language Notes* 2 (1981): 358-402.

_____ "La cuestión de la letra en la legitimación de la conquista". *De conquistadores y conquistados. Realidad, justificación, representación.* Karl Kohut, ed. Frankfurt am Main: Vervuert Verlag, 1992. 97-112.

Milhou, Alain. *Colón y su mentalidad mesiánica en el ambiente franciscanista español.* Valladolid: Casa Museo de Colón, Seminario Americanista de la Universidad de Valladolid, 1983.

_____ "El concepto de 'destrucción' en el evangelismo milenario franciscano". *Actas del II Congreso Internacional sobre los franciscanos en el Nuevo Mundo (siglo XVI).* Madrid: Edit. Deimos, 1988. 297-315.

_____ "El indio americano y el mito de la religión natural". *La imagen del indio en la Europa moderna.* Georges Baudot, coord. Sevilla: Consejo Superior de Investigaciones Científicas-Escuela de Estudios Hispano-Americanos, 1990. 171-196.

Molina, Fray Alonso de. *Vocabulario en lengua castellana y mexicana, y mexicana y castellana.* México: Editorial Porrúa, 1977.

Montero Díaz, Santiago. "La doctrina de la historia en los tratadistas españoles del Siglo de Oro". *Hispania. Revista Española de Historia* 4 (1941): 3-39.

Morales Valerio, Francisco. "Criollización de la orden franciscana en Nueva España. Siglo XVI". *Actas del II Congreso Internacional sobre* los franciscanos en el Nuevo Mundo (Siglo XVI). Madrid: Editorial Deimos, 1988. 661-684.

Mörner, Magnus. *Estratificación social hispanoamericana durante el periodo colonial.* Stockholm: Institute of Latin American Studies, 1980.

Muro Orejón, Antonio. "Las Leyes Nuevas de 1542-1543. Ordenanzas para la gobernación de las Indias y buen tratamiento y conservación de los indios". *Anuario de Estudios Americanos* XVI (1959): 561-619.

Nánsen Díaz, Eréndira. "Los intérpretes jurados como auxiliares de la administración de justicia colonial". *Autoridad y Gobierno indígena de Michoacán.* Volumen 1. Carlos Paredes Martínez y Marta Terán, eds. Zamora: El Colegio de Michoacán, 2003. 173-184.

Nettel, Patricia. *La utopía franciscana en Nueva España (1554-1604): El apostolado de Fray Jerónimo de Mendieta.* México: UAM-Xochimilco, 1989.

O'Gorman, Edmundo. *La incógnita de la llamada "Historia de los indios de Nueva España" atribuida a Fray Toribio de Motolinía.* México: Fondo de Cultura Económica, 1982.

_____ "Estudio crítico". *Historia de los indios de Nueva España.* México: Editorial Porrúa, 1969. VII-XIX.

Orchard, B., y otros. *Verbum Dei. Comentario a la Sagrada Escritura.* Barcelona: Editorial Herder, 1956.

Palomera, Esteban. *Fray Diego Valadés, O.F.M. Evangelizador humanista de la Nueva España. El hombre, su época y su obra.* México: Universidad Iberoamericana, 1988.

Parish, Helen-Rand y Harold E. Weidman. *Las Casas en México. Historia y obra desconocida.* México: Fondo de Cultura Económica, 1992.

Papeles de Nueva España: Segunda serie Geografía y Estadística. Tomo IV. Francisco del Paso y Troncoso, comp. Madrid: Establecimiento Tipográfico "Sucesores de Rivadeneyra", 1905.

Pastor, Beatriz. *El jardín y el peregrino. Ensayos sobre el pensamiento utópico latinoamericano 1492-1695*. Atlanta: Ediciones Rodopi, 1996.

Payàs Puigarnau, Gertrudis. *El revés del tapiz. Traducción y discurso de identidad en la Nueva España (1521-1821)*. Madrid: Iberoamericana/ Frankfurt am Main: Vervuert, 2010.

Pérez Fernández, Isacio. *El Derecho hispano indiano. Dinámica social de su proceso histórico constituyente*. Salamanca: Editorial San Esteban, 2001.

_____ "Fray Bartolomé de las Casas en torno a las 'Leyes nuevas de Indias' (su promotor, inspirador y perfeccionador)". *Ciencia Tomista* 102 (1975): 379-457.

_____ *Fray Toribio de Motolinía, O.F.M., frente a Fray Bartolomé de las Casas, O.P. Estudio y edición crítica de la Carta de Motolinía al emperador (Tlaxcala, a 2 de enero de 1555)*. Salamanca: Editorial San Esteban, 1989.

_____ "Motolinía, O.F.M., versus Las Casas, O.P. (Esclarecimiento de un incidente epistolar)". *Cuadernos para la evangelización en América Latina* 3 (1988): 69-92.

_____ "Primera edición desconocida de las 'Leyes Nuevas' de 1542, promovidas por Fray Bartolomé de Las Casas". *Studium* XXV (1985): 399-421.

Pérez Morera, Jesús. "El árbol genealógico de las órdenes franciscana y dominica en el arte virreinal". *Anales del Museo de América* 4 (1996): 119-126.

Phelan, John Leddy. *El reino milenario de los franciscanos en el Nuevo Mundo*. Josefina Vázquez de Knauth, trad. México: Instituto de

Investigaciones Históricas, Universidad Nacional Autónoma de México, 1972.

Popán, Flavio. "La crítica histórica según Melchor Cano". *Verdad y Vida* 57 (1957): 89-122.

_____ "Conexión de la historia con la teología, según Melchor Cano". *Verdad y Vida* 60 (1957): 445-475.

Rabasa, José. "Crónicas religiosas del siglo XVI". *Historia de la literatura mexicana: desde sus orígenes hasta nuestros días*. Volumen 1. Beatriz Garza Cuarón y Georges Baudot, coords. México: Siglo XXI Editores, 1996. 321-350.

Rama, Ángel. *La ciudad letrada*. Hanover: Ediciones del Norte, 1984.

Ramos, Demetrio. "Etapa lascasiana de la presión de conciencias". *Anuario de Estudios Americanos* XXIV (1967): 861-954.

Real Academia Española. *Diccionario de Autoridades*. Madrid: Editorial Gredos, 1963.

Real Díaz, José Joaquín. *Estudio Diplomático del Documento indiano*. Sevilla: Escuela de Estudios Hispano-Americanos, 1970.

Ricard, Robert. *La conquista espiritual de México. Ensayo sobre el apostolado y los métodos misioneros de las órdenes mendicantes en la Nueva España de 1523-1524 a 1572*. México: Fondo de Cultura Económica, 1986.

Roskamp, Hans. "El culto a los ancestros entre los tarascos". *Arqueología mexicana* 106 (2010): 47-53.

Rowe, John Howland. "Ethnography and Ethnology in the Sixteenth Century". *The Kroeber Anthropological Society Papers* 30 (1964): 1-19.

Rubial García, Antonio. "Evangelismo y evangelización. Los primeros franciscanos en la Nueva España y el ideal del cristianismo primitivo". *Anuario de Historia*. Año 10 (1978-1979): 95-124.

_____ "La crónica religiosa: Historia sagrada y conciencia colectiva". *Historia de la literatura mexicana desde sus orígenes hasta nuestros días.* Volumen 2. Raquel Chang Rodríguez, coord. México: Siglo XXI Editores, 2002. 325-371.

_____ *La hermana pobreza. El franciscanismo: de la Edad Media a la evangelización novohispana.* México: Facultad de Filosofía y Letras, UNAM, 1996.

_____ "La Insulana, un ideal franciscano medieval en Nueva España". *Estudios de Historia Novohispana* VI (1978): 39-46.

_____ y Clara García Ayluardo. *La vida religiosa en el México colonial. Un acercamiento bibliográfico.* México: Universidad Iberoamericana,1991.

Ruiz Medrano, Ethelia. *Gobierno y sociedad en Nueva España. Segunda audiencia y Antonio de Mendoza.* Michoacán: El Colegio de Michoacán/Gobierno del Estado de Michoacán, 1991.

Russo, Alessandra. "El renacimiento vegetal. Árboles de Jesé entre el Viejo Mundo y el Nuevo". *Anales del Instituto de Investigaciones Estéticas* 73 (1988): 5-39.

Saranyana, Josep Ignasi. "Las Casas y Motolinía frente a frente. Sobre los modelos misionológicos de la primera evangelización". *Teología profética americana. Diez estudios sobre la evangelización fundante.* Navarra: EUNSA, 1991. 49-77.

Saranyana, Josep Ignasi y otros. *Teología en América Latina. Desde los orígenes a la Guerra de Sucesión 1493-1715.* Volumen I. Madrid/Frankfurt: Iberoamericana, 1999.

Saranyana, Josep Ignasi y Ana de Zaballa Beascoechea. *Joaquín de Fiore y América.* Pamplona: Ediciones Eunate, 1995.

Seigel, Jerrold. *Rhetoric and Philosophy in Renaissance Humanism. The Union of Eloquence and Wisdom, Petrarch to Valla.* Princeton: Princeton UP, 1968.

Simeon, Remi. *Dictionnaire de la Langue nahuatl ou mexicaine*. Graz-Austria: Akademische Druck-U. Verlagsanstalt, 1963.

Solano Pérez-Lila, Francisco. "Estudio preliminar a la Historia eclesiástica indiana". *Historia eclesiástica indiana*. Volumen 261. Madrid: Ediciones Atlas, 1973.

Struever, Nancy S. *The Language of History in the Renaissance. Rhetoric and Historical Consciousness in Florentine Humanism*. Princeton: Princeton UP, 1970.

Suess, Paulo. *La conquista espiritual de la América española: Doscientos documentos del siglo XVI*. Ecuador: Abya Yala, 2002.

Torre Revello, José. *El libro, la imprenta y el periodismo en América durante la dominación española*. Bueno Aires: Facultad de Filosofía y Letras, Publicaciones del Instituto de Investigaciones Históricas, 1940.

Tovar de Teresa, Guillermo, Miguel León Portilla y Silvio Zavala. *La utopía mexicana del siglo XVI. Lo bello, lo verdadero y lo bueno*. México: Grupo Azabache, 1992.

Truman, Ronald W. *Spanish Treatises on Government, Society and Religion in the Time of Philip II. The "de regimine principum" and Associated Traditions*. Leiden/Boston/Köln: Brill, 1999.

Tudela, José. "Prólogo e introducción". *Relación de las ceremonias y ritos y población y gobierno de los indios de la provincia de Michoacán (1541). Reproducción facsímil de Ms. ç IV. 5. de El Escorial*. Madrid: Aguilar, 1956. V-XVIII.

Uribe, Lilián. "Los Comentarios reales y la configuración de un marco textual". *Atenea: Revista de Ciencia Arte y Literatura* 480 (1999): 11-26.

Ulloa, Daniel. *Los predicadores divididos (Los dominicos en Nueva España, siglo XVI)*. México: El Colegio de México, 1977.

Urmeneta, Fermín de. "San Agustín ante su comentarista Luis Vives". *Augustinus* 53-54 (1969): 135-176.

Vargas Lugo, Elisa y José Guadalupe Victoria. *Juan Correa. Su vida y su obra. Repertorio pictórico*. Tomo IV. México: UNAM, 1994.

Verdú, José Rico. *La retórica española de los siglos XVI y XVII*. Madrid: Consejo Superior de Investigaciones Científicas, 1973.

Vives, Juan Luis. *Über die Gründe des Verfalls der Künste. De causis corruptarum artium*. Emilio Hidalgo-Serna, ed. München: Wilhelm Fink Verlag, 1990.

_____ "De las Disciplinas". *Obras Completas*. Vol II. Lorenzo Riber, trad. Madrid: Editorial Aguilar, 1948. 337-687.

Warren, J. Benedict. "¿Fray Jerónimo de Alcalá: Author of the Relación de Michoacán?" *The Americas. A Quarterly Review of Inter-American Cultural History* 3 (1971): 307-326.

Weckmann, Luis. *La herencia medieval de México*. México: El Colegio de México, 1984.

Wolff, Ruth. *Der Heilige Franziskus: in Schriften und Bildern des 13. Jahrhundert*. Berlin: Mann, 1996.

Zavala, Silvio. *La encomienda indiana*. México: Editorial Porrúa, 1973.

_____ "La utopía de Tomás Moro en la Nueva España". *Recuerdo de Vasco de Quiroga*. México: Editorial Porrúa, 1987. 11-34.

_____ "Las Leyes Nuevas en la Nueva España". *Cuadernos Americanos* 6 (1971):124-130.

Zimmermann, Klaus. "Estructura comunicativa y tipología de textos". *Estudios de Lingüística Aplicada* 3 (1984): 93-125.